JN113694

改訂版

平成 29 年告示学習指導要領対応版

家庭科教育入門

編著：岐阜大学教育学部家政教育講座

開隆堂

はじめに

　本書『家庭科教育入門―平成 29 年告示学習指導要領対応版―』は，小学校で家庭科を指導する教員養成に所属する大学生に対して，2016 年に大学教員と現職の小学校教員が執筆した『家庭科教育入門』の内容を，新学習指導要領に対応して，内容を新たにしたものである。また法律等の変更があったものに関しても，内容を新しくしている。本書は教員養成学部の学生が，教育法を学ぶ際に利用したり，教育実習の事前の準備や実習中に利用することを想定している。本書の特徴は，大学教員による解説だけでなく，現場の教員と大学教員による指導案が含まれていることである。このため，教員になってからも，長く利用・活用してもらえると期待している。

　本書は 3 つの章から構成されている。第 1 章「家庭科の新しい視点」は，新学習指導要領に基づいた解説となっている。平成 29 年告示学習指導要領では，これまで 4 内容であったのが，A 家族・家庭生活，B 衣食住の生活，C 消費生活・環境の 3 内容となり，中学校と統一されることとなった。第 1 章では，これらの内容について，「家族と子どもの成長」，「食生活（栄養）」，「食生活（調理）」，「衣生活」，「住生活」，「消費生活と環境」に分けて，岐阜大学教育学部で実際に教鞭をとっている家政教育講座の教員が専門的視点から解説している。

　第 2 章は「家庭科授業の実例と提案」と題し，「実例」では 2019 年度の家庭科の研究発表を担当された現場の小学校と中学校の先生方の指導案を紹介している。また「提案」では，大学教員が提案する指導案を掲載しているので，教育実習中や教員になってからも是非参考にしていただきたい。

　第 3 章は「資料編」として，小学校と中学校の授業づくりの基礎と指導案の書き方を紹介している。また小学校，中学校，高等学校の新しい学習指導要領を掲載しているので，参考資料として活用していただきたい。

　最後に，『家庭科教育入門―平成 29 年告示学習指導要領対応版―』の執筆にご協力いただいた現場の先生方に厚く御礼申し上げます。また先の『家庭科教育入門』に引き続いて，短い時間しかなかったのにも関わらず，本書の出版に多大なるご協力をいただきました，開隆堂出版および編集部の皆様にも厚く御礼申し上げます。

　令和 2 年 3 月

編著者一同

第1章
家庭科の新しい視点

1 家庭科教育の歴史

1　第二次世界大戦前の家庭科教育の歴史

（1）家庭科教育前史：明治期以前の教育機関での家庭科教育の萌芽

　現在，当たり前のように存在するあらゆるものに，その歴史的誕生の瞬間がある。それが産み落とされる以前にも，誕生にまでつながった原初的な萌芽，すなわち前史がある。また，いつ，何をもって誕生したと理解するかに関して検討すべき課題が残っている場合もある。当然ながら，誕生後，それが発展して現在の姿になるまでの歴史をも有している。

　おおよそ，あるものの本質を理解するためには，その前史と誕生と歴史という一連の流れを知ることが肝要である。そこで本節では，①家庭科の成立以前には，現在の家庭科につながるどのような教育が存在していたのか。②家庭科はいつ，どのようにして誕生したのか。③家庭科がどのような歴史的発展を遂げたのか，という 3 つの視点から家庭科の全体的な歴史について検討してみよう。

　手はじめに，家庭科の源流とも解釈できる活動を紹介しておこう。

　周知のように，江戸時代には，民間の教育施設として寺子屋が発達していた。そこでは，農民，商人，士族などの子弟が「読み書き算盤」を習っていた。寺子屋で教えていた師匠（教育者）は男性だけではなかった。女性の師匠も存在し，裁縫や生け花，茶道などを教える寺子屋もあった。

　紹介されることは多くはないが，針子屋という慣習的な手芸学習の場が私塾として開かれていた。そこでは，女子のみを対象として，お針子（裁縫仕事をする女性）の育成が目指されていた。針子屋の一部は明治期まで続いたが，裁縫仕事だけではなく，三味線やお琴，生け花などの実技も学習内容となった。

　また，都市部では，武家屋敷や大商人の家で女性が行儀見習いをする慣習があった。そこで，女性として一人前とみなされるための作法やマナーを身につけた。他方，農村部では，女性たちは，綿の栽培方法や養蚕，機織りや染色方法を集団で学んでいた。

　一方では，女性としての生き方を示す参考書が発行されている。『女大学寶箱』『女今川』『女訓書』『家道訓』などの女性向けの書物で，当時の女性たちは儒教的女性観を学んでいた。技能的実技的な学習内容ばかりではなく，思想的な内容も学んでいたのである。

　江戸時代においては，寺子屋や針子屋，私塾，藩校や郷学などの教育機関で，子どもたちが現代につながるような家庭科の内容を学んでいた。これらのような教えと学びに，現在の家庭科につながる命脈を見ることができる。

　しかしながら，江戸時代に限らず，それ以前の時代の家庭においても炊事や洗濯，掃除，育児などのいわゆる「家事」が存在し，その方法を親が子どもに教えていたということは容易に想像できる。家庭の中での「家事」に関する前世代の教えと後世代の学びまで家庭

科教育であると広く解釈すれば，大げさに聞こえるかもしれないが，人類が人類として誕生し家族ができて以来，家庭科に似た営みが多くの家庭で行われてきたといえるだろう。

(2) 家庭科の誕生：明治期から 1945 年までの家庭科

　現在の学校までつながる日本の教育制度は，江戸時代までの伝統的な教育のあり方を根本的に変革した 1872（明治5）年の学制に端を発する。後に，その内容も制度も大幅に改変されていくが，学制によって，国家的な教育機関として小学校・中学校・大学・師範学校などの設置が進められた。江戸時代までの寺子屋や私塾などとは異なり，日本というひとつの近代国家が公に教育の責任を負うことになり，義務教育段階のすべての子どもたちが学べる場が設けられた。

　この学制の基本的理念が書かれた『被仰出書』の序文には，「学問は身を立つるの財本」であるといった立身出世主義的な見解が示されている。日本の学校教育制度の出発地点では，学校は個人主義的かつ利己主義的な発想から，経済的社会的地位を向上させるツールとみなされていたといえるだろう。

　他方では，近代国家としての日本の根本的な教育理念が，1890（明治23）年に，「教育ニ関スル勅語（教育勅語）」として示された。教育勅語では，天皇制国家の中で日本独自の国体に「教育の淵源」を求めるという全体主義的な方針が示され，国民の守るべき道徳的な徳目が掲げられた。当時は，修身科が教科の筆頭におかれ，1945年の終戦まで，この超法規的な教育勅語が天皇制と儒教的な徳育教育を強化することになった。

　同時に，戦前の学校は，富国強兵という当時の軍国主義的な国家建設の目的，および，殖産興業という経済界・産業界の人材育成の要求にも応えていくことになった。学校は，国民国家を維持し発展させるために優秀な軍人と経済人，官僚を養成する機能を果たし，なおかつ，産業化と近代化に必要な高度な諸能力を有する国家に有為の人材を育成し配分する機能を果たすことにもなったのである。換言すれば，個人にとっては，学校は階級的かつ経済的な上昇移動を果たすための道具であり，社会においては，その当時の社会の再生産装置であったのである。

　ただし，こうして出発した近代学校公教育制度であるが，女子の就学率は極めて低かった。学制実施直後の 1873 年では，全国の就学率は男子約 40 ％で女子の就学率は約 15 ％であった。1875 年には男子の就学率は 50 ％に到達し，1883年には約 67 ％に到達した。一方，女子の場合，就学率は 10 ％程度で始まり 20 ％台を上下し，30 ％に到達するまで約 10 年かかった。

　学制が発布された当時，小学女児の教科として「手芸科」がおかれていた。だが就学率が低かった。そのため1879年の教育令では，女子の就学率向上の対策のために「手芸科」の代わりに「裁縫科」がおかれた。「手芸科」や「裁縫科」の内容は『小学教則』などに掲載されているように，裁縫に西洋の編み物や刺繍が加えられ，行儀作法の指導も含まれるようになった。それでも女子の就学率はなかなか伸びず，相変わらず女子たちはお針伝道所（針子屋）などに通っていた。その理由のひとつに，農村部では子どもを労働力としてみる経済的事情があった。また，もうひとつの理由に，都市部でも女性に立身出世のための財本という意味での学問は不必要であるという巷間の教育観があった。

　ところで，明治期初期にも，女性の生き方について書かれた外国文献の翻訳が行われている。1874年には『百科全書　家事倹約訓』が，1876年には『経済小学　家政要旨』が

翻訳出版された。ただし，当時『経済小学　家政要旨』は非常に普及したといわれているが，原典が不明でその訳出過程や原書の抄録部分などについても不明箇所が多い。それでも，これらの翻訳家政書は，身分制社会が廃止され産業が進行し，近代国家へ転換し始めた時代に，女性が家庭生活全般に関する知識や生活観，人生観，家庭などについて考えるうえで，一定の影響を与えた。この点に，原初的な意味での家政教育ならびに家庭科教育の萌芽の原点が看取できる。

　その後，「裁縫科」は小学校の女子の課目に正式に採用され，1907年に尋常小学校と高等女学校での必須教科となる。なお，1881年には「経済」という教科が小学校高等科に設けられ，「衣服・洗濯・什器・食物・割烹・理髪・出納」などの扱いを含んだ「家事経済科」となった。だが，1886年にすぐに消失してしまう。それでも，裁縫と並んで現代でいうところの家事や家庭経済学を学ぶことが女子教育の要となる方向性が垣間見えた。

　1911年には，小学校令施行規則改正で，高等小学校の第7・8学年の女子の「理科」の時間のうちの1時間が「理科家事」という名称に変更になった。「理科家事」は，当時の生活の科学化という社会的要請を反映し，女子にも日常の生活を科学的に見たり考えたりする能力が必要であるという観点から導入された。

　やや画期的といえるのは，1919年に「家事科」が成立して，その内容が「衣食住，看病，育児其の他一家の家事に関する事項の大要」（カタカナをひらがなに改めた）と定められたことである。衣食住などの家事に関することを学ぶ教科として「家事科」が成立した時点で家庭科が誕生したとみなせば，ほぼ一世紀の歴史を有しているといえる。

　日清・日露戦争を経て，第二次世界大戦が起こり，国民学校令（1941）が出されると家庭科の名称や性質が幾分変化していく。小学校は国民学校と名前を変え，「裁縫科」は「芸能科裁縫」に，「家事科」は「芸能科家事」と名前を変更した。だが，家族的国家観と家父長的家庭観に立った女子教育はそのまま継続され，終戦を迎えることになる。

　以上のように，家庭科の源流をさかのぼれば，まずは，①女子教育として登場したことが大きな特徴であることがわかる。私的教育機関から公的教育機関である学校に場所はうつされたが，女子のみが学んでいた。また，②手芸や裁縫といった技能・実技が中心であったことも特徴のひとつである。③家計のやりくりなど経済的な学習内容も含まれるようになった。そして，④科学的・理科的な学習内容も入り込み，生活科学につながるような視点もできた。ともあれ，⑤1920年頃から衣食住などに関する内容を学ぶ「家事科」として，一定の形式を整えるようになった。

　従来の家庭科が現在の家庭科とまったく異なる点も確認しておこう。まず，明治憲法と教育勅語体制のもとでは，社会生活の中に男女差別が入り込んでくることを排除することはできなかった。そのうえ，家父長的で封建的な家制度を中心にして成り立っていた家庭生活の中で，女性が権利の主体として扱われるように要求することには配慮できなかった。さらに，学校においては，女子教育の基本理念として，妻は夫を扶けて後顧の憂いのないようにし，なおかつ，母親として子どもを有能な人物になるように育てる責任をもつという意味での良妻賢母主義的な教育思想が蔓延していた。貞淑の美徳や，従順で温和で忍耐強く奉公することを美徳とするような女性が理想であるとされ，男女不平等を再生産することになった。以上の点では，現在の家庭科教育とは大きく異なるといえるだろう。

2　第二次世界大戦後の家庭科教育の歴史

(1)　第二次世界大戦後の家庭科教育の導入期：三否定をめぐって

　第二次世界大戦が終結し，1946年に日本国憲法が公布された。それを契機として，戦後の日本の教育は，戦前の天皇を中心とした軍国主義・超国家主義的教育制度とそれに伴う教学体制の根本的な否定から出発した。新憲法と教育基本法体制の成立で，戦前の教育に対しては，まず，天皇を絶対的な存在とみなす教育勅語が，次に修身科が，そして男女別学が廃止された。このように，①教育勅語，②修身科，③男女別学を否定することが戦後の教育の三否定である。

　戦前の家父長制度や封建的な家制度の仕組みなどへの反省から，戦後は，男女の平等や教育の機会均等が実現すべき目標とされた。こうした動向を受け，家庭科は，①裁縫と家事の合科ではない，②技能教科ではない，③女子のみの教科ではない，とされた。これが家庭科教育の三否定の原則である。このように，家庭科の設立当初には，戦前の男尊女卑的なものの見方や良妻賢母教育から脱却して，民主的な家族関係と男女平等を根底とした家庭を建設することが目指された。

　1947年当時の文部省の「学習指導要領家庭編試案」の家庭科に関する基本的主張は，「家庭科すなわち家庭建設の教育は，各人が家庭の有能な一員となり，自分の能力にしたがって，家庭に，社会に貢献できるようにする全教育の一分野である。この教育は家庭内の仕事や，家族関係に中心を置き，各人が家庭建設に責任をとることができるようにする」と示されている。その目標では，家庭における人間関係において，自分を成長させるとともに，家庭生活を幸福にしてその充実を図ることが盛り込まれ，家庭人としての生活上の能率と教養を高めることが求められていた。ただ，あまりに先進的すぎ，男子にも裁縫をさせる点などが批判されたこともあった。そして，小学校5年生と6年生の男女が共に履修する科目となったが，中学校と高等学校では，男女共修とはならなかった。

(2)　家庭科の本格的導入期

　1958（昭和33）年に，文部省による小学校学習指導要領の第2次改訂が行われ，戦後の教科間の重複の是正や混乱が解消されることになった。道徳教育が導入されることになり，科学技術教育を振興させることが求められるようになる。

　当時の「学習指導要領（1958）」では，高度経済成長時代を背景にして，家庭科の「試案（1947）」にあったような家族関係を核とした目標や内容の方向性から離れて，衣食住にかかわる日常生活に役に立つような知識と技能の修得を活かして，実践的な態度を養うことが目指されている。その分野は，被服，食物，すまい，家庭とされた。この時点で，明確に現在までつながる家庭科が誕生したといえるだろう。

　また，中学校では「技術・家庭科」がおかれ，男子のみを対象に，科学技術教育の振興を目指して，生産技術や職業教育の一環としての「技術」がおかれた。他方，女子のみを対象に「家庭」がおかれた。その内容は，家庭生活技術・家事処理能力を中心に構成されており，調理，被服製作，設計・製図，家庭機械，家庭工作，保育などになった。これは家庭における当時の女子の役割を意識したものであった。男女ともに家族関係を中心として学ぶという理念が掲げられて家庭科が発足したはずである。しかし，当初は，中学校・高等学校では男女が共に学ぶことはできず，家族関係を中心として学ぶこともできなかっ

た。

　この状態は比較的長く続くことになる。なぜなら，朝鮮戦争の特需を期に，おおむね1954年から始まり，石油ショック後の1973年まで続いた高度経済成長期には，「男は外で仕事，女は家で家事・育児」といったような性別役割分業観が存在したからである。

　この時代の女性の働き方の特徴は，特殊な専門職を除けば，企業で男性社員の補助的な労働を担う役割として，結婚するまで働くスタイルであった。当時，賃金労働者となるために農村や山村から都会に出てきた女性たちは，企業で補助的な仕事をした。結婚すると仕事を辞め，男性労働者の伴侶として都会で専業主婦となった。その後，子どもがある程度成長すると，パートタイム労働者として短時間だけ仕事をするスタイルが流行し，それが定着していくことになる。

　この時代の日本の企業で働く既婚男性労働者にとって，年功序列と終身雇用の2つを柱とする雇用システムは魅力的であった。生涯にわたって経済的な保証がなされるからである。夫にとっては妻が家庭にいることは安心して働ける条件となっていた。

　企業の側からすれば，若年の未婚女性の労働力を非専門職の職域で低コストで利用できた。労働力としては期待されていなかった既婚女性のパートタイム労働も有効利用できた。しかも，それらを景気の調節弁として使うことができた。高度経済成長の貴重な労働力として女性の労働力が便利に使われたといっても過言ではない。

　国家としても，高度成長期には，家族と家庭の福祉機能を評価しつつ，妻の座を強化する施策を行った。経済界で会社のために熱心に働く男のバックアップの機能として，女性を家に安住させる政策を見直すことはなかなかできなかった。女性が社会進出したとはいえ，男性と同様に働くことができるまでにはしばらく時間がかかったのである。

　その後，家庭科の学習指導要領は，1968年に第3次改訂，1977年に第4次改訂が行われたが，家庭科はなかなか劇的には変化しなかった。

(3) 家庭科教育の新しい潮流：男女共修家庭科に向けての動き

　ところが，世界的な動きがこの流れを変えていくことになる。まず，1975年の国際女性年に「国際婦人世界会議」が行われ，1979年には「婦人に対するあらゆる形態の差別撤廃条約（女子差別撤廃条約）」が採択された。1981年には，この条約が同年に国際法として発効した。日本はすぐに女子差別撤廃条約に批准することはできなかったが，国籍法改正などの準備を進め，1985年に批准した。現在では約180か国が批准している。

　また，女子差別撤廃条約批准への準備などを背景に，1985年に「男女雇用機会均等法」が成立した。ようやく男女とも同じ条件のもとで働くことができるようになった。

　国内外のこうした動きを受けて，1989年の学習指導要領の改訂で，家庭科は男女ともに必修で学ぶことになった。1993年に中学校で，1994年に高等学校で家庭科の男女共修が実施された。現在では，中学校では男女ともに「技術・家庭科」を学んでいる。高等学校では，家庭科は男女ともに，普通教科として「家庭基礎（2単位）」「家庭総合（4単位）」「生活デザイン（4単位）」（2022年度より家庭基礎と家庭総合の2科目となる）の中から学ぶことになっている。それ以外に20の専門教科（2022年度より21科目）もある。

　ところで，1998年の学習指導要領の改訂では，それまでは，被服，食物，住居，家族の順に，4つの領域に分けられていた小学校家庭科の内容が8つに分類されることになり，その第1番目に，「家庭生活と家族」が位置づけられることになった。戦後の家庭科の発想にあ

ったような民主的な家族の建設と男女平等といった家族関係中心の理念が，戦後半世紀を経て，ようやく具現化する兆しが見え始めた。なお，2008年改訂で4内容，2017年改訂で3内容（A 家族・家庭生活　B 衣食住の生活　C 消費生活・環境）になった。

　1999年には，「男女共同参画社会基本法」が施行された。この法律では，男女共同参画社会の形成に関する基本理念として，①男女の人権の尊重，②社会における制度又は慣行についての配慮，③政策などの立案及び決定への共同参画，④家庭生活における活動と他の活動の両立，⑤国際的協調が掲げられた。日本においても，ようやく男女平等の社会の実現に向けて大きく前進したといえる。このように現在では家庭科の男女共修は定着し，新たな時代に入っているといえるだろう。

（今村　光章）

2 小学校家庭科の内容

─平成 29 年告示学習指導要領より─

　本節では，小学校家庭科の目標や指導内容について，平成29年告示の小学校学習指導要領をもとにみていきたい。小学校家庭科は，平成29年に新学習指導要領が告示され，今までの家庭科の内容から改訂された。

　ここで示される家庭科改訂の趣旨や要点は，次のように示される。

1　家庭科の改訂の趣旨及び要点

(1) 改訂の趣旨

　平成20年改訂の学習指導要領の成果と課題を踏まえた家庭科，技術・家庭科の目標の在り方として，

ア　家庭科，技術・家庭科家庭分野においては，普段の生活や社会に出て役立つ，将来生きていく上で重要であるなど，児童生徒の学習への関心や有用感が高いなどの成果が見られる。一方，家庭生活や社会環境の変化によって家庭や地域社会の教育の低下なども指摘される中，家族の一員として協力することへの関心が低いこと，家族や地域社会の人々と関わること，家族での実践や社会に参画することが十分でないことなどに課題が見られる。また，家族・家庭生活の多様化や消費生活の変化などに加えて，グローバル化や少子高齢化社会の進展，持続可能な社会の構築など，今後の社会の急激な変化に主体的に対応することが求められる。

　「資質・能力については，実践的・体験的な学習活動を通して，家族・家庭，衣食住，消費や環境等についての科学的な理解を図り，それらに係る技能を身に付けるとともに，生活の中から問題を見出して課題を設定し，それを解決する力や，よりよい生活の実現に向けて，生活を工夫し創造しようとする態度等を育成することを基本的な考え方とする。」としている。

（『学習指導要領（平成29年告示）解説　家庭編』文部科学省　平成29年7月　6頁引用）

イ　具体的な改善項目

　（ア）指導内容の示し方の改善（以下の3点から示し方を改善）

①小・中・高等学校の内容の系統性の明確化

　児童生徒の発達を踏まえ，小・中・高等学校の各内容の接続が見えるように，小・中学校においては，「家族・家庭生活」，「衣食住の生活」，「消費生活と環境」に関する三つの枠組みに整理する。

②空間軸と時間軸という二つの視点から学校段階に応じた学習対象の明確化

　空間軸の視点では，家族，地域，社会という空間的な広がりから，時間軸の視点では，これまでの生活，現在の生活，これからの生活，生涯を見通した生活という時間的な広がりから学習対象を捉えて指導内容を整理することが適当である。

③学習過程を踏まえた改善

　生活の中から問題を見いだし，課題を設定し，解決方法を検討し，計画，実践，評価，改善するという一連の学習過程を重視し，この過程を踏まえて基礎的な知識・技能の習得に係る内容やそれらを活用して思考力・判断力・表現力等の育成に係る内容について整理することが適当である。　　　　　　　　　　　　　　　　　　　　　　　　　　（前掲書 6 頁参照）

　（イ）教育内容の見直し

　　今後の社会を担う子供たちには，グローバル化，少子高齢化，持続可能な社会の構築等の現代的な諸課題を適切に解決する能力が求められることから，家庭科，技術・家庭科においては，学校種ごとに教育内容の見直しを図ることが必要とされている。

　　小学校家庭科については，「家族・家庭生活」，「衣食住の生活」，「消費生活と環境」に関する三つの内容で構成する。家族の一員として家庭の仕事に協力するなど，家庭生活を大切にする心情を育むための学習活動や，家族や地域の異世代の人々と関わるなど，人とよりよく関わる力を育成するための学習活動，食育を一層推進するための食事の役割や栄養・調理に関する学習活動を充実する。また，消費生活や環境に配慮した生活の仕方に関する内容を充実するとともに，他の内容との関連を図り，実践的な学習活動を一層充実する。さらに，主として衣食住の生活において，日本の生活文化の大切さに気付く学習活動を充実する。

　　学習した知識・技能を実生活で活用するために，家庭や地域と連携を図った生活の課題と実践に関する指導項目を設定することや，基礎的な知識・技能を確実に身に付けるために，一部の題材を指定することも考えられる。　　　　　　　　　　（前掲書 7 頁引用）

（2）改訂の要点

　学習指導要領の改訂の基本的な方向性及び各教科等における改訂の具体的な方向性を踏まえ，家族・家庭生活の多様化や消費生活の変化等に加えて，グローバル化や少子高齢化の進展，持続可能な社会の構築など，今後の社会の急激な変化に主体的に対応することができる資質・能力の育成を目指して，目標及び内容について改善している。

2　小学校家庭科　教科の特徴

> 　生活の営みに係る見方・考え方を働かせ，衣食住などに関する実践的・体験的な活動を通して，生活をよりよくしようと工夫する資質・能力を次のとおり育成することを目指す。

　上記の目標に示した「生活の営みに係る見方・考え方」とは，家族や家庭，衣食住，消費や環境などに係る生活事象を，協力・協働，健康・快適・安全，生活文化の継承・創造，持続可能な社会の構築等の視点で捉え，よりよい生活を営むために工夫することを示す。

> （1）家族や家庭，衣食住，消費や環境などについて，日常生活に必要な基礎的な理解を図るとともに，それらに係る技能を身に付けるようにする
> （2）日常生活の中から問題を見だして課題を設定し，様々な解決方法を考え，実践を評価・改善し，考えたことを表現するなど，課題を解決する力を養う
> （3）家庭生活を大切にする心情を育み，家族や地域の人々との関わりを考え，家族の一員として，生活をよりよくしようと工夫する実践的な態度を養う

　上記に示した（1）から（3）に示す目標は，具体的には以下の点に留意する。

（1）家族や家庭，衣食住，消費や環境などについて，**日常生活に必要な基礎的な理解を図る**とは，家庭科で習得する日常生活に必要な知識が，個別の事実的な知識だけではなく，児童が学ぶ過程の中でも，既存の知識や生活経験と結び付けられ，家庭科における学習内容の本質を深く理解するための概念として習得され，家庭や地域などにおける様々な場面で活用されることを意図している。

　それらに係る技能を身に付けるについても同様に，一定の手順や段階を追って身に付く個別の技能だけではなく，それらが自分の経験や他の技能と関連付けられ，変化する状況や課題に応じて主体的に活用できる技能として習熟・定着することを意図している。

　　　　　　　　　　　　　　　　　　　　　　　　　　　（前掲書14頁引用）

（2）**日常生活の中から問題を見だして課題を設定し**とは，既習の知識及び技能や生活経験を基に生活を見つめることを通して，日常生活の中から問題を見いだし，解決すべき課題を設定する力を育成することについて示したものである。

　様々な解決方法を考えとは，課題解決の見通しをもって計画を立てる際，生活課題について自分の生活経験と関連付け，様々な解決方法を考える力を育成することについて示したものである。その際，他者の思いや考えを聞いたり，自分の考えを分かりやすく伝えたりして計画について評価・改善し，よりよい方法を判断・決定できるようにする。

　実践を評価・改善し，考えたことを表現するとは，調理や製作等の実習，調査，交流活動を通して，課題の解決に向けて実践した結果を振り返り，考えたことを発表し合い，他者からの意見を踏まえて改善方法を考えるなど，実践活動を評価・改善する力を育成することについて示したものである。その際，自分の考えを根拠や理由を明確にして分かりやすく説明したり，発表したりできるようにする。　　　　　　（前掲書14頁引用）

（3）**家庭生活を大切にする心情を育み**とは，家庭生活への関心を高め，衣食住を中心とした生活の営みを大切にしようとする意欲や態度を育むことについて示している。

　家族や地域の人々との関わりを考えとは，自分の生活は家族との協力や，地域の人々との関わりの中で成り立っていること，家庭生活は自分と家族との関係だけではなく，地域の人々と関わることでより豊かになることを理解した上で，よりよい生活を工夫して積極的に取り組むことができるようにすることについて述べている。

　家族の一員としてとは，家庭生活を営む上で大切な構成員の一人という自覚をもち，進んで協力しようとする主体的な態度について述べたものである。児童の発達段階から，家庭生活の運営への参加は難しいが，自分の生活の自立を目指していくことを通して，家庭生活の営みに参加していくという関わり方を明確に示したものである。

　生活をよりよくしようと工夫する実践的な態度とは，家族・家庭生活，衣食住の生活，消費生活・環境に関する日常生活の様々な問題を，協力，健康・快適・安全，生活文化の大切さへの気付き，持続可能な社会の構築等の視点で捉え，一連の学習過程を通して身に付けた力を，家庭生活をよりよくするために生かして実践しようとする態度について示したものである。このような実践的な態度は，家庭科で身に付けた力を家庭，地域から最終的に社会へとつなげ，社会を生き抜く力としていくために必要である。なお家庭科で養うことを目指す実践的な態度には，家族や地域社会の人々と協力しようとする

態度のほかに，日本文化を大切にする態度や生活を楽しむ態度も含まれている。

（前掲書16頁引用）

3　家庭科の内容と構成

【資料2-1】　家庭科の内容と構成

内容と項目	事　項
A　家族・家庭生活	
（1）自分の成長と家族・家庭生活	ア　自分の成長の自覚，家庭生活と家族の大切さ，家族との協力
（2）家庭生活と仕事	ア　家庭の仕事と生活時間 イ　家庭の仕事の計画と工夫
（3）家族や地域の人々との関わり	ア（ア）家族との触れ合いや団らん 　（イ）地域の人々との関わり
（4）家族・家庭生活についての課題と実践	イ　家族や地域の人々との関わりの工夫 ア　日常生活についての課題と計画，実践，評価
B　衣食住の生活	
（1）食事の役割	ア　食事の役割と食事の大切さ，日常の食事の仕方 イ　楽しく食べるための食事の仕方の工夫
（2）調理の基礎	ア（ア）材料の分量や手順，調理計画 　（イ）調理器具や食器の安全で衛生的な取扱い，加熱用調理器具の安全な取扱い 　（ウ）材料に応じた洗い方，調理に適した切り方，味の付け方，盛り付け，配膳，後片付け 　（エ）材料に適したゆで方，いため方 　（オ）伝統的な日常食の米飯及びみそ汁の調理の仕方 イ　おいしく食べるための調理計画及び調理の工夫
（3）栄養を考えた食事	ア（ア）体に必要な栄養素の種類と働き 　（イ）食品の栄養的な特徴と組み合わせ 　（ウ）献立を構成する要素，献立作成 イ　1食分の献立の工夫
（4）衣服の着用と手入れ	ア（ア）衣服の主な働き，日常着の快適な着方 　（イ）日常着の手入れ，ボタン付け及び洗濯の仕方 イ　日常着の快適な着方や手入れの工夫
（5）生活を豊かにするための布を用いた生活	ア（ア）製作に必要な材料や手順，製作計画 　（イ）手縫いやミシン縫いによる縫い方，用具の安全な取扱い イ　生活を豊かにするための布を用いた物の製作計画及び製作の工夫
（6）快適な住まい方	ア（ア）住まいの主な働き，季節の変化に合わせた生活の大切さや住まい方 　（イ）住まいの整理・整頓や清掃の仕方 イ　季節の変化に合わせた住まい方，整理・整頓や清掃の仕方の工夫
C　消費生活・環境	
（1）物や金銭の使い方と買い物	ア（ア）買物の仕組みや消費者の役割，物や金銭の大切さ，計画的な使い方 　（イ）身近な物の選び方，買い方，情報の収集・整理 イ　身近な物の選び方，買い方の工夫
（2）環境に配慮した生活	ア　身近な環境との関わり，物の使い方 イ　環境に配慮した物の使い方の工夫

　小学校家庭科については，資料2-1に示すように，Ａ「家族・家庭生活」，Ｂ「衣食住の生活」，Ｃ「消費生活と環境」の三つの内容で構成される。

Ａ　「家族・家庭生活」の内容は，(1)「自分の成長と家族・家庭生活」，(2)「家庭生活と仕事」，(3)「家族や地域の人々との関わり」，(4)「家族・家庭生活についての課題と実践」の4項目で構成される。

　　ここでは，課題をもって，家族や地域の人々と協力し，よりよい家庭生活に向けて考え，工夫する活動を通して，自分の成長を自覚し，衣食住などを中心とした生活の営みの大切さに気付くとともに，家族・家庭生活に関する知識及び技能を身に付け，日常生活の課題を解決する力を養い，家庭生活をよりよくしようと工夫する実践的な態度を育成することをねらいとしている。　　　　　　　　　　　　　　　　　(前掲書20頁参照)

Ｂ　「衣食住の生活」の内容は，(1)「食事の役割」，(2)「調理の基礎」，(3)「栄養を考えた食事」，(4)「衣服の着用と手入れ」，(5)「生活を豊かにするための布を用いた生活」，(6)「快適な住まい方」の6項目で構成されている。このうち(1)から(3)までは食生活，(4)(5)は衣生活，(6)は住生活に係る項目である。

　　ここでは，課題をもって，健康・快適・安全で豊かな食生活，衣生活，住生活に向けて考え，工夫する活動を通して，食生活，衣生活，住生活に関する知識及び技能を身に付けるとともに，それらの課題を解決する力を養い，衣食住の生活をよりよくしようと工夫する実践的な態度を育成することをねらいとしている。　　　　　　(前掲書32頁参照)

Ｃ　「消費生活・環境」の内容は，(1)「物や金銭の使い方と買い物」，(2)「環境に配慮した生活」の2つの項目で構成されている。

　　ここでは，課題をもって，持続可能な社会の構築に向けて，身近な消費生活と環境を考え，工夫する実践的な態度を育成することをねらいとしている。　　　　(前掲書60頁参照)

　なお，家庭科教育では，「主体的・対話的で深い学び」の実現に向けて，次のような3つの視点に立った授業改善に取り組むことが重要である。

主体的な学びの視点：生活課題について解決の見通しを持ち，課題の発見や解決に主体的に取り組む態度を育む。

対話的な学びの視点：他者と意見を共有して互いの考えを深めたり，協働し自らの考えを広げ深める学び

深 い 学 び の 視 点：学習活動で「生活の営みに係る見方・考え方」を働かせ課題解決に向け自分の考えを構想，表現し，資質・能力を獲得する学び

　　　　　(総合初等教育研究所企画・編集『新学習指導要領改訂の要点』文渓堂　187頁参照)

4　学習指導要領（平成29年告示）と従来の学習指導要領（平成20年告示）の対比

　資料2に示す新旧対照表を参考に新しい学習指導要領の変更内容や改善点などについて、『学習指導要領解説』などを参考に話し合ってみよう。

【資料 2-2】　新しい学習指導要領と今までの学習指導要領の対比

■各学年の内容の比較

新学習指導要領　平成 29 年告示	旧学習指導要領　平成 20 年告示
A　家族・家庭生活 （1）自分の成長と家族・家庭生活 　ア　自分の成長の自覚，家庭生活と家族の大切さ，家族との協力 （2）家庭生活と仕事 　ア　家庭の仕事と生活時間 　イ　家庭の仕事の計画と工夫 （3）家族や地域の人々との関わり 　ア（ア）家族との触れ合いや団らん 　　（イ）地域の人々との関わり 　イ　家族や地域の人々との関わりの工夫 （4）家族・家庭生活についての課題と実践 　ア　日常生活についての課題と計画，実践，評価	A　家庭生活と家族 （1）自分の成長と家族 　ア　成長の自覚，家庭生活と家族の大切さ （2）家庭生活と仕事 　ア　家庭の仕事と分担 　イ　生活時間の工夫 （3）家族や近隣の人々とのかかわり 　ア　家族との触れ合いや団らん 　イ　近隣の人々とのかかわり
B　衣食住の生活 （1）食事の役割 　ア　食事の役割と食事の大切さ，日常の食事の仕方 　イ　楽しく食べるための食事の仕方の工夫 （2）調理の基礎 　ア（ア）材料の分量や手順，調理計画 　　（イ）調理器具や食器の安全で衛生的な取扱い，加熱用調理器具の安全な取扱い 　　（ウ）材料に応じた洗い方，調理に適した切り方，味の付け方，盛り付け，配膳，後片付け 　　（エ）材料に適したゆで方，いため方 　　（オ）伝統的な日常食の米飯及びみそ汁の調理の仕方 　イ　おいしく食べるための調理計画及び調理の工夫 （3）栄養を考えた食事 　ア（ア）体に必要な栄養素の種類と働き 　　（イ）食品の栄養的な特徴と組み合わせ 　　（ウ）献立を構成する要素，献立作成 　イ　1 食分の献立の工夫 （4）衣服の着用と手入れ 　ア（ア）衣服の主な働き，日常着の快適な着方 　　（イ）日常着の手入れ，ボタン付け及び洗濯の仕方 　イ　日常着の快適な着方や手入れの工夫 （5）生活を豊かにするための布を用いた生活 　ア（ア）製作に必要な材料や手順，製作計画 　　（イ）手縫いやミシン縫いによる縫い方，用具の安全な取扱い	B　日常の食事と調理の基礎 （1）食事の役割 　ア　食事の役割と日常の食事の大切さ 　イ　楽しく食事をするための工夫 （2）栄養を考えた食事 　ア　体に必要な栄養素の種類と働き 　イ　食品の栄養的な特徴と組み合わせ 　ウ　1 食分の献立の工夫 （3）調理の基礎 　ア　調理への関心と調理計画 　イ　材料の洗い方，切り方，味の付け方，盛り付け，配膳及び後片付け 　ウ　ゆでたり，いためたりする調理 　エ　米飯及びみそ汁の調理 　オ　用具や食器の安全で衛生的な取扱い，こんろの安全な取扱い C　快適な衣生活と住まい （1）衣服の着用と手入れ 　ア　衣服の働きと快適な着方の工夫 　イ　日常着の手入れとボタン付け及び洗濯 （2）快適な住まい方 　ア　住まい方への関心，整理・整頓及び清掃の仕方と工夫 　イ　季節の変化に合わせた生活の大切さ，快適な住まい方の工夫 （3）生活に役立つ物の製作 　ア　形などの工夫と製作計画

新学習指導要領　平成29年告示	旧学習指導要領　平成20年告示
イ　生活を豊かにするための布を用いた物の製作計画及び製作の工夫 （6）**快適な住まい方** 　ア（ア）住まいの主な働き，季節の変化に合わせた生活の大切さや住まい方 　　（イ）住まいの整理・整頓や清掃の仕方 　イ　季節の変化に合わせた住まい方，整理・整頓や清掃の仕方の工夫	イ　手縫いやミシン縫いによる製作・活用 ウ　用具の安全な取扱い
C　消費生活・環境 （1）**物や金銭の使い方と買い物** 　ア（ア）買物の仕組みや消費者の役割，物や金銭の大切さ，計画的な使い方 　　（イ）身近な物の選び方，買い方，情報の収集・整理 　イ　身近な物の選び方，買い方の工夫 （2）**環境に配慮した生活** 　ア　身近な環境との関わり，物の使い方 　イ　環境に配慮した物の使い方の工夫	**D　消費生活・環境** （1）**物や金銭の使い方と買い物** 　ア　物や金銭の大切さ，計画的な使い方 　イ　身近な物の選び方，買い方 （2）**環境に配慮した生活の工夫** 　ア　身近な環境とのかかわり，物の使い方の工夫

（『小学校学習指導要領（平成29年告示）解説 家庭編』文部科学省　平成29年7月）

（夫馬 佳代子）

3 家族と子どもの成長に関する教育

1 教育の目的の多角的検討

(1)「家庭生活と家族」の概要

　本節の目的は，小学校家庭科の3内容のうちのひとつ「家族と家庭生活」について概説することである。

　平成29年改訂の小学校学習指導要領では，家庭科は，A 家族・家庭生活，B 衣食住の生活，C 消費生活・環境の3内容から構成されている。このうち「A 家族・家庭生活」については，(1) 自分の成長と家族・家庭生活，(2) 家庭生活と仕事，(3) 家族や地域の人々との関わり，(4) 家族・家庭生活についての課題と実践の4つの項目について指導することとされている。

　具体的目標としては，(1) では，「自分の成長を自覚し，家庭生活と家族の大切さや家庭生活が家族の協力によって営まれていることに気付くこと」，(2) では「家庭には，家庭生活を支える仕事があり，互いに協力し分担する必要があることや生活時間の有効な使い方について理解すること」と「家庭の仕事の計画を考え，工夫すること」，(3) では，「家族との触れ合いや団らんの大切さについて理解すること」と「家庭生活は地域の人々との関わりで成り立っていることが分かり，地域の人々との協力が大切であることを理解すること」，(4) では，「日常生活の中から問題を見いだして課題を設定し，よりよい生活を考え，計画を立てて実践できること」が掲げられている。

　簡潔にまとめるなら，①自分自身の成長と②家庭の仕事の認識を軸に，③家族へ協力し④家族への触れ合いを大切にする態度と心情を培い，⑤地域住民にかかわるという5つの具体的項目が盛り込まれている。もっぱら，家族の大切さに気づき，家庭生活の中で自分ができる仕事をすることが求められている。

(2) 学校教育の目的：「人格の完成」概念をめぐって

　では，なぜ，このようなことが求められているのか。少しばかり遠回りになるが，家庭科教育の目的や本質，その存在意義を根底から考え直すために，第1節の「家庭科教育の歴史」で触れた内容をも踏まえて，教育それ自体の目的を多角的に捉え直してみよう。ただし，教育目的論は近代教育学の中でも非常に難解な分野である。ここでは，抽象的な教育哲学的探求はさておくとして，具体的な願いのレベルとして——すなわち，何のために学校教育が存在するのか。学校で教師たちは何のために教えているのか。保護者は子どもがどのように育ってほしいと願っているのか。将来，子どもがどんな大人になり，どのような社会を創造することを人々は望んでいるのか——といった観点から，ごく大雑把に把握してみたい。どのような願いを抱いて子どもに接しているかということをふり返りつつ，あらためて小学校家庭科の願いと視点，そして「家庭生活と家族」に関する教育の特徴と課題について考察してみよう。

　第 1 節で見たように，第二次世界大戦後，政府や教育関係者は，かつての教育が自主性と自律性を失って国家主義と軍国主義とに傾き，結果として戦争に協力することになった過誤を反省した。そして 1947 年に，（旧）教育基本法が制定され，戦時中の教育が否定され，その後のおおよその方針が定められた。旧来の勅令主義も改められ，新憲法と教育基本法体制のもとで，新しい教育制度と教育組織が発足し，教育内容の民主化も行われた。その際，戦前の教育が国家に有為な人材の育成に偏っていたことを猛省し，戦後の教育は一人ひとりの人間としての完成を目指すものだとされた。

　戦後の教育目的を如実に示す典拠として非常によく引き合いに出されるのが，旧教育基本法の第一条「教育の目的」である。この条文で「教育は，人格の完成をめざし，平和的な国家及び社会の形成者として，真理と正義を愛し，個人の価値をたつとび，勤労と責任を重んじ，自主的精神に充ちた心身ともに健康な国民の育成を期して行われなければならない」とされた。カント（1724 – 1804）やヘルバルト（1776 – 1841）らの近代教育学の影響が色濃くみられるこの文言にあるように，戦後日本の学校教育の究極的目的は，強固な道徳的品性をもった個人の「人格の完成」にあった。しかも，道徳的能力のみならず，真・善・美などの価値に関係する能力や科学的能力，芸術的能力などのあらゆる能力の発展と完成が求められた。

　その後，2006 年には新たな教育基本法が制定された。新教育基本法は，日本の歴史と伝統，文化を尊重することや日本の国を愛し国を守ること，国家と社会へ奉仕すること，家庭教育を重視すること，ならびに，道徳教育の強化や教育における行政責任の明確化などを新たに打ち出した。だが，旧教育基本法の教育目的は原則的には新教育基本法にも受け継がれ，文言が減ったとはいえ「教育は人格の完成を目指し，平和で民主的な国家及び社会の形成者として必要な資質を備えた心身ともに健康な国民の育成を期して行われなければならない」とされた。

　このように「人格の完成」概念は教育目的論に言及する際の鍵概念であり，戦後教育の要でもある。現在にまで受け継がれ，未来の教育のあり方の軸ともなっている。反面，「人格の完成」概念は，教育の究極的目的としては高度に抽象化されすぎており，一般的かつ包括的な理念にすぎないという見方もある。やや神学的にも映る神の似像としての完成した人間像は，現実的な生活からは乖離している。そのため，ごく普通の人間にとっては，方向を示す道標にはなるかもしれないが，実現化不可能な理想像にすぎなかったといえるだろう。

　もとより，「人格の完成」という教育目的は，戦前の教育目的である忠良なる臣民の育成という理念を刷新し，戦後の学校教育を方向づける点では重大な意義があった。しかも，個人の尊厳と基本的人権を重んじる点で大いに評価されるべきである。それでも，頻繁に指摘されるように，個人主義的に過ぎる傾向があり，現在の価値多様化時代の多様な立場や価値観を包摂してはいないという意味で一面的でもある。したがって，「人格の完成」だけをもって十分な教育目的であるとまでは断言できない。児童・生徒や教師の現実的な生活との間に乖離があって，具体的な次元に落とし込めず，教師たちの教育実践を促す力にはなかなかなりえていない。

　そこで，具体的なレベルで考え直してみよう。私たちは，大人や教師として，子どもにどんな願いを抱いているのだろうか。たとえば，他人にも親切で思いやりがあり，社会の

ルールを守ることのできる道徳性を備えた「ちゃんとした子ども」になってほしいと願う。しかも，できるだけ悪い行いに手を染めず，ぐれたり反抗したりせずに「いい大人」になれるようにと願う。その願いは正当で根本的な間違いはない。だが，昨今の価値多様化時代においては，標準化され正当化された「ちゃんとした子ども」や「いい大人」の具体的な姿が共有できないという問題がある。ましてや，ちゃんとしていない子どもでも，いい大人でなくても，愛される資格は十分にある。生きるに値する人生もある。もちろん，人間としての価値もあることはいうまでもない。

　そのうえ，多くの人間がそうであるように，教師も発展途上の人間であり完成した人格を備えているとは言い難い。こうした状況で，「人格の完成」だけを教育目的として，学校教育現場にもち出すのは気が引けるということになるのはやむを得ない。

　文脈からは逸れるが，「人格の完成」を重視しすぎることに伴う弊害を指摘しておこう。回り道をせずに「ちゃんとした子ども」から「いい大人」になることだけを求めれば，子どもたちは成長に必要な失敗をして学んだり，少しばかりの「悪」を経験して反省したりすることができなくなり，かえって育ちがゆがんでしまう。しかも，大人にすることを急ぎすぎると，子どもたちが十分に子ども期を味わうことができなくなり，子どもの育ちを窮屈なところへと押し込めてしまう。つまり，子どもを子どもとして成熟させる視点を見失ってしまう。その点には留意しておかねばなるまい。

　それでも道徳性が備わった善良なる人間を育成しようとするのは教育目的としてふさわしい内容であることには間違いがない。その点を踏まえて，その他の教育目的と併せて考察を進めることにしよう。

(3) 社会化と個性化

　デュルケーム（1858 - 1917）らの指摘を踏まえていえば，一般に教育の目的は社会化にある。「平和で民主的な国家及び社会の形成者」を育成するとは，すなわち，日本の歴史と社会や文化を背景にして，この社会共同体の大部分の人々がしているような行動パターンと価値観を共有するように子どもを育てるということである。ただし，個人が所属する当該の社会という場合，その範囲の解釈はそれぞれである。家庭や職場，地域社会や地方公共団体などの各種のあらゆる共同体，および，広く国際社会までも含む。その点には注意を要する。だが，平たくいえば，人間は所属集団で他者と似通った行動をすることが求められる。そして，そのように指導することも教育の一部であり，教育は社会化を目的とすると捉えることができる。

　たとえば，子どもは，乳幼児期には家庭で主として保護者によって一定の価値や行動様式，知識や技能などを獲得する。家族集団が当然とみなしている行動様式を身につける。朝食を食べるか食べないか，何を食べるかといったことは，家族によって決まっていることが多い。お箸の持ち方や食事のマナーなども家族によって教えられる。

　小学校で学ぶようになると，教師や仲間たちや学校関係者といった他者との交流を通じながら，子どもは学校で自明視されている価値観を獲得していく。始業時間を守って登校し，授業中はすわって授業を聞くようになる。掃除の時間には掃除をする。中学生や高校生になれば，制服がある場合は，決められた制服を着用して登校する。学校の定める校則にも従う。

　子どもたちが社会に出ても同様である。ある会社や職場のしきたりや規則，ルールに従

わねばならない。一般的な意味での社会集団に適応していくことを余儀なくされ，人間は特定の社会に共通の文化の価値を内面化していく。そのようにして適応することで，人間はその社会の中で受容され支えられて生きていくことができる。このように，社会化は重要な教育の目的のひとつである。

　他者との同調行動が求められるとはいえ，過度の同調行動を求めたり，社会化のみに傾倒した教育をしたりすれば，また別の問題が生じる。しかし，一面では，学校は社会や会社という場に出るための規律・訓練の装置でもあるため，あながちこうした傾向は一概に否定すべき性質ではない。

　だが，社会化と矛盾するようだが，エリクソン（1902 - 1994）やマズロー（1908 - 1970）が指摘するように，教育の目的のひとつは個性化（自己実現）にある。他人とは異なった人生観をもち，自分なりの個性を発揮して生涯にわたって生活していかなければならない。自分らしく生きるために，他人とは異なった適性や能力，才能を発見し，それを磨いて他の誰でもない自分自身になる必要がある。

　教育基本法の第二条には，「教育の目標」が示されているが，その二には，「個人の価値を尊重して，その能力を伸ばし，創造性を培い，自主及び自律の精神を養うとともに，職業及び生活との関連を重視し，勤労を重んずる態度を養う」という目標を達成するようにとある。また，生涯学習の理念を示した第三条では，「国民一人一人が，自己の人格を磨き，豊かな人生を送ることができるよう，その生涯にわたって，あらゆる機会に，あらゆる場所において学習することができ，その成果を適切に生かすことのできる社会の実現が図られなければならない」とされている。ここで示されているように，個人の価値を尊重してその能力を伸ばすことや，一人ひとりが豊かな人生を過ごすことができる個性化も教育の目的のひとつに数えられる。

（4）よりよい労働者や消費者になることをめぐって

　次に，教育基本法などの法律からは離れて，世間一般の人々の教育の目的について考察してみよう。

　戦後，日本経済はゆっくりと企業活動を中心とした本格的な資本主義経済へと移行した。やがて迎えた高度経済成長期の中で，学校教育に対する見方は変容していく。だが，学問や学力，学歴などは立身出世のための手段であるという見方は根強く残っていた。国家体制が根幹から変容し民主化が進んだが，「人格の完成」という抽象的で曖昧な教育目的よりも，資本主義社会の中では，学校教育の個人主義的な意味での実用性と利用価値が重んじられた。一部の子どもや保護者の間には，学力を高めていい成績をとって「ステータス（偏差値）の高い大学」へ行けば，いい会社に就職できて稼ぎのよい労働者になれ，結果として「幸福」になれるという信仰があった。極端にいえば，教育の目的は現実問題として豊かで便利で快楽的な暮らしをするためであると捉える人々もいた。

　たしかに，よい教育を受ければよい暮らしが保証されるという信仰を抱いていた一部の子どもや保護者にとっては，どんな仕事に就くかということは死活問題や個性化の問題にもかかわる事柄であった。しかし，その目的だけのために，利己的に「ステータスの高い大学」に合格することに血眼になれば，競争が激化し学校教育が歪曲する。高度経済成長期からバブル期にかけては，受験地獄や学歴社会が盛んに教育問題として指摘されたが，それは学校教育が上昇的な社会的階層移動の契機であるという認識があることを裏づける

　ものであったからである。同時に，より「ステータスの高い大学」に合格するためだけの点数で測れる学力を重視しすぎる風潮がゆがんでいたことを如実に示すものでもある。

　残念ながら，現在でも偏差値の高い大学に入学し卒業したということは，基礎学力や情報処理能力が高いことを示し，それが給料の高い会社や仕事に就くためのパスポートになっていると考えている人々も少なからず存在する。その背後には，高い給料を得れば，豊かで便利で快適な消費生活ができて幸せになれるという「幸福」観がある。この見方は功利的快楽主義と根底でつながっている。つまり，人生の幸福とは，受け取った快楽の量で測られ，それは消費の質と量，および「所有の豊かさ」によるというものである。昨今では，そんな極端な見方は少なくなったが，少なからずそうした「幸福」観の残滓がある。

　学校の中で，教育の目的は，より高収入の労働者になるためであるなどと直言すれば，批判を免れない。だが，人間にとって労働することは大切なことである。かつて，資本主義経済の発展途上では，労働者は低賃金や長時間労働などの劣悪な労働条件や環境や失業のために厳しい生活を余儀なくされた。そのため，日本国憲法第27条では，福祉国家の理想に基づいて，経済的弱者となる労働者を保護し，人間に値する生活を実現するために，「すべて国民は，勤労の権利を有し，義務を負ふ」と定められた。この点は確認しておかなければなるまい。

　なお，本来の文脈からやや脱線することになるが，上述の信仰を裏切るかのように，今では，近代学校公教育システムには，階級や階層などの社会的諸関係や文化，習慣を再生産する機能があることが教育社会学の研究により明らかになった。学校は階層移動をそれほど容易にする機能をもちえないという。学校の教育内容が実用性をもたなくなり，学歴が通用しなくなれば，学校の価値と教師の権威が引きずり下ろされる。そのうえ，バブル景気の崩壊や長引く経済不況で，いい会社が必ずしも永久に安全な場所ではないことが明らかになった。地球環境問題の深刻化で，過度に豊かで便利で快適な暮らしが継続不可能であることを子どもたちは直感でうすうす感じつつある。

　こうした状況では，「よい成績」をとり「よい大学」を卒業することの意味が消失してしまう。それが「いい生活」の保障ではなくなるからである。加えて，「いい生活」が目指すべき「幸福」ではなくなるばかりか，望んでも「いい生活」そのものが不可能であるとなれば，学校への信仰が薄らぎ，学びからの逃走が起こってしまう。ひいては，労働からも子どもたちは逃走することになりかねない。この点についてはこれ以上の言及は避けるが，今後の学校教育の課題となるだろう。

　では，本筋に戻って教育目的を考察してみよう。家庭科と密接な関係をもつ教育目的のひとつは，よりよい消費者になるという点にある。家庭科の3つの内容のうちのひとつが，C「消費生活と環境」という内容となっているように，よりよい消費生活を送る人間になるというのも教育の目的のひとつに数えられるだろう。

　人間は，生活していく限り，財やサービスを消費して生きていかねばならない。どこで何を買い，どのように使い，廃棄するかは大きな問題である。ただし，賢い消費者になるというだけではない。消費生活は私たちの環境と密接に関係している。多くの人々が，利己的にあくなき欲求を満たすことに奔走すれば，全体として，地球の破局を迎えかねないほどに地球環境問題が深刻化している。この状況の中では，どのような消費者になるかは大きな問題なのである。自分の消費生活を豊かにするだけではなく，環境に配慮した消費

をすることのできる消費者を育成することも教育の目的のひとつとなる。

2　家庭科を手がかりとして教育目的を捉え直す

(1) 隠された教育の目的：親や家族になることをめぐって

　上記で触れた教育目的以外の目的について考えてみよう。一体，私たちは，なぜ教育するのか。何のための教育なのかという問いをもっと深く掘り下げて考えてみよう。

　保護者にとって，子どもを一人前に育て上げるということは，社会人として，ないしは労働者として，子どもを社会に送り出すことを意味することがある。それだけではない。結婚して子どもを育てる家族を創るようになることを想起する場合もある。子どもが子どもとして生まれ育てられる定位家族から，自分自身の判断と選択で配偶者を得て自分の子どもを育てる生殖家族へと移行することによって，子育てがほぼ終了したと考える親もいる。ひとつの見解にしか過ぎないが，教育の目的のひとつは，子どもが新たな家族をつくり，それを維持することであるともいえるだろう。

　ここで，誤解を避けるために前もって十分にお断りしておかなければならないことがある。それは，以下で言及するような家族に関する教育は，家族になることを推奨する教育，すなわち，結婚や出産，子育てを勧める教育ではないことである。間違っても，伝統的な家族像などの家族観を子どもに押しつけることでもない。そもそも昨今では家族の形態は大きな変貌を遂げている。叙述することも困難なほど多種多様な家族観が存在する。当然，「ふつうの家族」を紹介したり，普遍的な家族観を教えたりすることは不可能である。しかしながら，家族について考える機会を与えることは教育の目的のひとつに数えてもよいかもしれない。なぜなら，個人が主体的に望めば，ひとつの選択肢として，家族をもちそれを維持することができるように準備することは，現代的な教育の課題となるからである。繰り返すが，家族の価値を普遍的絶対的なものとして一定の方向づけをして教えることは回避すべきである。だが，個別的相対的に自分の家族を見直して未来の家族のあり方を考える機会をもつことは，子どもにとっては必要な課題ではないだろうか。

　家族に関する教育の必要性が謳われる背景には，家族の形態の激変がある。その原因は，非婚化・未婚化・晩婚化という現象，および，離婚率の上昇がある。2015年の国勢調査などの資料によれば，50歳の時点で一度も結婚したことのない人の割合を示す「生涯未婚率」は，男性が23.4％，女性が14.1％である。しかも，2035年には，男性は，29.0％，女性は，19.2％になると予測されている。男性の3人に1人，女性の5人に1人が独身のまま生涯を終わることになる。そのことはつまり，単身者の家族（世帯）が増えていくということを意味する。それが個人の自主的な判断と選択の結果であるならば尊重すべきである。だが，万一そうでないとすれば，何らかの対策やある種の教育が必要だと考えるのも道理かもしれない。

　他方，最近の婚姻件数が約65万組なのに対して，離婚件数はその約3分の1の22万組程度とされている。離婚を繰り返す場合などがあるので断定はできないが，統計上では，ほぼ3組に一組のカップルが離婚するという結果を示している。また，結婚したカップルの4組に一組は再婚であるというデータもある。この点も注意深く十分にお断りしておかなければならないが，短絡的に結婚が善いものであり離婚が悪いものであるなどとは絶対にいえない。また，大人となった個人の選択の結果であるため，小学校家庭科教育の実践

の中で，離婚について何らかの価値判断をするようなことはすべきではない。

　それでも，結果として家族の形態が変容していることを肝に銘じておく必要はある。たとえば，子どもたちが見ているアニメでも，家族の多様性を知る手がかりがある。「クレヨンしんちゃん」は夫婦とその子どもという核家族，「ちびまる子ちゃん」は祖父母と両親と子どもという拡大家族，さらに，「サザエさん」は複数の核家族が同居している複合家族である。しかし，アニメにはなかなか出てこないが，「ひとり親家庭」や子どもをもった男女の離婚と再婚によって生じた「ステップファミリー」，また，夫婦関係と親子関係を中心とする伝統的な家族とはまったく異なる家族も増加している。

　そのため，児童・生徒たちが，多様な家族形態において，しかも，多種多彩な家族観をもっている保護者のもとで生きている現実に目を向ける必要がある。そして，子どもたちが，「いま，ここ」の現実としておかれた家庭と家族を真の意味でよりよく生きることができるように援助することは，家庭科教育の目的のひとつに数えるべきであろう。

　また，統計上では，1985年には，子ども（乳幼児と児童）のいる世帯が約46％で半数近くあったが，2018年現在は約27％に過ぎない。しかも，今日高齢者と独身者の単独世帯は約33％にも上る。子どものいない家族と子どもを育てたことのない家族が，子どものいる家族のことも理解できるように配慮する教育も必要になってくるだろう。

　さらに，あえていうなら，一義的には定義できないとしても，将来的に個々人が「幸福」であると感じることができるような家族を創造するように準備をしておくことも家庭科では視野に入れるべきである。育てられた家族だけではなく，他のさまざまな家族があることを知り，他者の多様な家族観に触れることで，自分自身の家族について考えることは大切な学びになる。小学校の段階では発達段階の上で多少の無理があるだろうが，中・高の家庭科の中では，結婚や出産を選ぶことや子どもを育てることについて考える機会をもつことは大切である。注意深く慎重に扱うべき内容となるが，子どもたちが，生涯にわたって，家族との健やかな生活を送れるように援助する家族に関する教育はぜひとも必要なのである。

　教育基本法の第二条の教育の目標の三には，「正義と責任，男女の平等，自他の敬愛と協力を重んずるとともに，公共の精神に基づき，主体的に社会の形成に参画し，その発展に寄与する態度を養うこと」とある。男女の平等や，社会の形成への参画には，家族の観点も含まれている。また，家庭科と関係があるのは，学校教育法第21条の「教育の目標」である。第21条には10個の項目があり，それぞれ教科に対応しているのだが，その4には「家族と家庭の役割，生活に必要な衣，食，住，情報，産業その他の事項について基礎的な理解と技能を養うこと」とある。このように，家庭科においては家族に関する教育をするという観点があることを踏まえておきたい。

(2) もうひとつの教育の目的の可能性：遊ぶことを学ぶ

　以上のように，教育の目的を，①人格を完成すること，②社会化や③個性化をすること，④労働者や⑤消費者になること，⑥家族になること，であると多角的に把握してきた。最後に，私論ながら，⑦遊ぶことができるようになるという教育目的についても触れておきたい。

　中学校の技術・家庭科「家庭分野」では，遊び道具や身体を使って幼児と触れ合う活動などの実践的・体験的な学習活動を通して，幼児に関心をもち，幼児の心身の発達と生活，

それを支える家族の役割や遊びの意義について理解し，幼児とのかかわり方を工夫できるようにすることが課題となっている。他方，高等学校の家庭科では，乳幼児の心身の発達の特徴，乳幼児の遊びや生活習慣の形成などの乳幼児の生活，それを支える親や家族，家庭生活の役割について理解させ，子どもの発達のためには，第一義的に親が責任をもつ必要があることなど，親や家族の保育責任について理解させることが課題となっている。多くのねらいがあるが，なかでも子どもの遊びの意義を学ぶことは大きな眼目のひとつである。

　大人になっても，山や川といった自然の中で遊んだり，気の合う仲間と何かの遊びに興じたり，ひとりで趣味ともいえる遊びに夢中になったりする。そうした意味で，遊びは人生に彩りを加える。労働（仕事）と家族，地域社会や仲間に加えて，遊びがあってこそ人生が奥行きのある立体的なものになることがある。しかし，現在の学校教育の中では，遊びの教育的意義について学べる教科は家庭科のほかにはない。それゆえに，自分らしく遊べるような子どもや大人にすることも，教育目的のひとつに数えるべきではないだろうか。

　むろん，経済的な豊かさを求めることや立派な労働者になること，簡潔にいえば，自分の幸福の総量は自分がもっている金銭や財産，社会的地位や仕事であるといった「所有の豊かさ」を追求することも大事である。しかし，それと並んで「存在の豊かさ」があることにも気づくことが大切である。ごく簡単に触れるにとどめるが，その「存在の豊かさ」には，①天と地，すなわち超越者や自然，大地とともに在ることを体感すること（天と地という垂直方向），②自分と他者（集団）との境界がなくなってしまうかのような同一感を得ること（人間社会という水平方向），③自分らしい自分になり没頭すること（自分自身という内奥方向）——そうした垂直・水平・内奥の３つの次元がある。そして，「所有の豊かさ」から「存在の豊かさ」へという切り替えをするためのひとつの契機が遊びであるといえるだろう。

　世の中には，一生をかけてする仕事という意味でライフワーク（lifework）という言葉がある。それを見つけて取り組むのも重要である。だが，一生をかけて楽しめるという意味でのライフプレイ（lifeplay：造語）を発見することも大切だろう。つまり，いい労働者や消費者になるだけではなく，自分らしく楽しく遊べる大人になるというのも生涯発達の課題ではないだろうか。ただし，誤解のないように断っておくが，遊びについての教育は，労働を軽視して単なる遊び人になることを勧める教育ではない。

　なお，上記の７項目以外にも教育目的は存在する。教師一人ひとりが個別的な独自の教育目的を有することもあるからだ。遊べる人間を育てるという私の視点は，まったくの私見であり，教育関係の法令や学習指導要領とは関連がない点を十分にお断りしておきたい。

３　家庭科における「家庭生活と家族」の教育の留意点

（1）家族とは何かという問いを抱きながら教育実践に取り組む

　以上のように教育目的の多様性を概観する中で，家庭科が家族を育てるという教育目的を有していることを示した。そこで，ここでは，家族とは何かについて考察し，家族の教育の難しさを指摘し，家庭科での指導上の留意点について概観しておこう。

　まず，小学校学習指導要領の家庭科の目標には，「生活の営みに係る見方・考え方を働かせ，衣食住などに関する実践的・体験的な活動を通して，生活をよりよくしようと工夫

する資質・能力を次のとおり育成することを目指す。」と記されている。また，「第2　各学年の目標及び内容〔第5学年及び第6学年〕」の目標は次の3つである。

①家族や家庭，衣食住，消費や環境などについて，日常生活に必要な基礎的な理解を図るとともに，それらに係る技能を身に付けるようにする。

②日常生活の中から問題を見いだして課題を設定し，様々な解決方法を考え，実践を評価・改善し，考えたことを表現するなど，課題を解決する力を養う。

③家庭生活を大切にする心情を育み，家族や地域の人々との関わりを考え，家族の一員として，生活をよりよくしようと工夫する実践的な態度を養う。

　このように，当たり前のように家族という用語が使われているが，家族を定義することは非常に困難である。ごく簡単な一般的説明をするならば，夫婦関係（多くの場合，婚姻関係）と親子関係（多くの場合，血縁関係）の2つを軸とした人間の集団である。しかし，歴史や民族，宗教によって，個々人が家族であると捉える範囲は異なる。配偶者である夫や妻，自分の子ども，父母，兄弟姉妹，親戚縁者，その他の他人，ペットなどのどこからどこまでが家族であると認識するかは，人によって大幅に異なる。

　社会学者の上野千鶴子は，「あなたの家族は？」と尋ねられたときに，その人が想い浮かべた範囲内の人間を家族とみなすことを「ファミリー・アイデンティティ」という用語をもち出して示している。この概念は，文字通りの意味で，誰を家族と同定するかという家族の境界を示している。個々人が家族であると認識する範囲は，比較的容易に教育実践の場でも把握することができる。子どもや大人たちに自分自身の家系図を書いてもらい，自分が家族であると考えている範囲を線で囲むことで，この「ファミリー・アイデンティティ」が示されるのである。そして破線部で同居範囲を示す。さらに，必要があれば同一家計の範囲を囲むこともできる。こうして考えれば，家族であるということの同一性は，同居の有無や血縁関係，同一家計，生死の別にはよらないことがわかる。ときとして情緒的な関係によって判断されることも示される。

　家族の定義は難しいが，よくあげられる現代社会における家族の機能は，①成人のパーソナリティの安定と②子どもの基本的社会化である。機能面から見れば，家族とは，そのメンバー相互が深い情緒的かかわりで強く結ばれ，大人ばかりではなく子どもの情緒の安定をもたらし，親子関係の絆をつくり上げることで集団として幸福を追求する集団であるといえるだろう。ほかにも，家族の機能は，一般的に性的・経済的・生殖的・教育的の4機能があるとされている。性的とは性欲の充足機能，経済的とは生産と消費の最小単位としての機能である。また，生殖的とは，子どもを産む機能であり，教育的とは子どもを育て基本的社会化を行う機能である。こうした機能はたいていの場合，ほかのものには置き換えることが難しいため，その存在意義を知ることは重要な課題となるだろう。

　経済的な側面を重視すれば，生計と住居をともにしている社会生活上の単位である世帯と家族とが同一視される場合もある。もちろん，必ずしも家族と同義ではないが，各種統計調査では，家族について論じる際には世帯を単位にすることがある。家族を考えるうえで，どのように家計をやりくりするかも重要な課題となる。家庭経営ももちろん家庭科教育の内容の柱のひとつである。

　以上のように，家族とは何かという問いは深い。すぐには結論が出ない問題である。「正解」がなく，「常識」が通用しない部分もある。それゆえに，家庭科における家族の教育

実践は，家族とは何かという問いを抱えながら行うほかはないだろう。

（2）家族の教育の困難さと教師のためらい

　家族について教育することは難しい。そのひとつの要因は，「正解」や「常識」がなく，容易に自分自身の家族観や価値観をもち込むこともできず，政治的政策的な方針によることもできない点にある。第1節の「家庭科教育の歴史」でも見てきたように，家庭科は，正式な手続きを経ずに家族に関する社会政策を反映してきた。大まかにいえば，戦前の家父長制度から，高度経済成長期の性別役割分業観を経て，現代の男女共同参画社会に至る家族観の変容の中で，政策的であったかどうかについては立ち入らないが，あるべき理想の家族像のようなものがどうやら暗黙のうちに決められてきたようである。

　だが，現代社会においては，家族のありようは国家が政策で定めるものではなく，誰かに強制されるものでもない。個々人が自己決定する事柄である。したがって，価値づけの方向は示せない。それでも，子どもたちがほかの児童との交流を通して家族というものを相対化してみる見方をすることができれば，家族について考えるきっかけになる。前述したように，子どもたちが自分自身の成長の認識をするためには，まずは，自分が今の家族に育てられているという意識をもち，それに関連づけて学ぶ必要がある。そうすれば，「いま，ここ」の家庭をよりよく生きることにもつながる。

　しかも，子どもたちは育てられている家族のみを当然視して，さまざまな家族形態があることに気づかない場合もある。家族を見るまなざしを相対化するという目標をもち，家族についてお互いに話し合うような授業もできるだろう。

　さて，教師たちが家族に関する教育についてためらいがちになるもうひとつの理由は，学校という公的な空間で家族というプライバシーに立ち入ることははばかられるからである。さまざまな家庭環境に生きる児童を前に，家族に関する授業で心を傷つけないように配慮しなければならないため，なかなか踏み込めない。しかも，立ち入りすぎると子どもだけではなく保護者の家族観や人生観に抵触することになり，教師として倫理的な葛藤が生じかねない。

　あるべき家族像を押しつけるわけにもいかず，プライバシーの問題に抵触しないように配慮しなければならないとなると，家族に関する教育実践そのものを回避する傾向がある。だが，1998年告示の学習指導要領から，住居とセットになっていた家族の生活が単独で筆頭におかれるようになった。2008年改訂の小学校家庭科の学習指導要領では，家族に関する教育の重要性がますます顕著になった。家庭生活を大切にする心情を育むことが求められるようになったのである。今回の改訂を踏まえて，家族に関する教育はその重要性が増すであろう。家族のことを考える主たる教科は家庭科である。勇気を出して取り組みたい。

（3）家族の教育の指導上の観点

　最後に，ごく簡単に家族の教育の指導上の観点について指摘しておこう。

　小学校家庭科においては，5年生の家庭科導入時に，4年生までの学習の内容を踏まえて2年間の学習の見通しを立てる。その際には，「A 家族・家庭生活」の分野がよく取り上げられる。そこで重要なポイントは，家族に対して関心を向けるということである。たいていの場合，子どもたちの家族に対する関心は低い。仲間や学校の教師たち，塾やおけいこごとといったそのほかの関心事が多すぎて，家族にまで関心が及ばないのである。そ

のため，あらためて家族のことを取り上げるだけでも十分な価値がある。

　また，大半の子どもたちは，家族の意義や家庭での自分の役割については認識が欠如している。たいていの場合，家事の大部分は保護者が行っている。子どもたちは，学習やテレビゲームなどの遊び，テレビやネットなどのメディアに向かい，家事を手伝うことが少ない。こうした中で，家族の存在を認識するだけではなく，家庭内での仕事や自分の役割を知らせることも大切である。

　一例をあげておこう。たとえば，自分の成長を自覚し，家庭生活と家族の大切さや家庭生活が家族の協力によって営まれていることに気づくために，自分が育てられて成長してきたことをふり返るような授業展開ができるだろう。小学校1年生ではできなかったことができるようになったのはなぜか。身長や体重の変化を自覚し，食事をつくってくれた親のことを想起することや，靴の紐が結べるようになったのは誰に教えてもらったのかということを具体的に考え直すことができる。また，家庭には，家庭生活を支える仕事があることがわかり，互いに協力し分担する必要があることを理解するためには，グループ学習で普段の生活の点検をすることができる。家の仕事にどのようなものがあるのかという調べ学習をして，プリントなどに書き込み，ほかの児童と比較対照することで，自分がどれほど参加しているのかについて考えることができる。

　さらに，日常生活の中から問題を見いだして課題を設定し，よりよい生活を考え，計画を立てて実践できるようになるためには，自分の時間の使い方を図表やグラフなどで視覚的に把握できるものにしたり，家族にインタビューをして，親の気持ちを理解したりすることができる。

　冒頭に述べたように，家族に関する学習分野では，自分自身の成長と家族の仕事を認識し，家族へ協力し触れ合いを大切にする心情を培うことが重要である。たしかに，小学校5，6年の学習だけではその課題を十分に遂行することはできないかもしれない。だが，その後の中学校・高等学校の家庭科での学びにつながるように，その基礎をつくっておきたい。家族の現状と課題を理解したうえで，子どもたちが，将来，どのような家族を創るようになるかを想像しながら，指導方法を模索することが肝要である。

（今村　光章）

4 食生活（栄養）に関する教育

はじめに

　学校における食に関する指導（**食育**）は，食育基本法（平成 17 年）が制定されて以来，教育現場において指導強化されてきた。しかし，その課題（表 4-2）の多くは改善せずむしろ悪化している。このような現状を鑑みれば，食分野において期待される教育効果は得られていないという批判を受け入れざるを得ないだろう。**食育**はすべての教育の基礎であること，その課題の解決を目指すことは日本国民の義務であることが食育基本法に記されている。教科書にはその枢要が容易にまとめられている。指導にあたっては，背景にある科学的根拠を理解させ，主観にとらわれず，客観的な解釈を導くことが肝要である。本節では，科学的根拠に基づき，教育効果が期待される指導のポイントについて解説した。

食に関する指導（食育）

　食にまつわるさまざまな問題を解決するために，食育基本法（平成 17 年）（表 4-1）はつくられた。学校における食育の課題（表 4-2）の枢要は，子どもの命と健康を食の面から守り育むことにほかならない。

表 4-1　食育基本法の概要（内閣府）

1. 生きる上での基本であって、知育、徳育及び体育の基礎となるべきもの
2. 様々な経験を通じて「食」に関する知識と「食」を選択する力を習得し、健全な食生活を実践することができる人間を育てること

表 4-2　食育の課題（内閣府）とその分類

食育基本法が制定された背景（課題）	分　類
①栄養バランスの偏った食事や不規則な食事の増加	栄養バランス，規則的な食事
②肥満や生活習慣病（糖尿病など）の増加	生活習慣病
③過度の痩身志向	
④「食」の海外への依存	食料自給率
⑤伝統ある食文化の喪失	食文化
⑥「食」を大切にする心の欠如	感謝の念
⑦「食」の安全上の問題の発生	安全性

　子どもたちの身体は食品からできている。子どもたちが**食を選択する力**を身につけることによって，自ら命と健康を守り，かつ，将来にわたり豊かな食生活を実践できるようにすることが食に関する指導（**食育**）の中核である。しかし，健康はかけ替えのないものであるがゆえに，「食事は色彩豊かでなければならない」し，「手間暇をかけて調理しなければならない」などの杞憂を生じる場合や，食に関する扇動的なメディア情報などに対して

過剰に反応するなどの事例が見受けられる。「…でなければならない」という強迫的な観念に陥ることは本末転倒であることをまず付け加えておく。

　本節では，教育効果が期待される指導のポイントを中心に述べる。これらは食育の課題であり目的でもある（表4-2）。すなわち，「①栄養バランス」の改善は，「②③生活習慣病」の予防につながることが医学的に証明されている。同時に，栄養バランスのよい食事は「④食料自給率」を向上させることが明らかとなっている。このような食事の骨格部分が，和食の「⑤食文化」として，私たち日本人の生活を古来より支え，この国を世界に冠たる長寿国とする礎となった。私たちは，当年の収穫と次年の豊穣を祈り，食への「⑥感謝の念」を新嘗祭などさまざまな年中行事として表してきた。この食事が家族の命をつないでいる，という実感が日常生活の中にあったと考えられる。食を大切に思う気持ちは，食生産と調理への関心を向上させ，食の「⑦安全性」に反映する。このように，食育の課題は栄養バランスを起点としてつながっている。

　調理と栄養の間には直接的な関係性はない。調理をしなくても栄養バランスを整えることは可能である。食育における調理は目的ではなく手段のひとつである。調理されたおいしい食事は，子どもに好まれるが健康に寄与するとは限らない。しかし，**栄養バランスのよい食事**は，命と健康に寄与するがおいしいとは限らない。ここに調理の意義がある。調理は食事に**安全性**（除菌・除虫・除毒）とおいしさ（味・匂・テクスチャ・温度・外観）を与えるものであり，**栄養バランス**を取り入れることで必須要件を満たした食事を完成しうる。このような食事は，日本では和食として人々をこの地域に調和させてきた。地域の風土や生活環境に対して日本人の遺伝的体質（内臓脂肪が蓄積しやすい・インスリン分泌量が低い）を適応させ，国の津々浦々に受け継がれ多様な発展を遂げてきた。しかし現在，和食の**食文化**は断絶の危機にある。和食は，食分野における新学習指導要領の最も重要な改訂ポイントである。

食品の分類

　小学校家庭科では身体への働きの違いにより食品を3つの群に分類している。中学校技術・家庭科「家庭分野」ではさらに食品の種類によって細分化し，6つの群に分類している。このうち，「主に体の調子を整える食品」（3群，4群）は，日本人の栄養状態から，子どもたちに積極的な摂取を指導すべき食品群である。これに分類される野菜は，日本人において不足している成分を多く含む。そのうち食物繊維は最も不足している食品成分のひとつであり，関連が最も明らかな生活習慣病は心筋梗塞である。その作用機序は，食事により摂取された食物繊維が共存する脂質（胆汁酸を含む）の腸管吸収を抑制して糞中へ排泄する作用であり，結果として，動脈硬化の要因である血中脂質（中性脂質やLDLコレステロール）の濃度を正常化させる。日本では近年，食物繊維摂取量の減少とともに，心筋梗塞が増加している。本疾病は小児期の動脈硬化に始まり，若年成人期に進行することがよく知られている。

　さらに，指導上注意を要するのは「主に体をつくるもとになる食品」（1群，2群）のうち1群である。1群には魚と肉が含まれる。これらはたんぱく質の供給源として優れているが，含まれる脂質の「質」は大きく異なる。肉は飽和脂肪酸が多く，魚はn-3系脂肪酸を多く含む。これらの脂質は生理作用が異なるため，その摂取量は，生活習慣病の罹患率

表 4-3　食品群別摂取量（平均値：g/ 日）

	7-14 歳	15-19 歳	20-29 歳	30-39 歳	40-49 歳	50-59 歳	60-69 歳	70-79 歳	80 歳≦
総　　量	1,892.1	1,968.2	1,873.1	1,971.1	2,011.7	2,129.8	2,262.2	2,222.0	2,014.7
野菜類	247.7	252.0	242.8	244.8	257.2	288.4	320.0	320.1	292.8
藻　　類	8.2	8.1	8.0	7.5	8.2	9.3	10.7	14.5	11.9
魚介類	46.2	50.6	49.5	51.1	53.3	68.8	79.7	85.9	72.4
肉　　類	111.9	157.7	129.4	114.7	115.0	105.2	92.4	75.3	63.0
乳　　類	320.7	154.3	97.2	94.2	91.0	111.5	122.6	133.9	140.1

（平成 29 年国民健康・栄養調査の結果より抜粋）

に大きな影響を与えている。肉由来の飽和脂肪酸は中年以降の心筋梗塞のリスクであるが，前述したように，これは小児期の動脈硬化に始まることがわかっている。逆に，魚由来の n-3 系脂肪酸であるエイコサペンタエン酸（EPA）やドコサヘキサエン酸（DHA）は，心筋梗塞などの循環器疾患に対して予防効果を示すことが報告されている。

　近年，かつて見られなかったほどの「魚離れ」が顕在化し，若い人ほど魚を購入しなくなった。その理由として，子どもが魚を嫌うこと，魚の調理が肉類のそれに比べて面倒であること，また，肉類に比べて可食部の重量当たりの単価が高いことなどがあげられる。平成 29 年国民健康・栄養調査の食品群別摂取量の一部を表 4-3 に示した。

　食品群別摂取量（表 4-3）を見ると，70 歳代の魚介類摂取量は最も多く，逆に，肉類摂取量は若年齢層より低いことがわかる。ただし，この結果から加齢とともに食性が肉食から魚食へ変化すると考えるのは誤解である。日本人の食性は加齢とともに，むしろ，魚から肉へと変わってきたことが明らかとなっている。肉類摂取量は，2006 年に初めて魚のそれを上回り，現在も増え続けている。魚介類の優れた栄養特性を鑑みれば，子どもたちとその親世代は魚を摂取する習慣を身につけることが望ましい。ここを改善できれば，生活習慣病の予防の観点から，大きな教育効果が期待できる。

日本人の栄養状態

　人の心が健全に発達するためには，各年齢期に達成すべき課題があり，これらを段階的に積み重ねることが必要とされる。同様に，人の身体が健全に発達するためには，各年齢期に適した栄養バランスが必要である。栄養とは，必要な時期に，必要な栄養素を，必要な量だけ摂取し，三次元空間の人体の中で成長や活動に応じて，構造と組成の異なる組織に統合し調整しながら進行していく生命現象である。このシステムに支障を来した状態として，肥満や「やせ」，生活習慣病がある。

　一般的に野生動物にとって，糖質，脂質，塩分を多く含む食物の獲得は容易ではないため，特にこれらを強く求めること（食欲）が生存に有利である。人も同様にこれらの栄養素に対して強い食欲を示す。平均寿命が比較的短かった粗食の時代において，人は食欲に従順でいればよかった。しかし，飽食の時代では，食欲をコントロールして食を選択しない限り栄養バランスが偏るため，長寿には不利となる。したがって，食を選択する力には，本能的な衝動を抑え理性的に判断する力が必要である。

　日本人の栄養状態（栄養素の過不足（％））を知るためには，「国民健康・栄養調査」の結果（摂取している量）と「日本人の食事摂取基準」の値（摂取すべき量）を比較すればよい（式1）。表 4-5 は，「平成 28 年国民健康・栄養調査」の結果と「日本人の食事摂取基

準2020年版」を比較した値である。グレー表示は栄養素の過不足が生じていることを示しており，指導上，重要なポイントである。表4-5に掲載した値は，日本人の目指すべき指標である「目標量」を優先し，目標量が設定されていない栄養素については集団給食の評価指標である「推定平均必要量」を用い，これが設定されていない栄養素については「目安量」を用いた。なお，推奨量については，集団の栄養評価に用いてはならない。理由は，過剰症の発生を回避するためである。

式1：栄養素の過不足（%）＝国民健康・栄養調査の結果／日本人の食事摂取基準の値×100

「国民健康・栄養調査」は，毎年，国民の身体の状況，食品と栄養素の摂取量および生活習慣の状況を明らかにする調査であり，結果を厚生労働省のホームページなどで公開している。対象は，層化無作為抽出した300単位区内の約6,000世帯，および，満1歳以上の世帯員約18,000人である。(https://www.mhlw.go.jp/toukei/itiran/gaiyo/k-eisei_2.html#taisyou)

「日本人の食事摂取基準」は，わが国で唯一の包括的な栄養ガイドラインである。健康の保持・増進，および，生活習慣病の発症予防・重症化予防に必要な栄養素の量とその範囲が，5つの指標（1. 推定平均必要量，2. 推奨量，3. 目安量，4. 耐用上限量，5. 目標量）として示されている（表4-4）。5年ごとにその科学的妥当性が再検討され刷新される。　「日本人の食事摂取基準（2020年版）策定検討会」報告書（案），厚生労働省（2019年10月現在）

表4-4　日本人の食事摂取基準における指標

1. 推定平均必要量	学校給食の栄養評価指標である。集団の50%の人が必要量（命を維持できる量）を満たすと推定される摂取量で，この値を下回っている場合は問題が大きく，緊急の対応が望まれる。
2. 推奨量	集団の97～98%の人が必要量（命を維持できる量）を満たすと推定される摂取量である。推定平均必要量に推奨量算定係数（1.2～1.4：栄養素によって異なる）を乗じることで算出される。
3. 目安量	推定平均必要量を設定できない栄養素の指標である。主に，健康な集団を対象とした疫学調査の結果から得られる中央量（命を維持できる十分量）である。この値を下回っている場合でも不足しているとは限らない。推奨量に近い。
4. 耐容上限量	過剰摂取防止のための値であり，習慣的摂取により健康障害が生じないと考えられる摂取上限量である。特にサプリメントのような濃縮物の摂取によって，耐容上限量に接近またはこれを超える可能性がある。
5. 目標量	生活習慣病の発症予防と重症化予防を目的として，日本人が目標とすべき摂取量（範囲）である。目標量が設定されている栄養素は8項目のみである。

表4-5　日本人の栄養素の過不足（三大栄養素，食物繊維）　(%)

栄養素	たんぱく質		脂質		飽和脂肪酸		n-6系脂肪酸		n-3系脂肪酸		炭水化物		食物繊維	
摂取基準（指標）	目標量（下限）		目標量（上限）		目標量（上限）		目安量		目安量		目標量（下限）		目標量（下限）	
性	男	女	男	女	男	女	男	女	男	女	男	女	男	女
1-2歳	108	107	88	88	—	—	90	94	91	88	117	117	—	—
3-5歳	108	108	96	95	89	91	93	92	105	98	112	113	111	112
6-7歳	111	110	98	100	94	96	104	98	121	104	110	109	108	111
8-9歳	112	110	97	99	96	98	96	103	99	96	109	109	99	110
10-11歳	113	114	97	100	95	99	96	99	97	98	109	108	94	94
12-14歳	109	110	93	99	88	91	102	101	99	101	112	109	87	77
15-17歳	107	111	95	104	102	112	100	101	96	104	111	105	75	62
18-29歳	109	114	96	101	113	120	104	102	93	103	108	105	59	66
30-49歳	108	112	92	99	104	118	102	104	97	104	106	106	62	69
50-69歳	111	118	87	95	97	110	99	103	98	101	106	108	75	85
70歳-	115	119	82	87	93	100	103	102	105	99	111	115	85	94

表 4-6　日本人の栄養素の過不足（ミネラル）

(%)

栄養素	食塩相当量		カリウム		カルシウム		マグネシウム		リン		鉄*		亜鉛		銅	
摂取基準（指標）	目標量（上限）		目標量（下限）		推定平均必要量		推定平均必要量		目安量		推定平均必要量		推定平均必要量		推定平均必要量	
性	男	女	男	女	男	女	男	女	男	女	男	女	男	女	男	女
1-2歳	146	142	—	—	98	88	214	199	112	102	122	119	149	201	197	280
3-5歳	157	163	106	108	84	95	185	192	100	100	112	113	187	188	237	240
6-7歳	157	154	108	101	118	118	174	166	105	108	113	119	180	226	225	215
8-9歳	161	156	100	101	119	105	148	143	100	96	100	96	158	188	243	233
10-11歳	145	136	98	103	113	109	122	115	99	102	93	60	145	160	208	190
12-14歳	147	135	95	87	83	85	102	91	104	103	98	65	118	121	187	177
15-17歳	141	132	78	69	84	80	84	73	101	100	101	76	114	115	170	162
18-29歳	135	129	67	70	66	72	79	84	99	104	121	76	102	102	164	158
30-49歳	140	133	70	74	73	80	77	87	100	108	114	73	98	103	166	163
50-69歳	149	146	82	91	86	95	88	104	109	122	130	86	100	108	181	185
70歳-	144	145	87	92	94	96	103	112	107	119	143	155	93	119	180	183

* 女性の鉄必要量は 10-69 歳が「月経あり」の値，それ以外の年齢が「月経なし」の値である。

表 4-7　日本人の栄養素の過不足（ビタミン）

(%)

栄養素	V.A		V.D		V.E		V.K		V.B₁		V.B₂		ナイアシン		V.B₆		V.B₁₂		葉酸		V.C	
摂取基準（指標）	推定平均必要量		目安量		目安量		目安量		推定平均必要量		推定平均必要量		推定平均必要量		推定平均必要量		推定平均必要量		推定平均必要量		推定平均必要量	
性	男	女	男	女	男	女	男	女	男	女	男	女	男	女	男	女	男	女	男	女	男	女
1-2歳	131	135	116	100	120	112	221	185	115	110	136	122	124	147	165	143	364	278	167	135	127	116
3-5歳	104	133	109	86	109	103	211	181	97	100	116	140	131	132	144	144	370	339	175	176	133	139
6-7歳	173	156	131	107	109	104	193	178	111	104	144	146	151	134	131	143	447	375	177	170	123	125
8-9歳	144	144	114	84	108	109	185	139	99	103	130	138	114	124	118	116	385	334	157	162	98	114
10-11歳	137	124	108	79	103	105	164	150	90	97	123	123	111	112		95	317	304	133	128	82	92
12-14歳	114	113	110	65	104	105	163	103	90	85	108	98	128	104	103	106	307	241	130	117	85	83
15-17歳	90	94	76	68	104	110	141	118	92	84	94	86	115	113	106	97	290	215	124	111	88	79
18-29歳	81	100	78	68	106	115	130	124	81	87	87	101	119	135	104	95	271	233	119	115	79	77
30-49歳	77	95	80	69	109	108	146	138	78	87	85	102	124	128	103	95	294	234	129	121	80	81
50-69歳	94	106	100	95	101	113	172	163	87	93	104	117	145	166	116	113	362	313	157	151	113	124
70歳-	103	126	117	105	100	101	178	162	90	99	115	130	146	151	119	114	387	333	167	159	148	151

■たんぱく質（表 4-5）

　データは省略するが，男女とも全年齢層において推定平均必要量を十分に（つまり，50％以上の人が）満たしている。若年層ほど充足率が高く，未就学児では推定平均必要量の 200％を超えている。さらに表 4-5 から明らかなように目標量（下限）を全年齢層で超えており，特に日本の子どもたちはたんぱく質必要量を十分に満たしていることがわかる。したがって，その摂取量を増やしても集団として更なる健康面での効果は期待できない。中学校家庭科では，成長期には十分なたんぱく質の摂取が必要であることが書かれているが，通常の食生活において既に達成できていることも生徒に理解させることが大切である。なぜならば，たんぱく質を過剰摂取している場合，2 型糖尿病や心筋梗塞の発症リスク増加につながる可能性や，がんの発症率の増加，骨量の減少などが危惧されるからである。ただし，高齢者の場合は運動不足などによって体たんぱく質の分解を招きやすく，筋力の低下や身体能力の減弱が見られる場合があるため，積極的なたんぱく質の摂取が望まれることを補足するとよい。

■脂質（表4-5）

　脂質はエネルギー源となるほか，たんぱく質とともに身体の構成成分となる。しかし，分子種によって生理作用が大きく異なることに留意すべきである。男性の脂質摂取量の平均値は，目標量の範囲内にあるが目標量（上限）に近接し，女性のそれは既に４つの年齢層で目標量（上限）を超えてしまっている。その内訳を以下に記す。

　飽和脂肪酸は，15歳以上の女性で目標量（上限）を大きく超え，明らかな過剰摂取となっている。飽和脂肪酸の目標量（上限）は，動脈硬化，特に心筋梗塞の予防のために設定されている。また，摂取量の増加により糖尿病のリスクも増加する。目標量の範囲内であれば，狭心症や心筋梗塞のリスクを抑制できることがわかっている。14歳以下の子どもたちの飽和脂肪酸摂取量の平均値は男女ともに目標量（上限）を下回っているが上限値に近いことから，一部では目標量（上限）を超えている集団が存在すると考えられる。小児期の飽和脂肪酸の過剰摂取は，中年での狭心症や心筋梗塞，肥満の原因となる可能性が高い。学校給食では牛乳が支給される場合が多いが，乳製品由来の飽和脂肪酸の摂取は心臓疾患を予防するとされ，一方，肉由来の飽和脂肪酸摂取は心臓疾患のリスクとなる。この違いは，飽和脂肪酸の種類（炭素数の違い）により生理作用が異なることに起因すると考えられる。動脈硬化，特に心筋梗塞に対しては，肉類由来の飽和脂肪酸の摂取量を制限するだけでなく，魚介類由来の多価不飽和脂肪酸，特にn-3系脂肪酸の摂取量を増加させることが望ましい。

　n-6系脂肪酸とn-3系脂肪酸は，いずれも必須脂肪酸であり，日本人の摂取量は目安量をほぼ満たしている。日本人が摂取するn-6系脂肪酸の98％はリノール酸であり，これは植物性の食用調理油が主要な摂取源である。戦後，日本人の食用調理油の摂取量は著しく増加したが，リノール酸は喘息などの炎症を惹起するため多量摂取しないように注意が必要である。一方，n-3系脂肪酸（特にEPA，DHA）は，心臓疾患だけでなく，脳梗塞，加齢黄斑変性症に対しても予防効果を示す可能性が高い。そのため，日本人の18歳以上では，１g／日以上のEPAおよびDHA摂取量（魚で約90g／日以上）が望まれる。n-3系脂肪酸の摂取量は目安量をほぼ充足しているが，EPAとDHAの摂取量は若年者ほど少なく，また，α-リノレン酸からの代謝変換率が極めて低いことを考慮すれば，生活習慣病予防の観点から十分ではない場合が多いと考えられる。特に若年層は魚を摂取する習慣を身につけることが望ましい。

■炭水化物（表4-5）

　炭水化物の摂取量は男女ともに全年齢階級で目標量（下限）を上回っており集団として特に問題はない。三大栄養素の中での炭水化物の栄養学的な優先順位は低い。すなわち，総摂取エネルギーのうち，たんぱく質と脂質の摂取量を食事摂取基準で定めた範囲に確保し，残りを炭水化物で補うことが栄養の基本である。近年，日本人の炭水化物の摂取量は，米の摂取量を反映して経年的に減少している。この背景には，たんぱく質と飽和脂肪酸の増加（すなわち畜肉の増加）があり，これに伴う摂取エネルギー増加を制御（恒常性を維持）するために日本人は炭水化物源である米を摂取しなくなったと考えられる。

■食物繊維（表4-5）

　食物繊維の摂取量は，８歳以上の男性，10歳以上の女性で目標量（下限）を下回り，明らかに不足状態となっている。食物繊維摂取量との関連が最も明らかな生活習慣病は心筋

梗塞である。成人は，24g／日以上で心筋梗塞死亡率が低下し，12g/日未満では上昇するため，理想的には24g／日以上，できれば14g／1,000kcal以上を摂取するとよい。しかし，日本人の食物繊維摂取量の中央値はすべての年齢層でこれよりかなり少ないため，理想値の実施は困難である。そこで，目標量（下限）は，日本人（18歳以上）における食物繊維摂取量の中央値（14.6g／日）と，理想値24g／日との中間値（19.3g／日）として設定されている。したがって，摂取量が目標量を上回ったとしても，生活習慣病予防の観点から十分ではないことに注意する必要がある。

■食塩相当量（表4-6）（以下，食塩）

食塩相当量は，ナトリウム量を食塩（NaCl）に換算した量であり（換算式：食塩相当量(g)＝ナトリウム(g)×2.54），1歳以上のすべての日本人で平均摂取量が目標量（上限）を大きく上回り，過剰となっている。WHOガイドライン（2012年）が成人に強く推奨している量は食塩として5g／日未満である。成人では，少なくとも6g／日程度まで食塩摂取量を落とさなければ高血圧予防にならない。しかし，日本の食事は，味噌や醤油を基本とする調味に特徴があるため，6-7歳児でも摂取量の平均値が7g／日を越える（平成28年国民健康・栄養調査）。そこで，実施可能性を考慮し，5g／日と平成28年国民健康・栄養調査の摂取量（中央値）との中間値をとり，この値未満を目標量（上限）に設定された。また，運動などに伴う多量発汗では相当量のナトリウムが喪失することから，減塩だけでなく運動によっても塩分コントロールを行うことが有効である。一方，発汗量が増えると汗のNaCl濃度は高くなること，また，近年の猛暑を考慮すれば，熱中症対策としての水分補給では適量の食塩摂取が必要となる場合もあるだろう。

■カリウム（表4-6）

カリウムの摂取量は，食物繊維と同様に，野菜や海藻類の摂取量を反映し，その増加は，血圧低下，脳卒中予防につながることが明らかになりつつある。特に12歳以上では目標量（下限）を下回っていることから，将来，関連疾患のリスク増加が危惧される。カリウムの摂取は，ナトリウムの尿中排泄を促すことから，ナトリウムの摂取量が諸外国に比べて多い日本人において，特に重要と考えられる。

■カルシウム（表4-6）

12歳以上のカルシウム摂取量は推定平均必要量を下回っており（つまり，50％以上の人がカルシウム不足），緊急の対策を必要とするレベルにある。摂取量の低い理由は，日本の水のカルシウム含有率が低い場合（軟水）が多いこと，食材として乳製品の使用が少ないことなどがあげられる。6-11歳の摂取量が比較的高い理由は学校給食における牛乳の支給にある。日本人の体内蓄積量は12-14歳で最大となることから，成長期の子どもたちにとって学校給食における牛乳の意義は大きい。したがって，給食から牛乳を除く場合にはそれに代わる対応が必要不可欠である。一方，子どもたちに過剰のカルシウム摂取を勧める指導には問題がある。カルシウムの欠乏により，骨粗鬆症，高血圧，動脈硬化などを招くことがあるが，一方，カルシウムの過剰摂取によって，高カルシウム血症，軟組織の石灰化，泌尿器系結石，前立腺がん，鉄や亜鉛の吸収障害などを生じることが知られている。また，カルシウム摂取量と骨量や骨密度との間には有意な関連があるが，摂取量と骨折発生率の間に意味のある関連は認められていない。日本人の通常の食事によって過剰症を招くことはまれであるが，ビタミンDとの併用によって，より少ないカルシウム摂取

量でも過剰症を示すことがあり，特にサプリメントなどを使用する場合には注意を要する。すべての栄養素に共通することだが，大切なのはそのバランスである。

■マグネシウムとリン（表4-6）

　マグネシウムとリンは骨組織に多く存在する。骨形成は，カルシウム，マグネシウム，リンの摂取バランスが大切であり，ビタミンＤなどによって調節される。特にリンの摂取量は，調理による損失を考慮しても不足になることはない。国民健康・栄養調査では加工食品に添加されているリンの量を加算していないため，実際の摂取量はこの値よりも多い可能性があり，むしろ，加工食品を通じ食品添加物として各種リン酸塩の摂取過多を生じ，骨形成に支障をきたすケースが問題視されている。特に小児においてはリンの大量摂取に注意すべきである。

■鉄（表4-6）

　日本人女性（20-49歳）の４人に１人が貧血状態にある。特に女子中・高生は，1990年以降，貧血有病率が増加傾向にあることから，積極的な鉄の摂取が必要である。ただし，サプリメントを使用する場合は，過剰摂取とならないよう十分に注意しなければならない。

■ビタミン（表4-7）

　ビタミンの栄養状態は，ビタミンB_1とビタミンＣの摂取量がいずれも少ないこと，ビタミンＤが特に不足していることに注意が必要である。ビタミンＤの目安量は，食事摂取基準2020年版において策定方法が刷新され，これまでの健康な集団の中央値ではなく，骨折リスクを上昇させない量として設定された。これに準ずれば，女性において必要量を満たしていない人が多数存在することが明らかである（表4-7，グレー表示）。ビタミンＤは日照により皮膚でも産生されるが，その量は季節と緯度によって大きく異なり，12月の札幌ではほぼ期待できないほど少ない。さらに，総摂取量の８割程度が魚介類に由来するという特殊な栄養素であることを考慮すべきである。その他のビタミンについては大きな問題はなく現状維持と考えてよい。

規則的な食事

　栄養バランスは，栄養素の種類と量だけでなく，摂取するタイミングも大切である。若年層における欠食が朝食に集中する傾向があり問題となっている。朝食を食べないことがある子どもの割合は，小学6年生の5.5%，中学3年生の8.0%を占める（平成30年度全国学力・学習状況調査）。朝食は，生活習慣病，学力，体力などに関与し，朝食を摂っている人は，摂っていない人に比べて，糖尿病および心筋梗塞のリスクが低くなることが疫学調査結果として報告されている。また，毎日朝食を食べる子どもは学力調査の平均正答率が高くなる傾向がある（図4-1，図4-2）。さらに，平成29年度全国体力・運動能力調査によれば，毎日朝食を食べる子どもは体力合計点が高くなる傾向がある（図4-3，図4-4）。

　ただし，図4-1の解釈には注意すべき点がある。テストの得点は，学習によって向上するが，単に朝食を摂ることによって一律に向上するとは考えにくい。朝食によって，脳や骨格筋などに糖質をはじめとする栄養素が供給され，パフォーマンスが向上し，テストの得点と運動能力の向上につながる可能性は否定できない。しかし，朝食を毎日摂ることができる環境や家庭があること，生活習慣が整っていることなどを反映した結果であると考えるほうが妥当であろう。子ども自身の不徳によって食生活が乱れている場合などを除き，

朝食が提供されない環境や，心身の不調などにより朝起きられないなど，朝食を摂ることができない不可避の問題を抱える子どもにとって，これらの結果は辛辣であるため，指導上配慮が必要である。

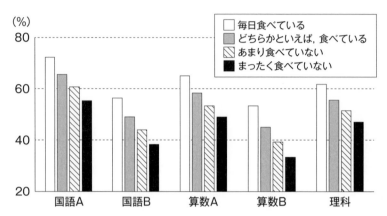

図4-1　朝食の摂取と学習調査の平均回答率との関係（小学6年生）
※文部科学省「全国学力・学習状況調査（平成30年度）」より

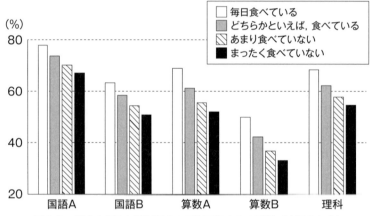

図4-2　朝食の摂取と学習調査の平均回答率との関係（中学3年生）
※文部科学省「全国学力・学習状況調査（平成30年度）」より

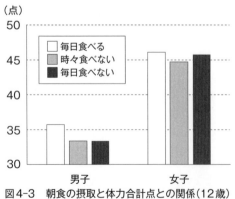

図4-3　朝食の摂取と体力合計点との関係（12歳）
※文部科学省「全国学力・運動能力調査（平成29年度）」より

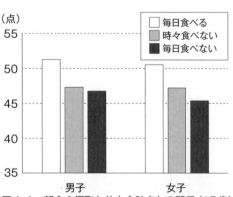

図4-4　朝食の摂取と体力合計点との関係（15歳）
※文部科学省「全国学力・運動能力調査」（平成29年度）より

食料自給率

　食料自給率は，算出方法の違いによって，1)カロリーベース自給率，2)生産額ベース自給率，3)飼料自給率などがある。教科書ではカロリーベース自給率が使われることが多いが，国内で生産量の多い葉物野菜などは，ほかの食材に比べてエネルギー（熱量）が少ないため，低く見積もられることに留意するべきである。

1)カロリーベース自給率＝1人当たり国産供給熱量(kcal／日)／1人当たり供給熱量(kcal／日)

2)生産額ベース自給率＝食料の国内生産額（円）／食料の国内消費仕向額（円）

3)飼料自給率＝純国内産飼料生産量（可消化養分総量（TDNトン）／飼料需要量（TDNトン））

　わが国のカロリーベース自給率は，昭和35年（1960年）の79％から著しく低下し，現在は40％を下回っている。しかし，食品別に見ると，和食の基本食材の自給率は比較的高いことがわかる（図4-5）。平成29年度の食品別自給率は，米がほぼ100％，野菜79％，魚介類52％，海藻類68％であった。一方，肉類は8％，牛乳・乳製品26％，小麦14％，油脂類12％である。ただし，味噌，醤油，豆腐の原料に使われる大豆は7％，鶏卵12％となっている。米を主食，魚を主菜，野菜やキノコ，海藻，イモ類などを使った副菜を組み合わせると自給率は高くなる。一方，小麦製品を主食，肉を主菜とすると自給率は低くなる。例えば，農林水産省の試算によると，魚の照り焼き，青菜のごまあえ，ごはん小盛り2杯，根菜の汁からなる和食の食料自給率は約90％であるが，一方，ハンバーグ，サラダ（ドレッシングがけ），ロールパン2個，コーンスープからなる洋食の食料自給率は約20％である。

　農水産物の生産能力の衰退は，食料安全保障の弱体化の要因であり，不測の事態への

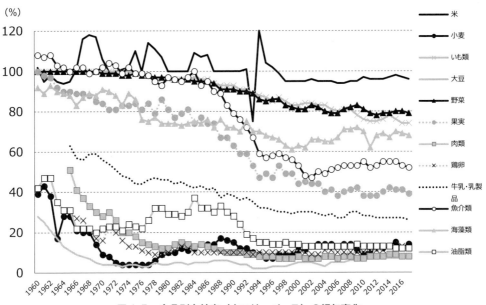

図4-5　食品別自給率（カロリーベース）の経年変化

対応が危惧される。したがって，食料自給率の向上を目指して，国内の食料生産力と国産食料の消費の向上を図ることは重要である。しかし，日常の食事において，一般消費者が食料自給率の向上を目的として食品を選ぶことは，問題はないが違和感がある。一般的に，食事の内容を決めるときは，食べたいもの，栄養バランス，価格などを考え合わせるが，食料自給率の向上を目指して食材を選ぶことはほとんどない。

　肉類の消費量は近年著しく増加し，そのカロリーベース自給率は平成 4 年から一桁台で推移している。肉食に慣れた若年層はより肉を好む傾向が強く，また，世界の漁獲量が増加している現在，魚は肉に比べて割高感があり，親にも敬遠されやすくなったことなども，肉の消費が増加している一因と考えられる。栄養上，肉が過剰摂取傾向にあることは，たんぱく質と飽和脂肪酸の摂取量から明らかである。肉を多く使う料理は，食料自給率を低下させるだけでなく，栄養バランスの悪化と生活習慣病の原因にもなっている。人の命と健康を最優先に考えて食を選択することができれば，その分，食料自給率は向上する。

食の安全性

　食の安全性に関して，特に食物アレルギー，食品添加物，遺伝子組み換え食品について留意すべき点を以下に示した。

■食物アレルギー

　学校現場で食物アレルギーによるアナフィラキシーショックとみられる事例が起きている。死亡を含む事故も発生しており，その再発防止のため，各自治体では対応策を検討し，学校を中心として指導を行っている。例えば，岐阜県では平成 26 年に「学校における食物アレルギー対応の手引き」を作成し，以来，学校現場で活用するとともに，ホームページなどでも公開している（岐阜県教育委員会体育健康課）。また，教職員を対象とした講習会も実施し，アドレナリン自己注射（エピペン®）の使用・管理方法などについても周知する努力を続けている。特に，アナフィラキシーを未然に防ぐ努力と工夫，緊急時の対応などについては，主治医の指示に従い，食物アレルギーをもつ児童・生徒とその保護者，および，学校があらかじめ話し合い，共通理解を形成しておく必要がある。そして，緊急時に，迷わずエピペンを使用することが重要である。

　近年，食物アレルギーを有すると診断される子どもの割合が増加したが，この中には重大な食物アレルギーを有する子どもたちが増加している可能性がある。この原因は不明であるが，幼児期のアレルゲンの除去によって必要な免疫寛容が誘引されず食物アレルギーを有する子どもが増加した可能性や，一方で，医療者側の検出感度の向上がかかわっている可能性などが考えられる。重要なことは，あらかじめ学校単位で対応策を練り未然に防止すること，かつ，緊急時にすべての教員と生徒が迷わず適切に動けるようにしておくことである。

■食品添加物

　食品添加物は，体重 1kg 当たりの一日摂取許容量（ADI）が設定されている。ADI は，毒性試験によって確認された，人が生涯その物質を毎日摂取し続けたとしても，健康への悪影響がないと推定される一日当たりの摂取量である。例として，表 4-8 に平成 28 年度の保存料と着色料の年齢層別一日摂取量の「対 ADI 比」（割合（％））を示した。割合が最も多い安息香酸は 1.20 ％で，いずれの添加物も ADI から計算される 1 人当たりの一日

表 4-8　保存料および着色料の年齢層別一日摂取量の対 ADI 比*

(%)

食品添加物名		年齢階層				
		1-6 歳 体重：16.0kg	7-14 歳 体重：36.5kg	15-19 歳 体重：56.5kg	20 歳以上 体重：58.6kg	全員 体重：50kg
保存料	安息香酸	1.20	0.69	0.43	0.41	0.43
	ソルビン酸	0.59	0.39	0.27	0.30	0.31
	二酸化硫黄	0.16	0.11	0.07	0.40	0.36
	パラオキシ安息香酸エチル	0.00	0.00	0.00	0.00	0.00
着色料	ノルビキシン	0.07	0.04	0.02	0.03	0.03
	ビキシン	0.00	0.00	0.00	0.00	0.00
	食用赤色 2 号	0.00	0.00	0.00	0.00	0.00
	食用赤色 3 号	0.06	0.05	0.04	0.03	0.04
	食用赤色 40 号	0.00	0.00	0.00	0.00	0.00
	食用赤色 102 号	0.00	0.00	0.00	0.00	0.00
	食用黄色 4 号	0.03	0.02	0.01	0.02	0.02
	食用黄色 5 号	0.00	0.00	0.00	0.00	0.00
	食用緑色 3 号	0.00	0.00	0.00	0.00	0.00
	食用青色 1 号	0.00	0.00	0.00	0.00	0.00
	食用青色 2 号	0.00	0.00	0.00	0.00	0.00

* 対 ADI 比（%）＝一日摂取量（mg ／人／日）／平均体重／一人当たりの一日摂取許容量（mg ／人／日）× 100
　平成 28 年度マーケットバス方式による保存料及び着色保存料の摂取量調査の結果について
　　　　　　　　　　　「平成 29 年　薬事・食品衛生審議会食品衛生分科会添加物部会報告」より抜粋

摂取許容量を大きく下回り，これらの添加物については安全上，特段の問題がないと判断できる。このように，日本で使用が認められている食品添加物は，ADIが設定され，かつ，日常食生活における摂取量がこれを上回ることはほぼ考えられない。

　日本の津々浦々に，食品を安全に届けることを保存料が可能としている。指導においては，食品添加物の目的や安全性について，数値に基づく説明を行い，客観的な解釈を導くことが肝要である。そのうえで，どの食品添加物をどう捉えるか（摂取を控えるか否かなど）については，個人の判断に任せることが食を選択する力の涵養に資すると考えられる。

■遺伝子組み換え食品

　遺伝子組み換え食品は，じゃがいも，大豆，とうもろこし，なたねに多く，その目的は，害虫抵抗性，除草剤耐性，ウィルス抵抗性の付与が多い。その安全性審査は，厚生労働省の食品安全委員会で科学的に実施される。これを通過しないものは，食品衛生法によって，食品への使用，また，輸入，販売などが禁止される。審査内容は，挿入遺伝子の安全性，挿入遺伝子により産生されるたんぱく質の有害性の有無，アレルギー誘発性の有無，挿入遺伝子が間接的に作用して他の有害物質を産生する可能性の有無，遺伝子を挿入したことにより成分に重大な変化を起こす可能性の有無などである。そして遺伝子組み換え食品には食品表示が義務化されている。一方，狙った遺伝子を切断するゲノム編集技術で開発される食品「ゲノム編集食品」には食品表示の義務がない。その理由は，リスクが従来の品種改良と同じであり，科学的にも見分けられないためである。ただし，安全性審査は遺伝子組み換え食品と同じ扱いで実施される。

　これらの指導においては，安全性の確認が科学的に行われていることを理解させ，遺伝子組み換え食品の利用については，生徒間の議論を通じてさまざまな視点や意見があることに気づかせ，児童・生徒自身に判断させるとよい。

食文化，感謝の念

　流通が発達していない時代の食生活は，地産地消そのものだった。食の調達と消費はその地域内で完結し，日本の津々浦々で独自の食文化を発展させた。流通の発達に伴い食文化は変化したが，山と海に囲まれ，かつ，水田稲作文化が発展した日本では，牧畜が広まる余地は少なかった。農林水産省の日本食文化テキストによれば，「狭義」の日本の食文化とは，幕末までに完成されていた（アイヌと琉球を除いた）食文化をさす。したがって，文明開化とともに誕生したすきやきやとんかつ，その後，常食されるようになった白菜やキャベツなどは，「狭義」の日本の食文化の範疇には入らない。そして，食事に限定すれば，1955年頃までに日本人が常食化していた食べものは「広義」の日本の食文化とされる。このような判断基準が，厳密ではないが，「私たち日本人の多くがイメージするもの」として捉えることができるだろう。

　和食の食材は，「狭義」には，米，魚，野菜（海藻を含む）であり，味噌と醤油を調味料とする。豊かな海に囲まれた日本では，古来，魚介類を食してきた。魚の栄養学的特徴は，n-3系脂肪酸であるEPAやDHA，カルシウムなどのミネラル，そしてビタミンDを豊富に含むことである。また，野菜や海藻は，食物繊維やさまざまな機能をもつファイトケミカルを多く含む。これらは，現代の日本人（特に若年層）に不足傾向が認められる成分である。一方，肉類については，「広義」には和食の食材としてさしつかえないが，食文化の変化や生活習慣病の増加，さらに，食料自給率の低下など，食に関する多くの問題にかかわっていることを念頭に置くべきである。農林水産省の日本食文化テキストに次の記述がある。「国内の畜産のために飼料の輸入が増加することから，さまざまの問題を生じていることは本来，日本の食文化と環境との共生を，畜産がどこかで乱している結果であることも考慮しなければならない」。食文化は時代とともに変容するが，その方向は必ずしも理想的とは限らない。私たちは，食を選択する力を身につけ，受け継ぐに値する食文化の要素を客観的に見極める必要がある。

　1970年代，バランスのよい食事である「日本型食生活」が完成し，同時期に，日本は世界に冠たる長寿国となった。日本型食生活は，伝統的な和食に，適量の肉，牛乳・乳製品，果物が加わった食事形態であり，日本人の平均寿命を飛躍的に伸ばした要因のひとつとして，国際的にも評価されている。しかし現在，食生活は過度に変質し，生活習慣病が若年層にも蔓延しつつある。この食事が自分や家族の命と健康を支えているという実感は，飽食を享受する現代の日本では得にくい。特に，生活習慣病のリスクを有しても発病には至らない若年層ではなおさらである。食に対する感謝の気持ちを説いても，現代の若者には響きにくいかもしれない。一方，感謝の気持ちは，教えられるものではなく，湧き起こるものであるならば，小児期からの食生活は心身に影響を及ぼすこと，理想的な栄養バランスをもつ食事形態が日本の和食文化に起源をもつことを伝え続けるとともに，大人はこの食生活を実践し，健康を回復・維持・増進していく姿を次世代に見せることが賢明であろう。

（久保 和弘）

5 食生活（調理）に関する教育

1　食生活（調理）に関して小学校で取り扱う内容

　食生活の調理分野は，学習指導要領の中で「B 衣食住の生活」の項目で衣服と住まい，そして食を関連させて取り扱っている。食は一見，衣服や住まいと接点がないように思われるが，和食の基本となるだし，米飯・みそ汁のつくり方や季節に合わせた衣服・住まい方の選択など，日本の伝統的な生活について取り扱うことが共通点としてあげられる。

　家庭科で学ぶ内容は，現代社会を反映した内容と，科学的根拠などいつにおいても変化しない普遍的な内容の両方が求められる。その中で食生活の調理は普遍的な内容が多くを占める。これは調理過程においてはすべてに行う理由・意味があるとともに，科学的根拠が存在するからである。また，調理分野の学習指導要領の文言の中に「適切に」という言葉が多数用いられている。この「適切に」を習得するためには，なぜそうする必要があるのか，と根拠を伝える必要があり，その根拠を児童に教えるためには，教員自身が理論を理解しなくてはならない。

　本項目では，調理の基礎について概説するとともに，技能の面で習得する必要があるゆで調理といためる調理，そして米飯およびみそ汁の調理に関しては調理科学の側面から解説する。

2　調理の基礎について

（1）調理とは

　調理とは，食品をおいしく，安全で衛生的なものに変え，ヒトが効率よく栄養成分を摂取できるようにする操作のことであり，計画を立てる，準備をする，調理する，試食する，後片づけをする，ふり返る，の6項目から成り立つ。計画を立てる際には，誰のために，何をつくるのか，そして，そのために用意する材料と道具を検討する必要がある。この中で，誰のために，という視点では，学習指導要領のA(1)「自分の成長と家族・家庭生活」と，用意する材料ではC(2)「環境に配慮した生活」が関連している。また用意する材料は1人分の量から考えることで，買い過ぎを抑制することができる。令和元年10月1日に食品ロスの削減推進に関する法律（略：食品ロスの削減推進法）が施行された。食品ロスは，過度な鮮度の保持に対するこだわりや，売り切れないことを想定した仕入れといった企業の原因と，購入したが使用されないまま廃棄する各家庭での原因があげられる。現在，世界の年間食料支援量よりも日本の年間食品ロス量が多いことからも，購入する前に適切な量を考えることの重要性を指導する必要がある。

（2）用具や食器の取り扱い方

　調理では，包丁や加熱機器など，ケガや事故につながる道具を使用する。教師としては

当たり前だと思う事柄であっても，家庭科の調理で初めて包丁や加熱機器を扱う児童がいることから，包丁は相手に刃を向けて渡さないようにする，置く場所や置き方を工夫する，など基本的なことをしっかりと指導し，定着させる必要がある。また近年ではガスこんろの代わりとしてIHクッキングヒーターが普及しており，火・炎を見たことがない，ガスこんろの点火方法がわからない（例：スイッチの長押し，つまみを押しながら回す操作）児童も増えている。そのため，ガスこんろの周りに物を置かないこと，IHクッキングヒーターでは火は見えないが，トッププレートが熱くなるためやけどにつながることなど，各加熱機器に応じた注意事項を伝える必要がある。

　衛生面では，まな板は水でぬらしてから，ふきんでふいて使用すること，ふきんと台ふきんを区別して使うことを重点的に指導する。前者に関しては，水でぬらすことで表面に膜ができるため，食材の匂いや水分などがまな板に浸透しにくくなる効果を有する。ただし，水でぬらしたままだと食材に余計な水分が付着するため，清潔なふきん，もしくはキッチンペーパーでふき取る必要がある。ふきんと台ふきんは，ともにふくための布であるため，見た目が類似している。そのため，区別せずに食器や手を台ふきんでふく児童がいることが予想される。図5-1に，牛肉を切断した後のまな板と，台ふきんにおける雑菌の生菌数の変化を示した。これらより，まな板をふき取った後の台ふきんに付着した雑菌は増殖していることがわかる。清潔に保つために洗浄したにもかかわらず，このように雑菌が増殖している台ふきんを使用して，食器や手をふいた場合，洗浄の効果はなくなる。用途を分け，適切に使用することが，衛生管理の上で必要不可欠であることを伝えることが重要である。

（3）非加熱調理

　非加熱調理は，計量，洗浄（準備，片づけ），切断，味をつける，盛りつけ，配膳，の主に6項目ある。非加熱調理は食材の下処理や片づけと多岐にわたる。

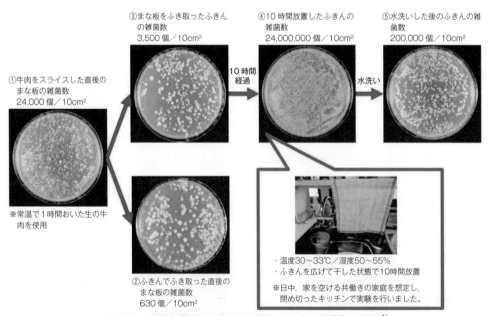

図5-1　牛肉を調理した後のまな板とふきんの雑菌数の変化[1]

　調理に関してすべて共通することであるが，各操作の目的を理解し，適切な方法を選択できる力を養うことが重要である。例えば，ただ洗えばよい，ただ切ればよい，という発想ではなく，「ほうれんそうは根や葉のつけ根に泥がついていることが多いから，泥がついているところを中心に洗ったほうがいい」，「茎より葉のほうが火は通りやすいから，葉は茎よりも大きめに切ったほうがいい」など，なぜそうすべきなのかの理由を明確にすることで，ほかの食材においても汎用化が可能となる。

　教科書には，食材（野菜）の切り方に関する写真が掲載されているが，切り方の名称を覚えることが学習のゴールではない。切り方の名称は，調理実習の際やレシピ本などにおいて同様な調理方法を再現するために必要な知識である。しかし重要なことは，じゃがいもやにんじんなど，球や円錐の形からさいの目切りをするには，どのような切り方をすべきなのか，さらには，安全に切断するためにはどの順番が適切なのかなどを考える力を養うことである。また，日頃の生活で食べている料理に無頓着な場合，「みそ汁に入れるじゃがいもを食べやすく切るように」と指導しても，行動できない児童がいると予想される。そのため，教員は具体的な切り方を提示する，あらかじめグループや学級内でみそ汁に入っている具材や具材の形に関する交流を行うことが有効である。

　なお計量や洗浄，切断方法を示範する場合には，タブレット端末や実物投影機などの情報機器を活用し，手元がよく見えるように配慮することで，児童が活動内容（正しい方法）を具体的に理解できる。これらの方法は間違った計量に伴う食材の廃棄や水・洗剤の使い過ぎ，そして誤った操作によるケガの抑制につながる。

　日常食の基本的な配膳を図5-2に示した。配膳は料理が食べやすいことが重視されることから，ご飯茶碗が左，汁椀が右，箸は手に取りやすいように箸先を左にする。また主菜の皿は箸をつける回数が多いため，高さの低い汁椀の上方に，副菜はご飯茶碗の上方，副々菜があるときは各食器の間に配置する。

なお，左利きの場合は箸の向きのみを逆にし（箸先が右），ほかの配置は図5-2に示した配膳と同じにする。日本の多くの小学校では学校給食が提供されており，学校によっては，献立表とともに各給食の配膳の図をまとめた資料が配布されている。これらの資料をもとに，日々の学校給食の時間において正しい配膳を学級内で共有することで，効果的に定着を図ることができる。

図5-2　日常食の基本的な配膳

（4）加熱調理－ゆで調理，いためる

調理－

　ゆで調理とは，水の中で加熱する方法であり，たっぷりの水を使用する場合が多い。ゆでることで，食材の組織を柔らかくし，消化性を高める働きや，あくを抜く，色をよくするなどの目的がある。ゆで調理の題材として，平成29年告示の学習指導要領では青菜，じゃがいもが指定された。青菜を長時間加熱すると，色素であるクロロフィルが変化し暗い緑色となり見た目が悪くなる。そのため沸騰水でゆで，調理後は冷水で直ちに冷やすこ

とで，鮮やかな色を担保することができる。これに対してじゃがいもをはじめとする根菜類は火が通りにくいため，水からゆでる必要があり，ゆで調理の中でも，食材に応じて適切な方法を選択する必要があることを理解させる。

　いためる調理は，熱源の上にフライパンや中華鍋を置き，その中で食材を加熱する方法である。いためる調理は油を用いる場合が多いことから，食材の風味が向上する効果や，短時間で調理するため，熱により分解されやすいビタミンCの損失の抑制につながる。また加熱の際は常にかき回す必要があることも特徴としてあげられる。一般的にはいためる調理は「強火で短時間」といわれるが，これは食材の食感が保たれるからである。しかし，ヒトによって好みの食感は異なることから，火加減と時間によって，食感が変化することを指導することが重要である。さらには，食材によって火の通りやすさが異なるため，材料の切り方や，いためる順番を変えるなどの工夫も合わせて理解させることで，好みに応じた調理が可能となる。

3　調理科学の理論ならびに教材の提案

　小学校の家庭科で実施する調理実習は，ゆで調理といためる調理，米飯およびみそ汁の調理が軸となっている。そこで次に，各調理実習において必要となる基礎知識・専門知識，ならびに教材の一例を紹介する。

(1) ゆで調理といためる調理
1) 伝熱の基礎

　加熱とは，食品に熱を与えて温度を上げ，食感，色などさまざまな変化を導き出す操作である。加熱調理には，煮る，焼く，いためるなど数多くの方法があるが，これらを考えるにあたり，まず伝熱の基礎を理解する必要がある。熱は温度差がある場合，温度の高いほうから低いほうへ伝わるが，伝わり方には伝導伝熱，対流伝熱，放射伝熱の3種類がある。

①伝導伝熱

　固体の内部や静止している液体や気体の温度の高いほうから低いほうへ熱が伝わる現象である。調理の場合，食材の内部への伝熱は，伝導伝熱に起因する。食品に多く含まれている水は，熱の伝わりが遅いことから，食品内部の伝熱はあまり速くない。したがって，食材を早く加熱したい（軟らかくしたい）場合は，小さく切る，面取りをし表面積を大きくするなどの工夫が必要となる。

②対流伝熱

　加熱媒体が液体や気体などの流体から，固体表面へ熱が伝わる現象である。空気や水中で加熱を行った場合，食品の表面は対流伝熱に起因し，熱が伝わる。また対流伝熱には，自然対流とファンやポンプなどの動力を使って流れをつくる強制対流の2つがある。自然対流より強制対流の方が伝熱しやすく，また，空気より水のほうが伝熱しやすい。

③放射伝熱

　熱エネルギーが中間物質には無関係に，赤外線や可視光線を含む電磁波である熱線の形をとって熱が伝わる現象である。炭火焼きやオーブンなどが該当する。

　伝熱とは一見，なじみのない言葉であるが，日常生活と非常にかかわりがある。例えば，100℃の湯の中に手を入れることはできないが，庫内温度100℃のオーブンや約80

℃のサウナにいられることは，水と空気では熱の伝わりやすさを表す熱伝達率が異なることに由来する。また同様に，熱い鍋をつかむときには，乾いたふきんを使ったほうがよいとされている。これは，乾いているふきんには，繊維の間に空気が入っているため，濡れたふきんよりも熱の伝わりが悪いことに由来する。このように，伝熱現象は調理をはじめとする身近な科学を説明するために必要な知識である。

2）教材の一例

図5-3はゆで卵をいためる調理でつくることができるか，否かについて検討するワークシートである。ゆで卵をつくるための食材である卵は，殻があり割れやすいことが特徴としてあげられる。また，目的の調理品であるゆで卵は，外側の殻をむくことができる，そして内部まで均一に固まっていることが特徴である。食材から調理品

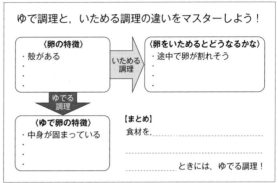

図5-3　ゆで調理といためる調理に関するワークシート

に変化していく過程において，いためる加熱を続けると，どのような変化が生じるのか，見た目や味，形の変化を議論することで，ゆで卵にはいためる調理は適さず，ゆで調理が最適であることを理解することが可能となる。

（2）米飯の調理

1）米について

米は日本の主な農産物であり，米の主成分である炭水化物（主としてデンプン）はエネルギー源として利用される。デンプンは単糖類のグルコースが結合した高分子化合物であり，アミロースとアミロペクチンの2種類の多糖からなる。アミロースは，グルコースがα-1,4結合し直線状に重合した，らせん形の構造をしている。これに対してアミロペクチンは，グルコースがα-1,6結合により枝分かれ状に結合したデンプンである。アミロペクチンは枝分かれ状に結合していることから，アミロースより吸水性が高く，糊化すると粘りが強い性質を有する。米はデンプン構造に基づき，うるち米ともち米に分類される。うるち米はアミロース約20％，アミロペクチン約80％で構成されているのに対し，もち米はアミロペクチンのみで構成されている。そのため，もち米は炊飯後，うるち米より粘りが強いことから，餅やこわ飯（赤飯）に用いられる。

生デンプン（βデンプン）は水に溶けず，消化しにくいが，生デンプンに加水し，加熱するとデンプン粒が膨潤し，消化しやすい粘性の強い糊となる。この状態をデンプンの糊化（α化）と呼び，糊化したものをαデンプンと呼ぶ。しかし，αデンプンを放置すると一部のデンプンがβデンプンに戻る現象の老化が生じる。老化は主に冷蔵庫の温度帯である0〜5℃において促進されやすく，一度冷蔵庫で保存した飯がボソボソとした食感に変化することは老化に由来する。また，老化したデンプンを再加熱すると，再びαデンプンとなる。

2）米飯の調理

米のデンプンをα化させるためには，米に水を加えて加熱を行うが，煮るといわず

"炊く"と呼ぶ。一般に、"炊く"は米を加熱する際に用い、最初は水が十分に存在するが、途中で水は米粒に吸着し、余分の水分が残らず、最後は焼き加減に近い状態になるような加熱のことを意味する。

　米の1人分の分量は、米80g（100mL）である。これに対して必要となる水の量は、米の重さの1.5倍もしくは体積の1.2倍である。米飯の調理は主に、①水洗い、②浸漬、③加熱と蒸らし、の3工程から成り立つ。各項目の詳細について、以下に述べる。

①水洗い

　水洗いは、米に付着している糠やごみを落とすために行う。洗い方によって、ビタミンB_1などの水溶性成分が流出してしまう。そのため、水をたっぷり入れて軽くかき回し、上水を流し、また水を入れて軽くかき回す操作を3〜4回行う程度でよい。最近では、糠をあらかじめ取り除いた無洗米が流通している。利点として洗米する手間が省ける、とぎ汁による環境汚染を防止できる点があげられる。

②浸漬

　米に十分に吸水させてから炊くことで、米粒中心部まで均一に吸水した米飯となる。水吸水速度は水の温度によって異なり、平衡状態に到達するまで約2時間要する。しかし、30分間で平衡状態の約70％吸水することから、最低30分間の浸漬が望まれる。

③加熱と蒸らし

　炊飯の加熱過程は、温度上昇期→沸騰期→蒸し煮期→蒸らし期、の4段階に分けられる（図5-4）。米デンプンの糊化開始温度は60〜65℃であり、糊化に要する温度と時間は98℃で20〜30分である。鍋で米を炊く際のポイントは火加減である。温度上昇期では強火にすることで、鍋内の温度差をなくすことができる。沸騰期以降では、徐々に火加減を弱めていく。強火のままであると、糊化に要する時間を得られず、硬い米となると同時に焦げてしまう。また、沸騰後は98℃を保つ必要がある。したがって温度低下を抑制するために、蓋を開けてはいけない。鍋が沸騰したか否かは、湯気が出ている、蓋がカタカタと動いているなど、観察することで見分けることができる。最後の蒸らし期では、米粒の周囲に付着しているわずかな水分を吸水し、ふっくらとした米飯にする効果を有する。

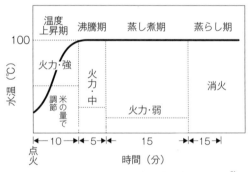

図5-4　炊飯過程における火加減と水温の変化[2]

　図5-5に電気炊飯器および電子レンジ専用炊飯容器を用いて米を炊いた際の温度履歴を示す。電気炊飯器は、炊飯開始直後の温度上昇は緩やかだが、

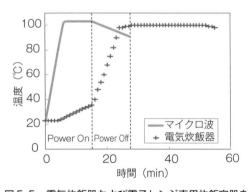

図5-5　電気炊飯器および電子レンジ専用炊飯容器を用いた炊飯の温度履歴[3]
Power ON、OFFは電子レンジの出力有無を意味する

ほかほかごはんを　たいてみよう	名前（　　　　　　　　　）

材料：米（1人分）　80g	（　　人分）米　　　g	用具：
水（1人分）　120g	水　　　g	

	観察し，わかったこと，感じたことを記入しよう。	米粒をはろう。
1. 米をはかって，洗う		
2. 水をはかり，吸水させる		
3. たく ①強火		
②ふっとうしたら中火で5分		
③弱火で15分		
4. 蒸らす(10分)		

自己採点（5点満点）
●準備　　　1・2・3・4・5
●計画性　　1・2・3・4・5
●後片付け　1・2・3・4・5
●マナー　　　1・2・3・4・5
●環境　　　　1・2・3・4・5
●仲間との協力　1・2・3・4・5

今日の学習をふりかえって

図5-6　米飯を炊く調理実習のワークシート

その後の温度履歴は100℃付近まで著しく上昇し，一定の温度に保たれている。電子レンジ専用炊飯容器を用いた際の温度履歴は，開始直後に著しく温度上昇し，電子レンジの照射終了後まで温度は約90℃を保っている様子がわかる。すなわち，鍋を用いた際の温度履歴とすべて傾向が同じである。便利な調理器具は，昔ながらの調理法に基づいていることを忘れてはならない。

3）教材の一例

　図5-6に各調理工程における目的や，調理時における食材の変化をまとめるワークシートを示した。現代においては，炊飯器に入れ，ボタンひとつで米飯ができ上がるが，その過程においては上記に示したような科学的変化とともに，食材の形状や色，水かさの量などさまざまな変化が生じている。ただ実習を行うのではなく，時間の経過に伴う米の状態を観察することで観察眼を養うことができるとともに，米飯ができ上がる過程を実感的に捉えることが可能となる。

　なお，透明な文化鍋がない場合は，ビーカーとアルミホイルを用いることで代用することが可能である。この際，ビーカーを安定化させる焼き網を用いることが望ましい。なお，IHクッキングヒーターではビーカー（ガラス）を調理器具として用いることはできないため，必ずガスこんろで行う必要がある。また，アルミホイルは2重にすることで，蓋としての効果が増す。なお，最初の米の位置や水の位置に，ビニールテープやマジックでしるしをつけることで，調理中の水・米の推移や，調理終了時に米の

アルミホイルで蓋をする

最初の米の位置にしるしをつける

焼き網などを用い，ビーカーを安定化させる

図5-7　ビーカーを利用した米飯の炊き方

高さが変化していることを視覚的に確認することができる。

（3）みそ汁の調理

1）みそ・だしについて

　みそ汁とは，だし汁に野菜・豆腐・海藻・貝など季節の旬の食材やその地方の特産物を入れて煮，その中にみそを溶かした汁物である。またみそ汁は，米飯とともにわが国の伝統的な日常食のひとつであり，日常の食生活では米飯と組み合わせて食べる場合が多い調理品である。みそ汁の 1 人分の分量は，蒸発分の水 20g（20mL）を想定した水 170g（170mL）に対して，みそは 15g（大さじ 2/3）である。みその密度は 1.0g/cm^3 ではないため，大さじを実習に使用する際は注意する必要がある。

　みそ汁に必要不可欠な要素のひとつとして，だしがあげられる。だしは和食の基本であり，みそ汁以外の調理にも多く利用されている。表 5-1 に，代表的なだしの取り方および主要うま味成分についてまとめた。煮干し，かつお節など動物性由来の食材は，核酸系物質の分解物であるイノシン酸が主体である。これに対して昆布のうま味の主成分は，アミノ酸の一種であるグルタミン酸ナトリウムである。イノシン酸とグルタミン酸は共存すると飛躍的にうま味が強くなることが知られている。このような現象を，味の相乗効果という。この現象を利用して，市販のうま味調味料では，グルタミン酸ナトリウムとイノシン酸を混合している。また，混合だしは昆布とかつお節を使用することが多いが，相乗効果を利用した合理的な方法であるといえる。

表5-1　だしの取り方

材料	だしの取り方	うま味成分
煮干し	1. 頭と腹わたを取った煮干しを小さく砕いて，水に入れる。 2. 強火にかけ，沸騰後約 5 分間煮出す。 　（一晩浸漬させれば，加熱不要）	イノシン酸
かつお節	1. 水が沸騰したらかつお節を入れ，再び沸騰したら火を止める。 2. かつお節が沈んだら，上澄みを使う。 　（こして，上澄みを集めてもよい）	イノシン酸
昆布	1. 20 ～ 30 分間，昆布を水に浸す。 2. 中火にかけ，沸騰直前に昆布を取り出す。	グルタミン酸

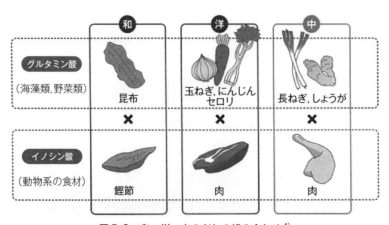

図5-8　和・洋・中のだしの組み合わせ[4]

　だしに用いる食材の共通点として，乾燥されている点があげられる。これは余分な水分を飛ばし，うま味成分のみを食材に残している，すなわち，うま味成分が濃縮されていることを意味する。調理実習では煮干しを用いたみそ汁の調理がある。この際，頭と腹わたを取った後，小さく砕くことで，表面積が広くなるため，効率的に溶液中にうま味成分が十分に溶出される。また，だしは和食特有のもの，という印象があるが，和食以外にも（図5-8），西洋料理は「ブイヨン」「フォン」，中華料理には「湯（タン）」などのだしが存在する。これらは使用する食材や調理法が異なっていても，グルタミン酸とイノシン酸を組み合わせ，うま味の相乗効果を利用する調理法は世界中で共通である。

2）教材の一例

　みそ汁の調理のみならず，調理は複数の操作を同時に，かつ効率的に行う必要がある。そのためには，調理の基礎を理解したうえで，調理計画を構築できる能力を養うことが求められる。図5-9は，行う調理操作をすべて書き出し，いつまでに準備をする必要があるのかを考える教材である。教科書には記載されていないこと（例：にぼしを測る）も行う必要がある，みその準備は，みそを入れるまでに行えばよい，すなわち優先順位は低いなど，グループや学級内で交流することで，児童の考えを広げ，深まることが期待される。また，対象とする題材を，「米飯とみそ汁」，「こふきいもと野菜のベーコン巻き」などに変更することで，複数の調理品を同時につくるための工夫についても検討することが可能となり，調理計画に関する深い学びにつながる。

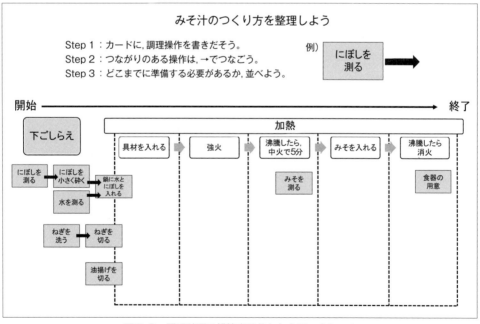

図5-9　調理計画の構築を目的としたワークシート

（参考文献）

1 ）EIBIKEN　衛生微生物研究センター,
　　http://www.atpress.ne.jp/releases/29318/a_1.JPG

2 ）久木久美子, 新田陽子, 喜多野宣子（2012）, はじめて学ぶ健康・栄養系教科書シリ
　　ーズ10　調理学, 化学同人, p.53

3 ）吉田咲, 福岡美香, 酒井昇（2010）, マイクロ波加熱によって炊飯された米飯の X 線
　　回折を用いた老化評価, 日本食品工学会誌, 11, 85-90

4 ）特定非営利活動法人うま味インフォメーションセンター,
　　https://www.umamiinfo.jp/

（柴田　奈緒美）

6 衣生活に関する教育

1 衣生活に関する内容

（1）小学校段階で学ぶ衣生活

　平成29年告示の新学習指導要領では，衣生活に関する内容は，「B 衣食住の生活」の中に含まれ，「衣生活」の内容は「衣服の着用と手入れ」，「生活を豊かにするための布を用いた製作」の2つの項目で構成されることになる。

　「衣服の着用と手入れ」では，「ア　次のような知識及び技能を身に付けること」として，具体的に「（ア）衣服の主な働きが分かり，季節や状況に応じた日常着の快適な着方について理解すること。」，「（イ）日常着の手入れが必要であることや，ボタンの付け方及び洗濯の仕方を理解し，適切にできること。」などの内容に取り組む。また，「イ　日常着の快適な着方や手入れの仕方を考え，工夫すること。」などの内容にも取り組む。このように，衣服の着用と手入れについての基礎的・基本的な知識や技能を身につけたうえで，着用や手入れの仕方を工夫することができるようになることがねらいとなっている。

　「生活を豊かにするための布を用いた製作」では，身に付ける知識及び技能として具体的に「（ア）製作に必要な材料や手順が分かり，製作計画について理解すること。」，「（イ）手縫いやミシン縫いによる目的に応じた縫い方及び用具の安全な取扱いについて理解し，適切にできること。」などの内容に取り組む。ここでは，日常生活で使用する物を入れる袋などの製作を扱うこととされている。

　衣生活に関する内容では，「B 衣食住の生活」の内容のみでなく，「C 消費生活・環境」の内容と関連させ「（2）環境に配慮した生活」の「ア　身近な環境との関わり，物の使い方」や「イ　環境に配慮した物の使い方の工夫」などと関連して衣生活について考えたり，また時間軸や空間軸の視点で，これまでの衣生活に関する文化をふり返り，さらに自分の家族のみでなく，地域社会や異世代の人々の衣生活にも関心をもつことが，小学校段階から中学校，高等学校へと衣生活を通して生活の視点を広げる意味でも有効であろう。

（2）小学校段階から中学校・高等学校段階への発展

　小学校の家庭科は，中学校の技術・家庭科「家庭分野」への発展の土台となる。

　そこで，教師は小学校の家庭科のみでなく，次につながる中学校の家庭分野の内容も学び，系統的に小学校の学習がどのように発展するかを見通す視点が必要であると考える。

　本節では，中学校で初めて扱う衣服の変遷や文化，平面構成と立体構成の違い，自分の衣生活のみでなく家族全体の衣生活，高齢者の衣生活への視点，さらに保育学習におけるおもちゃづくりの教材として布絵本も紹介する。小学校で学んだ基礎的技能や知識が，例えば手縫いの技術やミシン縫いの技術が，中学校において，さらに社会に出て将来的にどのような形で生かすことができるのか，その可能性についても紹介していきたい。

2　衣について

（1）衣服とは

　衣生活は，人間が独自に生み出した文化と表現されることもある。確かに体に衣服を着用することは，人間のみが創造した文化と捉えることもできよう。

　このような視点で考えると，衣服は単に暑さや寒さをしのぐだけではなく，その時代の文化や政治の影響も受けながら，人々が生きるための多様な役割を担っていると捉えることもできる。世界の衣文化を見ると，身分を識別するための方策として衣服が用いられた事例が多く見られる。日本においては社会科で学ぶ冠位十二階の制がよく知られる。冠により身分の序列を明確に示し，社会を統制したのである。「衣服令」などの政治制度と結びついた規制や衣服に関する「禁令」は歴史の中に多く見られる。

　一方で，人間の自己表現や美の誇張に用いられたのも衣服である。西洋の衣文化では，古代ギリシャ・ローマは人間本来の体を美しいと捉えたが，中世以後は衣服により人間本来の姿を造形し，時代が求める美を誇張するファッションが貴族などの特権階層で生まれる。人間のウエストを首回りほどに細くしたコルセットや巨大なスカートを演出したフープもこうした事例であろう。日本においては体を造形する文化は生まれなかったが，十二単と表現される幾重にも衣を重ねた唐衣裳も，四季折々の情景と衣の色彩を重ね合わせた「襲色目」「匂い」と称される独特の美意識を衣で表現したものであろう。

　こうした政治や文化と強く結びついた衣文化が存在する一方で，人間の体をサポートするための機能性を高めた衣服の開発が行われているのが今日の衣服の特徴であろう。

（2）衣服の変遷（日本）―衣服はその時代の文化や政治とどのように結びついていたか

　今日の私たちの衣生活は，既製服を購入し洋服を常に着用しているが，日本の民族服は何かと問われると，私たちはいかなる衣服を取り上げるであろうか。

　世界の民族服を見ると，今日でも伝統的な民族衣装を着用する国々が多く存在する。日本人は何を着ていたのか，その変遷について見ていこう。

　日本の古墳時代は衣褌・衣裳の２部形式の衣服が着用され，その衣服形態は埴輪からも具体的に知ることができる。奈良時代には大陸から文化が流入し，律令制度とともに唐の衣服形態が流入し，身分の序列を示す衣服の制度（衣服令）が制定される。

　平安期は国風文化と表現されるが，束帯・唐衣裳の形態は奈良時代の大陸の衣服形態の影響が残る。平安期には，衣服は２つの顔をもつ。ハレ（儀式）の衣とケ（日常）の衣である。貴族は儀式には束帯を着用し，屋内では「宿装束」を着用する。女性の場合は儀式で唐衣裳を着用し，家内では上の衣を除き袿を着用するのである。

　鎌倉期は貴族の柔装束に対し強装束と表現され，直垂に代表される武士独自の衣文化が生まれる。直垂は，下衣の袴で上衣を締める機能的な形態である。平安期の庶民にも同様の形態が存在したが，武士の台頭とともに直垂も出世し，室町期には武士の常着，さらに鎧直垂と称す晴れ着になる。江戸期の大紋直垂，素襖直垂は，儀礼服として着用される。

　女性の小袖も同様の変遷を示す。平安期の庶民の着る小袖が鎌倉期に小袖袴として武士の家内に着用され，室町期になると細帯の発明とともに小袖着流しと称す着物に近い着方が成立する。今日の着物の形に近づくのは，元禄小袖の時代である。衣服の歴史の中から，さまざまな変遷を経て「着物」が生まれたのは近代であることがわかる[1]。

3　衣服と「縫う」技術

（1）古代エジプト・ギリシャ・ローマの「縫わない」衣服（布を体に巻きつけ着用）

　古代エジプトは，腰に布を巻くロインクロスの形態の衣を着用する。また古代ギリシャは，キトンと呼ばれる布を肩でフィビラと称す留め金で留めた衣服を着用する。古代ローマでは，さらに長い布（6m）を体に複雑に巻く儀式用のトーガなどが着用される。

（2）中世以後の「縫う」衣服

　古代エジプト・ギリシャ・ローマの体に布を巻く衣文化から，中世以降，布を裁断して縫う立体裁断が発達する。衣文化が変化した背景には，さまざまな要因が考えられる。

　第1は宗教の影響である。ローマ末期にはキリスト教が普及し，人間本来の体を衣服で覆い隠すことを奨励する。この影響でロマネスクやゴシック時代には，教会建築を模した衣服が出現する。第2はゲルマン民族の影響である，狩猟系の民族は衣服材料として動物の皮を用い，裁断して縫う立体裁断の衣文化をもつ。ゲルマン民族が南下し，末期ローマの衣文化と合流し，西洋の中世以後の衣文化は「立体裁断」と「縫製技術」により，「人間の体を時代が理想とする形態に造形し誇張する衣文化」に発展したと捉えることができよう。18世紀のロココ時代には，貴族の間で豪華な美を誇張した衣文化が生まれる。

（3）日本における「縫う」衣服と「縫わない」衣服

　古代の衣文化の様子は『魏志倭人伝』に記されるが，縫うことなく結んだ衣服や布の中央を貫いた貫頭衣の存在が記されている。奈良時代には，大陸からの文化・政治制度（律令制）が導入され，衣服に関しても大陸の影響を受ける。冠位十二階の制を始まりとし，大宝律令，養老律令には「衣服令」として位により，また儀式などにより着用する衣に細かい規定が設けられた。「礼服」は高位・高官が元旦・大嘗などの限られた儀式のみに着用される。「朝服」は高位・高官が常時に宮中参内に着用できるが，五位より下の身分では儀式に着用する，「制服」は主人とともに宮中に入る家人などが着用する。このように身分や場により衣服の規定が定められる。さらに，宮中に仕える文官・武官・女官により衣服形態が異なる。たとえば，政治に従事する「文官朝服」は衣服の腋が縫われているが，宮中の警護に従事する「武官朝服」は腋が縫われていない。こうした2つの衣服形態は平安時代にも受け継がれ，日本の衣文化の特色ともいえよう。平安時代に着用された腋を「縫う」衣服を【縫腋袍】と称し，「縫わない」衣服を【闕腋袍】と称している。

　男性の「束帯」は儀式に着用する正装で【縫腋袍】の形態に対し，「狩衣」は日常に着用される活動衣で腋は縫わない【闕腋袍】である。同様の対比が，女性の衣服にも見られる。

■「束帯」「唐衣裳」【縫腋袍】と「狩衣」「汗衫」【闕腋袍】の形態を比較してみよう。

　着用場面と衣服形態の特徴を考えてみよう。

公家冬束帯　　　　狩衣姿　　　　　　公家女房　晴れの装束　　童女　平常の夏の汗衫姿

（写真：井筒雅風『原色日本服飾史』光琳社　平成元年12月16日発行より）

4　縫い方の基本

（1）目的に応じた縫い方と縫い代のしまつ

　基本的縫い方としては，なみ縫い，半返し縫い，本返し縫いがあり順に丈夫な縫い方になる。縫い代のしまつは，布の材質や用途により異なり，かがり縫い，まつり縫い，三つ折り縫い，端伏せ縫い，折り伏せ縫い，袋縫いなど，さまざまな縫い方がある。

（2）「指ぬき」を用いた縫い方

　手縫いで衣服をつくっていた時代は，いかに早く縫うかを考え，「運針」の技術を考案した。裁縫箱にある短針用「指ぬき」と長針用「指ぬき」を用いた縫い方を紹介する。

■「指ぬき」を用いた縫い方の手順を解説したVTRをつくってみよう（学生の実演事例）

短針と長針の指ぬき

指ぬきは中指第2関節にはめる。針先は4mm出る。

長針用の指ぬきは，中指の下にはめる

長針の場合も，針先は指先から4mm出る。

右手と左手の間隔は，布目に直線10cmほどあける。

右手の親指で針を外側に押し下げ，同時に左手で布端を手前に上げる。針が布に直角に

針が布に直角に入るように，布を手前に引き上げる。

右手人差し指で針を押し上げ，左手で布を押し下げる。

針先を左手で持ち，右手でしっかりと糸こきをする。

　小学校の指導では指ぬきを用いず3針ずつ縫うなど，安全で縫いやすい方法を試みよう。

（3）「縫う」技術からつくり出された手仕事の文化

　かつては農閑期の手仕事として，貴重な木綿の補強を兼ねた「刺し子」がされ，針目で多様な柄と美をつくり出した。日本文化には，縫うことで願いを祈願した手仕事は多く残る。

（写真：高橋春子編著『衣の民族業書』出典，写真撮影：夫馬佳代子）

5　ボタンは留め具として考案

(1) 「ボタン」の役割―衣服の留め方のいろいろ

　ボタンのような布と布を留める用具，古代エジプトにも権威を示す装飾品として用いられていた。古代ギリシャの代表的な衣服であるキトンは2枚の布を肩でフィビラと称す留め具を用いて着装したが，この留め具もボタンと同様の役割を果たしたといえよう。古代ゲルマン民族が毛皮を留める道具として実用化したとされる。その後ヨーロッパの貴族の間で流行し，実用目的のみでなく宝石など高価な材料を用いた装飾品として発展する。一般庶民が実用品として活用できたのは大量生産が可能になった産業革命以後とされる。

　日本では西洋服に用いられるボタンが，明治初期の日本海軍や陸軍の制服に採用される。

垂領の「紐」と盤領の「蜻蛉」[2]（平安期は紐や蜻蛉の留め具）　　小袖の着用　平安末と室町の細帯[2]（室町期は着物を留める細帯を発明）　　男爵大礼服と陸軍武官正装[2]（明治期の軍服に用いたボタン）

(2) ボタンの種類と丈夫にボタンをつける工夫

　さまざまな衣服のボタンを観察してみよう。それぞれのボタンの形の特徴と共通点を探そう。
①日々の着脱で，ボタンつけの糸がボタンホールに擦れて擦り切れない工夫を見つけよう。
②ボタンをかける動作を観察し，どの部分に力が加わるか丈夫な縫い方の工夫を考えよう。
③着用する衣服の布地の厚みとボタンつけの工夫について観察してみよう。

■ボタンを自分で創作デザイン―「くるみボタン」をつくってみよう―（学生の実践事例）

余り布を活用してさまざまなボタンをつくろう　くるみボタンとボタンづくりの用具　　柄布の中からボタンの大きさに合う柄を選択

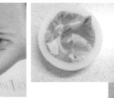

表ボタンを布の上に置き，ボタンより2cm大きめに布を切る　　表ボタンの周囲2cmの端布でボタンを包む　　枠の中に表ボタンを入れる。余分な端布を整える

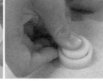
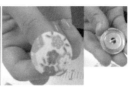

裏ぶたを被せて軽く枠の中に押し込む　裏ボタンをはめた上から用具を用いて押し込む　裏ぶたを用具でしっかりと押さえはめ込む　枠からボタンを取り出すと完成

（製作：学生　山浦）

6　ミシンの直線縫い

（1）ミシンの縫い方を説明する方法

　ミシン縫いのポイントはどこかを考え，わかりやすく説明する動画をつくってみよう。

　①ミシンの指導方法と説明のポイントを考える。（動画のコンテを作成）

　②グループで動画を撮影する。（示範のように説明をしながら縫う）

　　ⓐミシンとビデオを準備し，撮影者，実演者など役割分担を決める。

　　ⓑミシン縫いのポイントを確認して，説明を考える。

　　ⓒ手元が見やすいように工夫しながら縫う。

　　ⓓ縫い方がわかりやすいように撮影方法を工夫する。

　　ⓔ動画を編集する。パワーポイントと動画を組み合わせるとポイントがわかりやすい。

　③動画を見ながら検証する（誰でもが使い方を理解できたか検証）。

■【教材の事例】パワーポイントに動画を組み合わせた説明の実践例

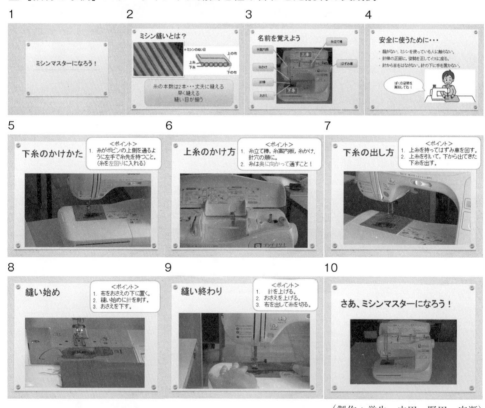

（製作：学生　中田・野田・広瀬）

（2）トラブルの対処法について

　ミシンの主なトラブルとしては，①針が折れる，②針棒が動かない，③布が縫えない，④縫い目がとぶ，⑤上糸が切れる，⑥下糸が切れるなどがある。①針が折れる原因は，針どめのねじでゆるむ，針が曲がっている，針のつけ方が浅い，布の厚さと合っていないなどが考えられる。④縫い目がとぶ原因は，針のつけ方が正しくない，針が曲がっている，針と糸の太さが合っていないことなどが考えられる。こうしたトラブルの対処法について調べてみよう。

（中学校「技術・家庭」参照）

7　布の性質と取扱い（絵）表示

（1）布の性質—保温性・通気性・吸湿性などの比較

　布の性質として，吸湿性，吸水性，保温性，通気性などがある。これは繊維の特性により異なる。天然繊維（植物繊維）の綿や麻は，吸湿・吸水性がよい。天然繊維（動物繊維）の毛や絹も吸湿性はよい。特に毛は，吸水性や保温性・通気性が高い。一方，化学繊維の再生繊維（レーヨン・キュプラ）は吸水性がよいが，合成繊維（ナイロン・ポリエステル・アクリル）は，吸湿性が小さい。身近なものを活用して，布の性質の比較実験を考えてみよう。

■布と紙の性質を比較してみよう（衣服になぜ布を用いるか，紙と布の衣服を比較）[4]

（2）取扱い表示—繊維製品の洗濯などの取扱方法に関する洗濯表示について

　取扱い絵表示は，1968年から日本工業規格「家庭用品品質表示法」（JIS）が用いられてきたが，近年，市場のグローバル化により国際規格（ISO）がついた衣服も着用される。

　そこで，平成28年12月からは，国際規格に整合した新JISが用いられている。

　これにより，洗濯表示記号の種類が22種類から41種類に増え，繊維製品の洗濯の取扱いに関するきめ細かい情報提供が可能となった。

新JISの洗濯表示記号 —平成28年12月1日以降から表示されている記号—

表1　洗濯処理

記号	記号の意味
95	・液温は95℃を限度とし，洗濯機で洗濯ができる
70	・液温は70℃を限度とし，洗濯機で洗濯ができる
60	・液温は60℃を限度とし，洗濯機で洗濯ができる
60	・液温は60℃を限度とし，洗濯機で弱い洗濯ができる
50	・液温は50℃を限度とし，洗濯機で洗濯ができる
50	・液温は50℃を限度とし，洗濯機で弱い洗濯ができる
40	・液温は40℃を限度とし，洗濯機で洗濯ができる
40	・液温は40℃を限度とし，洗濯機で弱い洗濯ができる
40	・液温は40℃を限度とし，洗濯機で非常に弱い洗濯ができる
30	・液温は30℃を限度とし，洗濯機で洗濯ができる
30	・液温は30℃を限度とし，洗濯機で弱い洗濯ができる
30	・液温は30℃を限度とし，洗濯機で非常に弱い洗濯ができる
手洗い	・液温は40℃を限度とし，手洗いができる
✕	・家庭での洗濯禁止

表2　漂白処理

記号	記号の意味
△	・塩素系及び酸素系の漂白剤を使用して漂白ができる
△	・酸素系漂白剤の使用はできるが，塩素系漂白剤は使用禁止
✕	・塩素系及び酸素系漂白剤の使用禁止

表3　タンブル乾燥

記号	記号の意味
⊙⊙	・タンブル乾燥ができる（排気温度上限80℃）
⊙	・低い温度でのタンブル乾燥ができる（排気温度上限60℃）
✕	・タンブル乾燥禁止

表4　自然乾燥

記号	記号の意味
｜	・つり干しがよい
╲｜	・日陰のつり干しがよい
‖	・ぬれつり干しがよい
╲‖	・日陰のぬれつり干しがよい
—	・平干しがよい
╲—	・日陰の平干しがよい
＝	・ぬれ平干しがよい
╲＝	・日陰のぬれ平干しがよい

※ぬれ干しとは，洗濯機による脱水や，手でねじり絞りをしないで干すことです。

表5　アイロン仕上げ

記号	記号の意味
⬛⬛⬛	・底面温度200℃を限度としてアイロン仕上げができる
⬛⬛	・底面温度150℃を限度としてアイロン仕上げができる
⬛	・底面温度110℃を限度としてアイロン仕上げができる
✕	・アイロン仕上げ禁止

表6　ドライクリーニング

記号	記号の意味
Ⓟ	・パークロロエチレン及び石油系溶剤によるドライクリーニングができる
Ⓟ	・パークロロエチレン及び石油系溶剤による弱いドライクリーニングができる
Ⓕ	・石油系溶剤によるドライクリーニングができる
Ⓕ	・石油系溶剤による弱いドライクリーニングができる
✕	・ドライクリーニング禁止

表7　ウエットクリーニング

記号	記号の意味
Ⓦ	・ウエットクリーニングができる
Ⓦ	・弱い操作によるウエットクリーニングができる
Ⓦ	・非常に弱い操作によるウエットクリーニングができる
✕	・ウエットクリーニング禁止

※ウエットクリーニングとは，クリーニング店が特殊な技術で行うプロの水洗いと仕上げまで含む洗濯です。

（資料：消費者庁News Release平成27年3月31日より[5]）

8　中学校の課題へのつながり・発展

(1) 中学校の課題へのつながり・発展

　「縫う」技術は，今後の生活の中で，どのように生かすことができるのか考えてみよう。たとえば，「縫う」技能を活用して，自分で考えたオリジナルな服を創作することもできる。また，「縫う」技能を活用して，高齢者が着やすい衣服に改良するなど社会貢献にもつながる。

　　ここでは，小学校で学んだ技能や知識を中学校・高等学校・日常生活の中で活用した事例について紹介する。

(2) 布絵本の製作事例―ボタンなど着替えに用いる留め具を取り入れた布絵本

【資料6-1】　創作布絵本「ぽけっと」[6]　　　　【資料6-2】　創作布絵本「きがえ」[6]

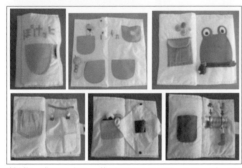
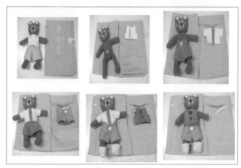

（製作：浅野めぐみ　着用に用いるマジックテープ，スナップボタン，ボタン，ファスナーなどを練習する布絵本）

【資料6-3】　創作布絵本「電車」（上），資料6-4　創作布絵本「いくつ」（下）[7]

（製作：水谷亜由美　1歳児のために「引っ張る」「めくる」行為や「ブーブー」などの発声を意図した布絵本）

【資料6-5】　創作布絵本「サーカス」[8]

（製作：水谷亜由美　着脱に必要なボタン，ホック，マジックテープを用い，遊びの中で手指の巧敏性を高める布絵本）

9　高等学校の課題へのつながり・発展─ユニバーサルデザインを考えよう

　小学校で学んだ衣生活の基礎知識をもとに，中学・高校では自分らしい衣服の選択や着方を考え，衣生活に主体的に取り組む。さらに，発展課題としてユニバーサルファッションなど現代の衣生活の動向や，高齢者などの周りの人々の衣生活についても視点を広げる[9]。

　ここでは，誰でもが着やすいユニバーサルファッションについて，高齢者の衣服着脱の擬似体験を通して，誰でもが着やすい衣服について考えた授業の実践事例を紹介する[10]。

【授業の実践事例】家庭科　学習指導案（1時間目）

	学習活動	指導上の留意点
導入 5分	1　ユニバーサルデザインとはどのようなものか考える。 ・すべての人のためのデザイン ・障害や高齢者を含め誰もが使いやすいデザイン	・「自分らしく着る」の単元と関連づけて，高齢者や障害者は「自分らしく着る」ことができているのかを問いかける。
	高齢者の着装時の困難を体感し，ユニバーサルファッションについて考えよう。	
展開 40分	2　高齢者疑似体験 　6つのグループに分かれる。下記の3種類の体験のいずれかを経験する。 ・軍手を二重に装着する。 ・ひじが曲がらないようにカバーを装着する。 ・片手を胸の前で固定し，動かないようにする。 3　体験して感じたことや改善すべき点を学習プリントに記入する。 ・手先が思うように動かず，小さなボタンが留められない。 ・ひじが曲がらないので，腕を袖に通すことが難しい。 ・片手が不自由なので，ボタンが留められない。 4　学級全体での交流 5　ユニバーサルデザインの衣服の存在を知る。 ・寝たきりの人のために製作された衣服。 ・手足のしびれと痛みにより力が入らない人のために製作された衣服。 6　作品を見て思ったことを学習プリントに記入する。 ・やわらかい素材のマジックテープは誰もが安全に使えるので便利だ。 ・一人ひとりの要望に応えて作ることは大変だと思う。	・身のまわりのユニバーサルデザインを紹介する。 ・3種類の体験の説明と，高齢者にはどのような特徴があるのかについて説明する。 ・軍手を配布する。 ・ひじカバーを配布し，装着方法を説明する。 ・片腕が動かないように固定するためのゴムを配布する。 ・各班にシャツを配布する。 ・全員が確実に体験できるように，声をかける。 ・河田さんが製作した衣服を実際に見せて，どのような症状の人に合わせてつくられたのかを理解できるようにする。 ・高齢者衣服が開発されるまでの流れや高齢者の意見を伝える。 ・85歳男性　寝たきり，拘縮あり ・75歳女性　寝たきり，横を向くことができない ・59歳女性　寝たきり，手足のしびれにより動かない ・どのような工夫がされているのかをわかりやすく伝える。 〈評価基準〉 ・高齢者体験に関心をもち，進んで体験をすることができる。（主体的に学習に取り組む態度） ・高齢者体験を通して高齢者の着装時の困難さに気づくことができる。（主体的に学習に取り組む態度）
まとめ 5分	7　まとめ ・手先が思うように動かず，細かい作業が困難である。 ・関節が曲がらないので，シャツの袖に腕を通すだけでも一苦労。袖が広い衣服があると便利だと感じた。 ・片腕が不自由な人のために，片手でも着られる衣服が必要。 ・寝たきりの人が衣服の選択を楽しめるようにするためにもユニバーサルファッションは必要だ。	

　中学校段階では，まず最初に「自分らしく着る」とは，どのような意味をもつのか「自分らしさ」について考える。1時間目〜2時間目の授業を通し，衣服には「自己表現の要素」とT・P・Oなど「社会的な要素」の2つの側面があることに気づく。小学校で学ぶ衣服の役割は，暑さや寒さから身を守る健康や洗たくなどの衛生の視点に限られるが，中学校・高等学校段階では自分の衣服から周りの衣生活にも目を向ける。3時間目〜4時間目の授業で，高齢者の着脱の困難さを聴き，さらに疑似体験を通して具体的な考案服を企画・発表する。

　生徒の考案服には，繊維の伸縮性やさまざまな留め具の活用など，習得知識の活用と創造性が見られる。

10　小学校で学んだ衣生活の知識や技能を今後の生活に生かす

(1) 基礎技術を活用した新たな衣生活の創造

　小学校で学ぶ基礎的知識や技能は，新しい衣文化を創造する発想や実践する力の土台になる。高齢者とともに着脱が快適な衣服を考え，基礎技術を用いて製作してみよう。

■高齢者とともに各自が着やすく快適な衣服を考え，基礎技術を用いて創造してみよう

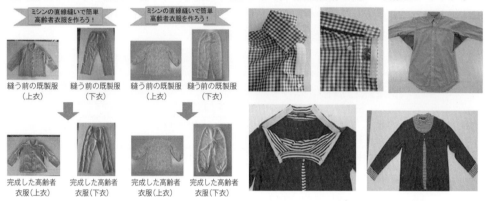

(2) 今後の生活で生きる知識や技能

　小学校の家庭科を通して身の周りの衣生活に興味をもち，より快適な衣生活について考え，実践してみよう。また，小学校で学んだ基礎技術を活用して高齢者が着やすい留め具につけ替えるなど，生涯を通して生活のさまざまな場面で，家庭科で学んだ習得技術が生かせることを期待している。

（参考文献）
1）元井能『西洋・日本服飾文化史』光生館，1988
2）井筒雅風『原色日本服飾史』光琳社，1989
3）高橋春子編著『衣の民族業書』つくばね社
4）菊池彩奈・横山真智子・夫馬佳代子「小学校家庭科における被服学習の体験型教材の開発と実践」岐阜大学教育学部研究報告　教育実践研究　第13巻　2011
5）資料　消費者庁 News Release　平成27年3月31日
6）浅野めぐみ・夫馬佳代子・渡邉雄介「障害児の衣服の着脱に関する支援を目的とした布絵本の開発」岐阜大学教育学部研究報告　教育実践研究　第14 第2号　2012
7）水谷亜由美・夫馬佳代子「乳幼児を対象とする布絵本の制作とその教育的効用について」岐阜大学教育学部研究報告　教育実践研究　第11巻　2009
8）水谷亜由美・夫馬佳代子・渡邉雄介「指の巧敏性を高める布絵本の制作とその教育的効用について」岐阜大学教育学部研究報告　教育実践研究　第11巻　2009
9）古田典子・夫馬佳代子，『生活創造能力の育成を目指した授業の分析―課題の捉え方の 推移』岐阜大学教育学部研究報告　教育実践研究　第7巻　2005
10）山浦はるか・横山真智子・夫馬佳代子「中学校におけるユニバーサルデザインファッションの授業実践」岐阜大学教育学部研究報告　教育実践研究　第18巻　2015

（夫馬　佳代子）

7 住生活に関する教育

1 小学校家庭科における住生活の内容

　小学校学習指導要領では，「B衣食住の生活」の項目（6）「快適な住まい方」が住生活に対応する内容である。身につける知識および技能として，「住まいの主な働きが分かり，季節の変化に合わせた生活の大切さや住まい方について理解すること」【1（6）ア（ア）】と「住まいの整理・整頓や清掃の仕方を理解し，適切にできること」【1（6）ア（イ）】が示されている。（ア）の内容の取扱いについては，「主として暑さ・寒さ，通風・換気，採光，及び音を取り上げること」とされる。これらの基礎的・基本的な知識および技能を活用し，健康・快適・安全などの視点からより実践的に「季節の変化に合わせた住まい方，整理・整頓の仕方を考え，適切な住まい方を工夫すること」【1（6）イ】が求められている。

　住生活単独の内容は（6）のみであるが，他分野あるいは他教科との関連を図ることで指導内容の質の向上が期待される。いくつか事例を列挙する。①「季節の変化に合わせた住まい方」については，衣生活における日常着の快適な着方（夏季に涼しく，冬季に暖かく過ごす），理科の第3学年における「光と音の性質」，「太陽と地面の様子」，第4学年における「空気と湿度」に関する学習，体育科の第3学年における「健康な生活」に関する学習との関連を図る。②「音」を扱う際には家族・家庭生活における「家族や地域の人々との関わり」と関連させ，家庭内や近隣における音源を取り上げながら，家族や地域の人々とともに快適に暮らす方法を考えさせる。③「住まいの整理・整頓や清掃の仕方」については，家族・家庭生活における「家庭生活と仕事」，消費生活・環境における「身近な物の選び方，買い方」，「環境に配慮した生活」と合わせて理解させる。④「適切な住まい方」を検討する際には，「日本の伝統的な生活についても扱い，生活文化に気付くことができるように配慮すること」【2（2）ア】という内容の取扱いの留意事項を考慮し，衣食住（和服・和食・和室）の伝統を総合的に捉えながら日本という風土特有の生活文化を紹介する。

　住生活の指導においては，児童の住まいにかかわるプライバシーに十分配慮しなければならない。住居形態（持ち家（一戸建て，集合住宅），公営住宅，民間賃貸住宅など）を選択させる，居住者の家族構成を尋ねる，自分の家の間取りを書かせる，といった家庭状況がほかの児童に知られるような授業展開は避ける必要がある。家庭状況とは無関係に児童一人ひとりが生活をよりよくしようと工夫する資質・能力を育成するという目標が肝要である。「住まい方」を小学校の教室での「過ごし方」と読み替えて，題材を探すとよいだろう。なお，中学校では「家族の生活と住空間との関わり」，「家族の安全」というより複雑な内容を扱うが，その際にもプライバシーに配慮し，生徒の住まい方を前提とせずに，高齢者や乳幼児と一緒に暮らすことを想定させるなどの工夫が求められる。

2　住居学的視点から見る「家庭」

　本項以降では住生活の内容指導のために習得しておきたい住居学の基礎事項を概説する。
　住生活とは住居で営まれる生活を指す。住居学では住居の性能などのハード面と住居内における人間の動作などのソフト面の両方を扱う。「家庭」の語を「家」と「庭」とに分節すると住居学の広がりを理解しやすい。身近な物としての「家」と身近な環境としての「庭」にかかわること全般が研究対象であり，住居の中に配される家具や家電，住居の外部に広がる庭や都市環境，ひいては地球環境も扱う。家を意味する古代ギリシア語「オイコス（oikos）」から家の取り決めに関する学問であるオイコノモス（家政学）や「エコノミー（経済）」の概念が生まれるとともに，家と周辺環境との関係を科学する「エコロジー（生態学）」が派生したことからもわかるように，家にまつわる物ごとは多岐にわたっている。住居学に近接する学問領域として家政学や生態学のほかに，建築学，民俗学，環境学，地理学などがあげられる。
　家庭科では身近な物と身近な環境の両方についての理解を深めることが必須である。住居学分野からは「アメニティ（amenity）」という概念に注目したい。語源は愛を意味するラテン語の「アモーレ（amore）」である。現代日本においてはホテルのシャンプーなどの備品を指す言葉として利用されることが少なくないが，もとをたどると19世紀末から20世紀初頭の英国で都市計画が論議される中で重要視されたものである。それは「住み心地よさ」と訳出でき，人間を取り巻く物と環境が同時に適切に整えられている状態を指す。都市計画家ウィリアム・ホルフォードは「アメニティ」を「しかるべき所にしかるべき物があること（the right thing in the right place）」と定義している。都市計画の事例としては，適切に管理された歴史的建造物が都市景観の美化に寄与している場合などが当てはまる。住宅地においても「アメニティ」を実現することが好ましく，街並みに配慮して家の外装材や外構を選択することや通りがかる人々を豊かな気持ちにさせるように庭を手入れすることが一例としてあげられる。条例などによって居住地の風致を維持する必要もあるが，児童期に身近な物および環境に対する愛着を育んで自発的に美しい景観が保全・継承される風土ができることを期待したい。

3　住生活基本計画

（1）「量」から「質」へ

　日本では終戦直後の420万戸の住宅不足と人口急増を背景に1966年に住宅建設計画法が制定され，住宅の量的確保が推し進められた。この法律に基づいて住宅建設五箇年計画が策定され，第1期（1966-70年）では一世帯一住宅，第2期（1971-75年）では一人一室を目標として住宅不足の解消が図られた。昭和50年代以降は居住水準目標を設定し住宅の質的向上も図られてきた。最低居住水準（4人世帯で50㎡）や誘導居住水準（4人世帯で都市居住型の場合91㎡，一般型の場合123㎡）などの具体的数値を掲げ，住宅政策が推進された。21世紀に入ると少子高齢化問題や地球環境問題に対応する住宅のあり方が広く検討されるようになり，第8期（2001-05）では住宅ストック（既存住宅）の利活用，バリアフリー化，持続性などを重視する方針が打ち出された。社会経済情勢の変化を受けて，住宅建設計画法は第8期をもって廃止され，住生活の質的向上へ本格的に政策転換で

きるように，2006年に住生活基本法が制定された。この法律に従って住生活基本計画が策定されている。住生活基本計画は政府が閣議決定して定める全国計画と地域の実情を勘案して都道府県が定める都道府県計画により構成される。計画期間は10年であり，5年ごとに政策評価を行い計画を見直すことになっている。以下，2016年度から2025年度までを計画期間とした住生活基本計画（全国計画）をもとに，現代において適切な水準の確保が求められている事項を確認する。

（2）住宅性能水準：良質の家とは？

　住宅性能水準は，居住者や社会のニーズに対応する機能と性能をもつ良好な住宅ストックを形成するための指針となるものである。「基本的機能」として，個人のプライバシー，家庭の団らん，接客，余暇活動などに配慮した部屋の構成・規模が必要とされるほか，水回りの設備や収納スペースを適切に確保することが求められている。また，共同住宅についてはバルコニー，玄関回り，共用廊下などの適正な広さの確保，エレベーターの設置（中高層），自転車置場・ごみ収集スペースなどの確保が必要とされ，集会所，子どもの遊び

表7-1　住生活基本計画における住宅性能水準の項目

居住性能	(1) 耐震性等	想定される大規模地震・暴風等による荷重・外力に対し，構造躯体が倒壊等に至らないように，耐震性能を含む構造強度について，適正な水準を確保する。
	(2) 防火性	火災に対して安全であるように，延焼防止及び覚知・避難のしやすさについて，適正な水準を確保する。
	(3) 防犯性	外部からの侵入を防止するため，出入口や窓等の侵入防止対策等について，適正な水準を確保する。
	(4) 耐久性	長期の安定した居住を可能とする耐久性を有するように，構造躯体の劣化防止について，適正な水準を確保する。
	(5) 維持管理等への配慮	設備配管等の維持管理・修繕等の容易性について，適正な水準を確保する。また，増改築，改装及び模様替えの容易性について，適正な水準を確保する。
	(6) 断熱性等	快適な温熱環境の確保が図られるように，結露の防止等に配慮しつつ，断熱性，気密性等について，適正な水準を確保する。また，住戸内の室温差が小さくなるよう，適正な水準を確保する。
	(7) 室内空気環境	清浄な空気環境を保つため，内装材等からの化学物質，石綿等の汚染物質発生防止，換気等について，適正な水準を確保する。
	(8) 採光等	窓等の外壁の開口部からの採光等について，適正な水準を確保する。
	(9) 遮音性	隣接住戸，上階住戸からの音等が日常生活に支障とならないように，居室の界床及び界壁並びに外壁の開口部の遮音について，適正な水準を確保する。
	(10) 高齢者等への配慮	加齢による一定の身体機能の低下等が生じた場合にも基本的にはそのまま住み続けることができるように，住戸内，共同住宅の共用部分等について，段差の解消，手すりの設置，廊下幅の確保，便所の配置等に関し，日常生活の安全性及び介助行為の容易性について，適正な水準を確保する。
	(11) その他	家具等の転倒の防止，落下物の防止，ガス漏れ・燃焼排ガスによる事故の防止，防水性，設備等の使いやすさ等について，適正な水準を確保する。
外部性能	(1) 環境性能	自然エネルギーの利用，断熱性の向上やエネルギー効率の高い設備機器の使用などエネルギーの使用の合理化，断熱材のノンフロン化等について，適切な水準を確保する。また，建設・解体時の廃棄物の削減，解体処理・リサイクルの容易性，地域材・再生建材の利用，雨水・雑排水の処理・有効利用，敷地内の緑化等について，適切な水準を確保する。
	(2) 外観等	外壁，屋根，門塀等の配置及びデザインの周辺との調和について，適切な水準を確保する。

場などの設置および駐車場の確保に努めることとされる。こうした「基本的機能」を充足するために求められる「居住性能」と「外部性能」を表7-1に示す。「居住性能」には居住者の直接的なニーズに対応する項目，「外部性能」には社会的要請に対応する項目が並ぶ。

（3）居住環境水準：良好な環境とは？

　居住環境水準は，地域の実情に応じた良好な居住環境を確保するためのものであり，(1)安全・安心，(2)美しさ・豊かさ，(3)持続性，(4)日常生活を支えるサービスへのアクセスのしやすさ，という4つの指針が掲げられている。表7-2はそれぞれに該当する項目である（英訳は筆者による）。これらの項目に対して，地方公共団体は地域の実情を踏まえた独自の指標を定めて住生活の安定と向上を目指さなければならない。一例をあげれば，安全性の指標：地震時などに著しく危険な密集市街地の面積，洪水による氾濫から守られる区域の割合，地区内人口当たりの年間犯罪発生件数，大気汚染や騒音に関する環境基準の達成状況，豊かさの指標：地区面積に対する緑に覆われた面積の比率（緑被率），持続性の指標：市街地の空き家率，通勤・通学における公共交通機関など利用率，生活サービスへのアクセスの指標：公共交通不便地域内の住宅戸数の割合などがある。

（4）空き家問題

　世紀転換期頃から強く要望されるようになってきた住宅ストックの活用について現状を見ておきたい。平成30年度の総住宅数は約6,242万戸，新設住宅着工戸数は約94万戸，空き家数は約846万戸であり，空き家率は13.6％となっており，調査時点で過去最高の割合である。ストック活用の推進が望まれることは言を待たないが，依然として供給過多の状態が続いているのである。ただ，空き家は共同住宅のうちの一戸として即座に入居可能なものから荒廃した別荘地の住宅まで，その管理状態はさまざまである。改修に相当な費

表7-2　住生活基本計画における居住環境水準の項目

(1) 安全・安心（security, safety）
①地震・大規模な火災に対する安全性：地震による住宅の倒壊及び大規模な火災に対して安全であること。
②自然災害に対する安全性：津波，高潮，出水，がけの崩壊等の自然災害に対して安全であること。
③日常生活の安全性：生活道路の安全な通行及び犯罪発生の防止に配慮されていること。
④環境阻害の防止：騒音，振動，大気汚染，悪臭等による居住環境の阻害がないこと。
(2) 美しさ・豊かさ（beauty, amenity）
①緑：緑等の自然を確保し，自然環境に関する快適性を享受することができること。
②市街地の空間のゆとり・景観：住戸及び住棟の隣棟間隔，空地等を有し，日照，採光，眺望，プライバシー等が立地条件等に応じて適切に確保されていること。また，地域の気候・風土，歴史，文化等に即して，良好な景観を享受することができること。
(3) 持続性（sustainability）
①良好なコミュニティ及び市街地の持続性：バランスのとれた地域の良好なコミュニティの維持，住宅の適切な建替え等により良好な居住環境が維持できること。
②環境負荷への配慮：環境への負荷の低減に配慮したまちの構成であること。
(4) 日常生活を支えるサービスへのアクセスのしやすさ（convenience）
①高齢者，子育て世帯等の各種生活サービスへのアクセスのしやすさ：高齢者，子育て世帯等が日常生活を支える各種サービスに容易にアクセスできること。
②ユニバーサルデザイン：高齢者，障害者をはじめとする多様な者の円滑な移動の経路が確保されていること。

用やエネルギーがかかる場合もある。一軒の空き家の利活用が即環境負荷低減につながるとは言いがたいが，新築のみが快適な住居を手にする方法ではなく，古家改修といったストック利活用もあることを周知し，群として低炭素社会を目指すことが習慣化される必要があるだろう。各自治体が提供している空き家バンクの情報などを活用するとよい。また，新築する住宅については，世代を超えて住み継ぐことを前提に間取りを計画するなど，空き家とならないための配慮が求められる。

(5) 家庭科の用語との関係

　住宅性能水準における「基本的機能」が小学校家庭科では「住まいの主な働き」，中学校技術・家庭では「住居の基本的な機能」と呼ばれ，安息を得る，会話を楽しむ，知人をもてなす，趣味を満喫するなど心理的機能が求められる部分と水回りの設備や収納スペースなどの物理的機能が主となる部分とによって住居が構成されていることを学ぶ。「基本的機能」はいわゆる「間取り」が深くかかわり，中学校や高等学校では「住空間」を実際に構想させる授業展開が望まれる。生活行為に着目して住まいの構成要素を個人生活空間，生理衛生空間，共同生活空間，家事労働空間に分類して各空間の特徴を考えさせたり，子どもの成長や居住者の世帯構成の変化によって空間の使い方が変わることを把握させるとよい。

　65 ページの表7-1 には住居自体の性能にかかわる要素，66 ページの表7-2 には住居の周辺環境にかかわる要素が示されている。これらは「住まいの主な働き」を実現するために必要な物的条件である。小学校家庭科住生活分野の内容の取扱いについて，「主として暑さ・寒さ，通風・換気，採光，及び音を取り上げること」とされているが，これらは住宅性能水準における「居住性能」の(6)(7)(8)(9)に対応しているといえる。いずれも測定可能なものであるため授業では測定機器（温度計，湿度計，風速計，二酸化炭素濃度計，照度計，騒音計）を利用できる。また，小学校家庭科で「住まいの整理・整頓や清掃の仕方」を学ぶことは「居住性能」の(10)「日常生活の安全性」や(11)「設備等の使いやすさ」にかかわる事項と関連づけられる。

(6) 住生活関連法規

　住宅性能水準や居住環境水準を確保するうえで，住生活基本法のほかに概要を把握しておきたい法規を以下に列挙する。なお，高等学校ではこれらを授業で扱うことが求められる。
- 建築基準法：建築物単体の衛生環境や安全性確保のために居室の採光，換気の条件や階段寸法などを定めるとともに，集団規定として用途制限，建ぺい率，容積率，高さ制限，日影規制などを規定した法律（建ぺい率は敷地面積に対する建築面積（建築物を真上から見たときの水平投影面積）の割合，容積率は敷地面積に対する延床面積の割合である）。
- 都市計画法：無秩序な市街化による都市環境の悪化と公共投資の非能率化を抑止するため，都市の健全な発展と秩序ある整備を図ることを目的とした法律。これに基づき都市計画区域が市街化区域と市街化調整区域とに区分されたり，住居，商業，工業など市街地の土地利用の大枠＝用途地域（第一種低層住居専用地域など13種類）が定められる。居住地選択の際に用途地域の確認は必須である（近隣に建つ可能性のある建築物を知る）。
- 消防法：火災の予防，火災からの保護，災害時の被害軽減などに資することを目的とする法律。住宅関連では，寝室および寝室がある階の階段への住宅用火災警報器の設置義務，高層マンション（高さ31m以上）では規定の防炎性能を満たすカーテンやじゅう

たん等の使用義務など，避難時間確保や延焼拡大抑止を目的とする規則がある。

・高齢者の居住の安定確保に関する法律（高齢者住まい法）：2001年に公布・施行されたが，高齢世帯の急増，高齢者住宅の不足状況を踏まえ，2011年に全面改正された。サービス付き高齢者向け住宅（サ高住）の拡充が図られている。

・高齢者，障害者等の移動等の円滑化の促進に関する法律（バリアフリー新法）：不特定多数の人が利用する建築物を対象とする「ハートビル法」と公共交通機関を対象とする「交通バリアフリー法」を統合する形で2006年に施行された。万人が利用可能な環境づくり（ユニバーサルデザイン）を推進する。

4　小学生が取り組める住まいの管理行為

　小学校家庭科の住生活分野では，小学生自身が取り組むことのできる住まいの管理行為を学び，住まいを良好な状態に保つための実践が習慣となることを目指す。本項では管理行為を8項目に分けて，解説する。これらは教室運営にも応用できるであろう。

（1）整理・整頓

　日常会話の中で「整理・整頓」という言葉は「片づける」という意味でよく使われるが，「整理：持ち物を今後も使用するか考えて必要物を残すこと」，「整頓：整理した物を使いやすく片づけること」と2語を明確に違うものとして捉えておくと，住まいを管理するうえで役に立つ。辞書的には「整理」は不必要な物を取り除くという意味を含んでいる。

　「整理」に関連する事柄として，やましたひでこは「断捨離」という考え方を提唱し，2010年の流行語ともなった。「入ってくる要らないモノを断つ，家にはびこるガラクタを捨てる，モノへの執着から離れる」という3つの実践が推奨される。「捨てる」場合はリユースやリサイクル（詳細は後述）も考慮に入れるとよい。生活に最低限必要な物や情報は何か，と考える力が必要である。1990年代にアメリカで生まれた「ロハス（Lifestyles of Health and Sustainability）」という健康と地球環境保護を重視する生活様式は物への執着から離れる方法の一例である。

　「整頓」については，収納効率を上げる工夫を心がけるとよい。

・収納とそこに収納する物のマッチング：収納する物の重さと幅（W），奥行（D），高さ（H）を考慮し，取り出しやすく，寸法に見合った収納場所を用意する。

・空間の有効利用：部屋の高さや収納の奥行を利用する。高さ利用の場合は地震時の転倒を防ぐため突っ張り棒などの固定具を併用する。

・棚や引き出しを分割：ボックスやトレイを挿入し，用途により分類して収納する。

　近年，WIC（ウォークインクローゼット）やSIC（シューズインクローゼット：玄関と連続する収納空間）など，人が入ることのできる広い収納を設けることも好まれているが，とりあえず一時しのぎで物を入れておくということがないようにしたい。また，収納場所や設置場所の寸法を把握したうえでそれに見合う寸法の物品を購入するとよい。その際，手元に巻尺などがないときのために，自身の手のひらを広げたときの親指−小指間や親指−人差指間などでキリのいい長さ（20cm・15cm・10cm）を知っておくと簡易的な物差しとなる。

（2）環境への配慮

　人類の活動が地球温暖化，気候変動，環境汚染などを引き起こしているという地球環境問題は切実である。2015年9月の国連サミットにおける「持続可能な開発目標（SDGs）」の採択は世界が一丸となって地球環境問題に取り組まないといけないことを物語っている。SDGsと結びついた教育（ESD）の一端として，家庭科住生活分野でできることを取り上げてみたい。

- 生活財についてのRe-style：環境省が提案するライフスタイルである。家具・家電をはじめ，住居で使用される物品について，Reduce（減量：無駄な物を家に持ち込まない），Reuse（再使用：もう一度活かす），Recycle（再生使用：資源ごみの分別回収に協力する）の3Rに加えて，Refuse（拒否：不要な物をもらわない），Repair（修理：直しながら長く使う），Remake（改変：別のものにつくり替える）などを心がける。Reform（改修：既存の古家をつくり替えるなど）を手伝うことも可能であろう。
- エネルギーの節約：家庭において電気，ガス，水道などのライフラインに接続された機器を把握し，不必要な使用を控える。ライフラインには供給源があることを知ることも大切である（災害への対応力向上）。

（3）安全点検

　住まいの安全性は平常時と災害時の両面において確保されていなければならない。平常時の安全（安心）のために子どもたちに安全点検を促すことができる事項を示す。

- 防犯：空き巣対策として外出時に施錠確認する（ダブルロック推奨）。
- 交通安全：道路と住居の適切な関係を知る。具体的には，住居周辺の交通状況把握，自宅・学校間の安全な経路確認などを各家庭で実施する。
- 生活安全：家庭内事故，健康被害の防止に努める。危険物の除去，ベビーゲートや安全ネットの設置，安全基準に適合した生活財の使用（SGマークやSTマークの確認），高齢者のバリア発見と解消（すりつけ板や手すりの設置），アイロンやガスこんろなど火災の原因となる機器への注意，清潔な環境の確保などがあげられる。

　災害時の安全（安心）のためには各家庭における保険加入のほか，子どもたちにも実践を促せる事柄として以下のものがあげられる。

- 火災，風水害，地盤災害，地震への予防対策：消火器の位置確認，家具・家電の転倒および横滑り防止。
- 避難安全性の確保：シェイクアウト訓練，罹災時の連絡方法や集合場所の確認。

（4）清掃

　近年，床掃除をロボット掃除機に頼る人も少なくないと思われるが，手を使って行う清掃も欠かせない。清掃のために身体を動かすことは健康にもよい影響を与えるであろう。また，住まいの損傷個所の発見につながることもある。住まいにおける清掃についてポイントを記す。

- 汚れを知ること：人体由来の汚れ（髪の毛，皮膚片，手垢，寝具に浸透する汗汚れ，衣服についた粉塵，靴についた泥など），生活行為による汚れ（キッチン回りの油汚れ，食卓回りの食べかす，ソファや寝具など布製品から出る糸くず，便器の黄ばみ，浴室の水垢や皮脂汚れなど），自然由来の汚れ（花粉，黄砂，PM2.5などの粉塵，雨水による汚れなど）。

- 日々の清掃：床掃除（じゅうたん・フローリング→掃除機による吸込み掃除（床材に応じて吸引力切替），玄関回り→掃き掃除，階段→拭き掃除），窓内側の拭き掃除（主に冬場の結露取り），水回り掃除（キッチン，便所，浴室），ホコリ取り（家具，家電，装飾品などの表面）。
- 定期的な清掃：窓外側の拭き掃除（外側の粉塵・汚れ除去），ベッドマットレスや布製品の吸込み掃除および天日干し（ダニ対策），エアコンのフィルタ掃除，レンジフードの油汚れ掃除，換気扇の掃除，浴室天井や照明器具など手の届きにくい箇所の清掃。
- 住宅用洗剤の使い分け：中性洗剤→食器・調理器具・シンク・浴槽…洗浄力低いが軽い油汚れや皮脂汚れを落とす，酸性洗剤→便所・浴室…便器の黄ばみ，便所・浴室の水垢を除去する，アルカリ性洗剤→ガスこんろ・レンジフード・換気扇…頑固な油汚れや焦げつきを落とす，塩素系漂白剤→まな板・排水口・洗濯槽…次亜塩素酸ナトリウムによる除菌・漂白，酸性洗剤と塩素系漂白剤は「混ぜるな危険」…塩素ガス発生の可能性あり。いずれもゴム手袋を使用すること。

（5）暑さ・寒さの調節

『徒然草』の一節に「家の作りやうは，夏をむねとすべし。冬は，いかなる所にも住まる。」とある。古来，日本の暮らしにおいて，冬の寒さは衣服を着重ねるなどしてやり過ごせるが，夏の高温多湿の状態は不快であり，どうにか工夫して快適な環境を得る必要があったことを伝えている。一方，現代生活ではエアコンが普及するとともに住宅の高気密・高断熱化が図られることで冬でも薄着で過ごすことが可能になっている。夏には冷房によって室温が下がり過ぎて上着を羽織る場合もある。住まい手の健康や地球環境問題に配慮するならば，温熱環境について「夏をむねとする」感覚をもちながら，エアコンなどの冷暖房器具の適切な使用方法を理解する必要があるだろう。以下，要点を記す。

- 居住地の気候特性を把握する：クリモグラフ（気温を縦軸，相対湿度を横軸にとり，月平均値を月の順に結んだ閉曲線グラフ）でヨーロッパの都市と日本の都市を比べると日本の夏の蒸し暑さを読み取れるであろう。日本気象協会では日本特有の蒸し暑さを「ジメ暑さ」と名づけている。気温と湿度から計算した「不快指数」はその日の蒸し暑さを知って対策するのに有効である。
- 快適な室内温度・湿度の目安：夏→25〜28℃，50〜60％，冬→18〜20℃，40〜50％。夏には湿度を下げる工夫，冬には暖房で乾燥し過ぎないように適度に加湿する工夫が必要である。
- 自然の力を利用した工夫：夏には，通風により室内に一定の気流をつくり蒸し暑さを和らげる。通風する際は，2か所以上窓を開けて空気の流れをつくったり，暖かい空気は上方にたまることを考慮して高い位置の窓を開放して暑さを逃がしたりするとよい。また，下部に設けられた窓からは冷気を引き込みやすい。夏の日差しに対して遮熱するために簾を軒に吊るしたり，葦簀を窓の外に立てかけたりするのも効果的である。葦簀は風を通しやすいので，水を吸わせて気化熱利用により涼をとることもできる。つる草による緑のカーテンも同様である。冬の日差しは太陽高度が低いので，カーテンやブラインドを開放して室内の奥まで暖かさを得るのに利用する。
- 冷房使用の注意点：室内温度と外気温の差を著しくしないことが望まれる。目安としては差が5℃以内になるようにする。しかし，近年，猛暑日（最高気温が35℃以上になる日）

を記録することも珍しくなく，熱中症対策のためにも室温28℃まで下げることは許容範囲である。なお，一定時間住居を閉め切ると，室内温度が外気温より高くなる場合があるので，帰宅後などには冷房使用前に窓を開放して熱気を逃がす（効率性向上，省エネ効果）。

・**暖房使用の注意点**：使用開始時期の目安は，室内温度が15℃以下になる頃である。コールドドラフト現象（窓辺で冷やされた空気が下降気流となって床のほうにたまる現象）を防ぐため，ファンヒーターなどの温風が出る暖房器具は窓際に設置することが推奨される。

・**ヒートショック予防**：急激な温度変化により血圧が大きく変動することで起こる健康被害をヒートショックという。失神，心筋梗塞，脳梗塞などが引き起こされ，死に至ることもある。冬に暖房をつけたリビングから寒い便所に移動したとき，冬に寒い脱衣所から慌てて温かい風呂に入ったとき，夏に冷房の効き過ぎた室内から暑い屋外に出たときなど，季節や場所を問わず発生する。冬には便所や脱衣所に暖房器具を設置するなどの対策をして各室の温度が極端に変わらないようにする。夏の対策は「冷房使用の注意点」に示したとおりである。

(6) 通風・換気

前項目で取り上げた通風は快適な温熱環境の確保のほか，清浄な空気環境を保つためにも有効な手段である。後者の目的に対応する行為は自然換気とも呼ばれる。また，住宅の台所，便所，浴室などで換気扇などの機械力によって強制的に外部に排気することを機械換気という。換気の基礎事項を列挙する。

・**二酸化炭素濃度**：空気の汚れを測るのに用いる。住宅においては1,000ppm（0.1％）以下（厚生労働省／建築物環境衛生管理基準），学校においては1,500ppm以下（文部科学省／学校環境衛生基準）であることが求められる。1,500～2,500ppmでは眠気を誘われ，2,500ppmを超えると頭痛・めまい・吐き気を引き起こす場合がある。

・**必要換気量**：在室者1人につき起居時30㎥/h，就寝時20㎥/h。

・**換気回数（回/h）**：必要換気量÷室容積で算出できる。自然換気する場合は5分程度2か所以上の窓を開放する。

・**シックハウス症候群**：建材や家具の接着剤などに含まれるホルムアルデヒドやトルエンなどの揮発性有機化合物（VOC：Volatile Organic Compounds）により室内環境汚染が生じた結果引き起こされる頭痛やめまいなどの健康被害。高気密・高断熱の住居や建物において汚染物質が自然に外部へ排出されにくいことも要因のひとつである。

・**24時間換気システム**：シックハウス症候群対策として2003年改正建築基準法において，原則としてすべての新築建築物に機械換気設備の設置が義務づけられた。住宅の居室には，換気回数0.5回／h以上の容量を満たす機械換気設備を設置しなければならない。給気口を活用して居室に空気の流れをつくる必要がある。

(7) 採光・遮光

自宅でテレビを見る，学校で机に置かれた教科書を読む，職場でスクリーンに映写された資料をもとにプレゼンするなど，子どもから大人まで日々何かしらの視環境に置かれている。晴れた日は外の強い光を遮り，雨の日は人工照明を点けて明るさを確保するといった光量の調節を自然に行えることが望ましい。光に関する基礎的な内容を記す。

・**照度**：ある光源によって照らされている面の単位面積当たりの光束。単位はルクス（lx）。

市販の照度計のほか，スマートフォンのアプリでも測定可能。教室の照度の下限値は300lxとされる。

・**均斉度**：照度分布の均一性を示す値。ある室における最低照度÷最高照度。学校教育現場では1／10を下回らないように心がける（どうしても南窓側は高照度，北廊下側は低照度となる）。均斉度を上げるためには，ベネシャンブラインド（横型ブラインド）の羽根の向きを調節する（天井面を照らして反射させて奥に光を導く），人工照明でカバーする，指向性の強いスポットライトを使用するなどさまざまな工夫が考えられる。

・**居室の窓面積**：建築基準法によって，住宅においては床面積の1／7以上，幼小中高の教室は床面積の1／5以上，左記以外の学校は1／10以上と定められている。

・**まぶしさ（グレア）**：輝きの強い光源が視作業対象面にあるために物が見えにくくなり目の疲労感や不快感を生じる現象。

・**LED照明**：発光ダイオードを使用した照明器具。消費電力が少なく，寿命が長い。2010年には7％のシェアしかなかったが，2017年には91％であり，現在の照明器具の主力光源である（蛍光灯器具は65％→4％，白熱灯器具は12％→1％未満）。

（8）遮音・音風景の継承

　住居における防音対策として遮音と吸音がある。遮音は音を反射することを意味し，戸や窓を閉める方法があげられる。外部の音は窓を閉め切ってもサッシの隙間などから侵入するので，アルミなどを織り込んだ遮音カーテンを利用するなど複合的な対策が必要である。吸音は穴あき板（音楽室の壁面）や壁体内部のグラスウールなどが音を吸収することを指す。室内の音が外へ漏れ出るのを防ぎつつ室内に反射させないためにはベロア素材などの吸音カーテンの使用も効果的である。

　騒音の大きさはデシベル（dB）という単位で示し，騒音計やスマートフォンアプリによって測定可能である。住宅地では，昼間55dB以下，夜間45dB以下（環境省／騒音に係る環境基準），学校においては，窓を閉じているとき50dB以下，窓を開けているとき55dB以下（文部科学省／学校環境衛生基準）であることが望ましい。

　音について，騒音の観点からだけではなく，自然や季節を感じる音，地域の生業を象徴する音など，室内に入り込むのが好ましい音という観点からも捉えることが重要である。地域の自然環境や景観を目に見える美しさだけで捉えるのではなく，生きた音風景（サウンドスケープ）として継承していきたいものである。

5　学校環境衛生基準

　教室運営の参考値として，2018年に改正された学校環境衛生基準を表7-3（73ページ）に示す。騒音レベルの基準において使用されているLAeqは音の強さを人間の聴覚に近いA特性に補正した値であり，騒音計を用いる場合はA特性を選択する。

表 7-3　教室等の環境に係る学校環境衛生基準

検査項目		基　準
換気及び保温等	(1) 換気	換気の基準として，二酸化炭素は，1500ppm 以下であることが望ましい。
	(2) 温度	17℃以上，28℃以下であることが望ましい。
	(3) 相対湿度	30％以上，80％以下であることが望ましい。
	(4) 浮遊粉じん	0.10mg/㎥以下であること。
	(5) 気流	0.5m/秒以下であることが望ましい。
	(6) 一酸化炭素	10ppm 以下であること。
	(7) 二酸化炭素	0.06ppm 以下であることが望ましい。
	(8) 揮発性有機化合物	
	ア．ホルムアルデヒド	100μg/㎥以下であること。
	イ．トルエン	260μg/㎥以下であること。
	ウ．キシレン	870μg/㎥以下であること。
	エ．パラジクロロベンゼン	240μg/㎥以下であること。
	オ．エチルベンゼン	3800μg/㎥以下であること。
	カ．スチレン	220μg/㎥以下であること。
	(9) ダニ又はダニアレルゲン	100 匹/㎡以下又はこれと同等のアレルゲン量以下であること。
採光及び照明	(10) 照度	(ア)教室及びそれに準ずる場所の照度の下限値は，300 lx（ルクス）とする。また，教室及び黒板の照度は，500 lx 以上であることが望ましい。 (イ)教室及び黒板のそれぞれの最大照度と最小照度の比は，20：1 を超えないこと。また，10：1 を超えないことが望ましい。 (ウ)コンピュータを使用する教室等の机上の照度は，500 ～ 1000 lx 程度が望ましい。 (エ)テレビやコンピュータ等の画面の垂直面照度は，100 ～ 500 lx 程度が望ましい。 (オ)その他の場所における照度は，工業標準化法（昭和 24 年法律第 185 号）に基づく日本工業規格 Z9110 に規定する学校施設の人工照明の照度基準に適合すること。
	(11) まぶしさ	(ア)児童生徒等から見て，黒板の外側 15°以内の範囲に輝きの強い光源（昼光の場合は窓）がないこと。 (イ)見え方を妨害するような光沢が，黒板面及び机上面にないこと。 (ウ)見え方を妨害するような電灯や明るい窓等が，テレビ及びコンピュータ等の画面に映じていないこと。
騒音	(12) 騒音レベル	教室内の等価騒音レベルは，窓を閉じているときは LAeq50dB（デシベル）以下，窓を開けているときは LAeq55dB 以下であることが望ましい。

（参考文献）

1 ）文部科学省．小学校学習指導要領（平成 29 年告示）解説家庭編．2018, 2.

2 ）閣議決定．住生活基本計画（全国計画）．2016, 3.

3 ）文部科学省．学校環境衛生基準．2018, 3.

4 ）やましたひでこ．新・片づけ術「断捨離」．マガジンハウス，2009.

5 ）速水多佳子，瀬渡章子．小学校・中学校・高等学校の家庭科住居領域における学習内容に関する分析—平成 29 年度使用教科書から—．日本家政学会誌．2019, 6.

6 ）杉山真魚．住居とグリーン：住環境教育の新しい視点．日本家政学会誌．2019, 8.

（杉山 真魚）

8　消費生活と環境に関する教育

1　領域の概要

　家庭科の「C 消費生活・環境」に関する内容は，学習指導要領の前文で，課題をもって，持続可能な社会の構築に向けて身近な消費生活と環境を考え，工夫する活動を通して，「①物や金銭の使い方と買物」と「②環境に配慮した生活」の2項目で構成されている。「①物や金銭の使い方と買物」で身に付ける知識や技能は，「ア　買物のしくみや消費者の役割が分かり，物や金銭の大切さと計画的な使い方について理解すること」，「イ　身近な物の選び方，買い方を理解し，購入するために必要な情報の収集・整理が適切にできること」であり，「購入に必要な情報を活用し，身近な物の選び方，買い方を考え，工夫すること」とある。また「②環境に配慮した生活」では，「ア　自分の生活と身近な環境との関わりや環境に配慮した物の使い方などについて理解すること」，「イ　環境に配慮した生活について物の使い方などを考え，工夫すること」とされている。

　内容の取り扱いについては，①の物や金銭の使い方と買物については，内容の「A 家族・家庭生活の家族や地域の人々との関わり」，「B 衣食住の生活」の調理の基礎，生活を豊かにするための布を用いた製作，快適な住まい方で扱う用具や実習材料などの身近な物を取り上げることとしている。また，「ア　買物のしくみや消費者の役割が分かり，物や金銭の大切さと計画的な使い方について理解すること」については，売買契約の基礎について触れることとされている。また「イ　環境に配慮した生活について物の使い方などを考え，工夫すること」については，内容の「B 衣食住の生活」との関連を図り，実践的に学習できるようにすることとされている。

　本節では，これらのことを念頭におきながら，①については，消費者教育の理論と現状，消費者がかかわる契約と消費者関連の法律として「特定商取引に関する法律」（以下，特定商取引法），「クーリング・オフ制度」，「消費者契約法」について解説し，②については，小学校における環境教育の授業実践について紹介する。

2　「物や金銭の使い方と買物」の項目の授業概要について

（1）消費者教育とは

　消費者教育を考える前に，消費者問題とは何か，その要因と歴史について理解することが重要である。また，消費者教育に関する法律についてその流れを押さえておきたい。詳しくは資料8-1を参考にされたい。

　次いで，消費者教育関連法の中でも，最も小中学生の生活に関係する法律について知っておくことは必要である。消費者教育の役割は，その流れの中で，生活を取り巻く問題にいかに適応して行動するかを考える「生活環境適応型」から，消費者の立場に立って商品やサービスをあるべきものにつくり変える「生活環境醸成型」に変化し，現在では，持続

可能な社会の実現を目指す「消費者市民社会型」とその呼び名が変化してきている。特に2012年に制定された「消費者教育の推進に関する法律」は，特に学校教育における消費者教育の実践を大きく後押ししている。

(2) 特定商取引法について

　小学校においても，買物の勉強が主となるが，教える立場としては，その背後にある法律を知っておかなければならない。消費者教育に関連する法律としては，「消費者契約法」と「特定商取引法」が特に関係するため，ここでは「クーリング・オフ制度」を含めてみておきたい。これらの法律の関係は，図8-1に示すように，民法があり，その中に「消費者契約法」，そして「特定商取引法」が含まれている。

①契約について

　このような法律を知る前にまず知っておきたいことは，「契約」についてである。「契約」というと，契約書にサインをして印鑑を押したものと想像しがちであるが，「契約」は日常多くの場面で見られる。例えば電話で寿司を注文する，バスに乗る，本を予約する，自動販売機でジュースを買う……等々。売買契約とは，売る意思と買う意思が合致したときに成立するので，これらはすべて「契約」となる。売買契約が成立すると，売主には代金を受け取る権利と目的物を引き渡す義務が発生する。また買主には，目的物を受け取る権利と代金を支払う義務が発生する。

②特定商取引法について

　消費者問題が生じたときに真っ先に被害救済ができるかは，「特定商取引法」から考える（図8-1）。そしてよく知られている「クーリング・オフ制度」が規定されているのが，「特定商取引法」である。まず被害にあった内容が「特定商取引法」で規定されている商法かどうか，そしてクーリング・オフ制度が適用できるかを確認すること

図8-1　特定商取引法・消費者契約法と民法

から始めたい。特定商取引法は，訪問販売などの特殊取引においてトラブルが非常に多く発生したため，1976年に「訪問販売等に関する法律」が制定されたことに始まる。当時は，訪問販売，通信販売，連鎖販売取引の3種類が規制されていたが，その後消費者被害が多発する取引類型が追加されて，現在は電話勧誘販売，特定継続的役務提供，業務提供誘引販売取引，訪問購入を含む7種類の取引形態が規制対象となっている。ここではこれにネガティブ・オプションを加えて説明しておく。法律の名称は2000年の改正で「特定商取引に関する法律」に変更されている。

a.「訪問販売」：「訪問販売」とは，販売業者または役務提供者が，購入者等に対して，営業所等以外の場所において商品・役務・指定権利の契約の申し込みを受け，または契約を締結して行う取引を指す。ただし営業所等での販売も特定の誘引方法によっては含まれる（場所の拡張）。例えばキャッチセールス，アポイントメントセールス，展示会商法，デート商法，霊感商法などでは，販売目的を隠して営業所等に呼び出された場合は，「訪問販売」に該当する。その他の商法としては，点検商法や催眠商法（SF商法）などがある。

　消費者が行使することができるクーリング・オフは8日以内で，契約を無条件に解約できる。また訪問販売には，「過量販売解除権」があり，申し込みをした商品，権利の

分量または役務の回数，期間，分量が通常必要とされる程度を著しく超える場合，契約の申し込みの撤回，解除が可能である。さらに「契約取消権」があり，禁止行為違反（不実告知，故意による事実の不告知）によって購入者が誤認して契約した場合，契約の意思表示を取り消すことができる。

b.「通信販売」：「通信販売」とは，販売業者または役務提供業者が，購入者等に対して，郵便その他の経済産業省令で定める方法により，商品・役務・指定権利の契約の申し込みを受けて行う取引を指す。郵便その他の方法には，①郵便や信書便，②電話機，③FAXその他の通信機器，情報処理の用に供する機器を利用する方法，④電報，⑤預金また貯金の口座に対する振込みなどがあてはまる。

　「通信販売」の特質は，①商品・権利，販売条件等の確認は，原則として事業者が行う表示や広告を通じて行うしかないこと，②契約の成立の有無や時期が不明確で消費者の法的地位が不安定になりがちであること等がある。しかし販売業者からの不当な圧力は比較的少ないため，広告表示の適正化を確保する規制が中心となる。

　「通信販売」の規制事項としては，①表示の義務付け（積極的広告規制。販売価格，支払い方法，商品の引渡時期，返品特約に関する事項等），②誇大広告等の禁止（消極的広告規制。著しく事実に相違する表示，著しく優良・有利であると人を誤認させるような表示），③迷惑メールの規制（消費者の承諾を得ないで電子メールで広告を送付する行為は禁止。メール送信を希望しない者への再送信も禁止），④顧客の意に反して契約の申し込みをさせる行為の禁止（インターネット通信販売で，契約の申込であることが容易にわかる画面の表示がないもの，申込内容を確認・訂正できる画面を表示しないものは改善指示の対象），⑤前払式通信販売の承諾等の通知（受領した金銭の金額，受領日，契約を承諾するかどうか，商品等の引渡日を記載した書面を遅滞なく交付しなくてはならない）等があげられる。これらの規制違反に対して，指示，業務停止命令，刑事罰などの制裁がある。

　「通信販売」で消費者が気をつけなければならないことは，<u>クーリング・オフができない</u>ことである。これは，「通信販売」は，消費者が広告を見て自発的に申込を行っていることがその理由である。ただし，販売業者が返品ルールを広告に表示していない場合には，商品の受領後8日以内に契約の撤回や契約の解除を行うことができ，返品が可能であるが，商品の返品に関する送料は，消費者側が負担しなければならない。返品ルールの記載は，購入者にとって見やすい場所に，明瞭に，判読できるように，表示する方法，その他購入者にとって容易に認識できるように表示しなければならない。近年，ネット通販の利用者が増加しているが，特にスマホでの購入は，画面が小さいことから，容易に認識できるように表示しているとはいえない場合，記載があったとしても，返品できるが，消費者も必ず広告の最後までスクロールして確認する必要がある。

c.「電話勧誘販売」：「電話勧誘販売」とは，販売業者または役務提供業者が，購入者等に対して，電話をかけまたは政令で定める方法により電話をかけさせ，その電話において行う勧誘により，郵便等により商品・指定権利・役務に関して申込を受け，または契約を締結して行う取引である。

　「電話勧誘販売」の特徴は，①不意打ち性，②攻撃性，③密室性，④匿名性，契約成立の曖昧性，契約内容の不確実性があるので，消費者の適正な自己決定を損なうおそれ

は訪問販売に匹敵する。このため，以下の規制事項を決めている。

　①訪問販売と同じ規制（書面の交付義務，事業者名・勧誘目的等の明示義務，契約締結意思がない者への再勧誘等の禁止，不当勧誘行為（不実告知，故意による事実の不告知，威迫・困惑行為）の規制），②通信販売と同じ規制（前払式電話販売の承諾等の通知），③規制違反には指示，業務停止命令，刑事罰の制裁が課される。

　「電話勧誘販売」で消費者ができることは，クーリング・オフ制度の利用である。8日以内であれば不要な契約を無条件で解消できる。また，契約解消権として，禁止行為違反の勧誘（不実告知，故意による事実の不告知）により購入者が誤認して契約した場合，契約の意思表示を取消すことができる。

d. 「連鎖販売取引」（マルチ商法・マルチまがい商法）：「連鎖販売取引」は，物品（権利を含む）の販売（または役務の提供など）の事業であって，再販売，受託販売もしくは販売の斡旋（または役務の提供もしくはその斡旋）をする者を，「特定利益」が得られると誘引し，「特定負担」を伴う取引をするものをいう。

　この場合の「特定利益」とは，受託販売・販売の斡旋をする他のものが提供する「取引料」その他主務省令で定める要件に該当する利益の全部または一部のことである。例えば，勧誘して組織に加入する人の取引料の○％があなたのものになる，加入する人が購入する商品代金の○％があなたのものになる，加入する人があれば総括者から一定の金銭がもらえる…などを指す。

　「連鎖販売取引」に対しては，①クーリング・オフ（20日間），②中途解約，③商品販売契約の解除，④不実告知等に基づく取消権がある。気をつけたいのは，「連鎖販売取引」のクーリング・オフ期間は20日間である点である。またクーリング・オフ妨害があった場合は，特則があり，告知書面と口頭での告知義務がある。中途解約とは，「連鎖販売取引」は勧誘時の説明内容と現実の違いに気がつくことが多いことから，クーリング・オフ期間が経過しても一定範囲で中途解約権を認めるようになった。商品販売契約の解除については，連鎖販売契約を締結した日から1年を経過していないことと，損害賠償額の制限が決められている。

e. 「特定継続的役務提供」：「特定継続的役務提供」は，平成11年にサービス取引が多様化したために改正された。「特定継続的役務」とは，役務（サービス）の種類が，身体の美化，知識・技芸の向上，心身または身上に関する目的の実現に関するものと規定しており，具体的には，エステティックサロン，外国語会話教室，家庭教師派遣，学習塾，パソコン教室，結婚相手紹介サービスの6類型を対象としており，ある期間を超える期間にわたりサービスを提供し，ある金額を超える金銭を支払うことという条件がある。

　「特定継続的役務提供」に対しては，①クーリング・オフ（8日間），②中途解約，③クーリング・オフ及び中途解約の対象となる関連商品，④不実告知等に基づく取消権がある。中途解約するための条件，サービス利用前と利用後の解約手数料の上限額，クーリング・オフ及び中途解約の対象となる関連商品についてである。関連商品とは，エステの際の化粧品や宝石等があるが，消耗品を使用した分についてはクーリング・オフはできない。不実告知等に基づく取消権については，勧誘する際に禁止行為違反（不実告知，故意の事実不告知）があり，消費者が誤認して契約した場合，取消しが認められる。また取消しに伴う関連商品販売契約の解除がある。

f.「業務提供誘引販売取引」（内職商法）：「業務提供誘引販売取引」とは，「業務提供利益」があると顧客を誘引して「特定負担」を伴い，商品の販売・斡旋または役務の提供・斡旋にかかる取引をいう。この「業務提供利益」とは，「販売の目的たる商品または提供される役務を利用する業務に従事することにより得られる利益」であり，かつ，当該業務は，「業務提供誘引販売業者が提供または斡旋」する場合に限る。また「特定負担」とは，業務に利用される商品の購入，業務に利用される役務の対価の支払い，または取引料の提供のことである。具体的にはパソコンを購入させる内職等がある。最近は，ネットの広告宣伝の一つで成果報酬型の広告「アフィリエイト」や「ドロップシッピング」による被害も増加している。「アフィリエイト」は，サイトの閲覧者がサイトに掲載されている広告主の商品やサービスを購入し，生じた利益に応じて広告を掲載したウエブサイトに成功報酬を与えるというものである。「ドロップシッピング」は，ネット上に商品やサービスの広告を掲載し，閲覧者が購入した場合に商品の発送を，製造元や卸元が行う。卸値に自由に上乗せして販売し，差額分が儲けとなるという商法である。ただしどちらも言われているほどは儲からず，物品の購入等があるなどの被害がある。

　「業務提供誘引販売取引」に対して，①クーリング・オフ（20日間），②不実告知等に基づく取消権，③損害賠償額の制限がある。「業務提供誘引販売取引」の場合も，クーリング・オフが20日間である点に気をつけたい。不実告知等に基づく取消権については，これまでと同様である。

g.「訪問購入」：平成25年3月から施行されたのが「訪問購入」である。これまでは，訪問して来て商品を販売するという形態を想定していたが，訪問して来て商品を購入するという新しい形態が現れ，これに対処する必要が生じた。これは，物品の購入を業として営む者が相手方に対して，営業所等以外の場所において，売買契約の申込みを受け，または売買契約を締結して行う物品の購入を指す。ただし，対象外の物品として，自動車，家庭用電気機械器具，家具，書籍，有価証券，CD／DVD／ゲームソフト類が含まれる。

　「訪問購入」に対しては，①クーリング・オフ（8日間），②物品の引渡しの拒絶，③損害賠償額の制限がある。①のクーリング・オフに関しては，転得者（買取業者から買った人）が善意・無過失のときは除外されるが，転得者に対しても主張できる。②については，売主は法廷書面を受領した日から起算して8日間を経過するまで，訪問購入に係る物品の引渡しを拒むことができる。さらに③について購入業者は，訪問購入により売買契約の相手方と物品につき売買契約を締結した場合で，損害賠償額の予定があるときにおいても，法律で定める一定額を超える額の金銭の支払いを売買契約の相手方に対して請求することはできない。

h.「ネガティブオプション」（送りつけ商法）：これは販売業者において，売買契約の申込みをした者または売買契約を締結した者以外の者に対し，売買契約の申込みをし，かつ申込に係る商品を送付する商法である。つまりは何の申込をしていないのに，突然商品を送ってくる商法である。この商法に対しては，①消費者が商品を受領した日から14日を経過するまで，②または消費者が商品の引き取りを請求したときは請求日から7日を経過する日まで，消費者が商品の購入を承諾せず，かつ事業者が商品を引き取らないときに，販売業者は商品の返還の請求ができなくなり，消費者はその商品をどのように処分してもよいことになる。

③クーリング・オフ制度

　クーリング・オフとは，法律で特別に認められた制度で，一定の条件により消費者が一方的に無条件で契約を解除することができる制度である。現在の特定商取引法が改正される前の法律である「訪問販売等に関する法律」の立法時（1976年）に，訪問販売，通信販売等が，これまでの通常の商品販売と異なっていたため，販売業者と消費者間で多くのトラブルが生じていた。そこで購入者に再考の機会を与えるために一定期間は無条件で解約できる制度として制定された。

　クーリング・オフ（Cooling off）とは冷却期間という意味で，不意打ち性のある売り方である訪問販売や電話勧誘販売等の場合，頭を冷やしてもう一度考え，いらなければ契約は解約できるというものである。クーリング・オフは，マルチ商法や業務提供誘引販売取引等（内職・モニター商法）（20日間）を除き，多くの場合契約（申込み）をしてから8日を経過するまでの間は契約を解除することができる。発信主義なので，8日以内にはがき等の書面で契約解除通知を出せばよい。そもそも契約書面がない場合は，契約が始まっていないため解除する必要はない。

　ただしクーリング・オフが該当しない場合もある。クーリング・オフは，不意打ち性のある場合しか適用されないため，自分からお店に行って買った場合や，通信販売で購入した場合は適用されないことに注意が必要である。また，消耗品（化粧品等）を使用した場合や，電気・都市ガス・葬儀の契約，現金で3千円未満を支払った場合は適用されない。さらに未成年者の場合は，「未成年者契約の取消し特約」があるため，契約は無効となり，代金支払いの義務はなくなり，支払った代金があれば返還請求ができる。クーリング・オフの日数が過ぎてしまっても，「消費者契約法」の条件に当てはまっていれば，気づいた時から6か月，契約をしてから5年間なら契約を取り消すことができる。

　クーリング・オフは授業でよく用いられるため，クーリング・オフを取り上げた授業案を示す。内容は，①事前の調べ学習（買い物の方法，気に入らなければどうすればいいか），②ロールプレイ（店舗でのスニーカーの購入例）を見て，口約束はやめられるか考える，③「契約」の説明　（スライド使用）：契約は法的約束，口約束でも成立する，権利と責任，未成年者の契約の取り消しについて，④「クーリング・オフ制度」の説明　（スライド使用）：クーリング・オフ制度について，確認テスト，⑤授業のまとめと感想，学習したことを周りに伝える，⑥消費者センターの紹介となっている。

（3）消費者契約法について

　では「契約」すると，どんな場合も義務と権利が発生するのであろうか。例えば道で呼び止められて，しつこくブランド品を買うように勧誘された場合で，帰りたいと言っても帰らしてもらえず困って契約してしまう。といったことも起こりえる。「特定商取引法」にあたらない場合，またクーリング・オフの期間が過ぎてしまった場合は，「消費者契約法」によって契約を解約することが可能である。

　「消費者契約法」とは，事業者と消費者との間にある情報格差・交渉力差によって生じる消費者被害を救済するために制定された，民法の特別法として，事業者と消費者との間の消費者契約に適用される民事ルールである。「消費者契約法」には，図8-2に示すように，①消費者契約の取消し，②消費者契約の条項の無効，③消費者団体訴訟制度の3つがある。

①取り消し

　消費者が，事業者の不当な勧誘行為によって，「誤認」又は「困惑」して契約した場合には，取り消すことができる。取り消しに関しては

ア．不実告知（販売時の説明が嘘だった），

イ．断定的判断の提供（絶対儲かると聞いた），

> 消費者契約法は、事業者と消費者との間にある情報格差・交渉力格差によって生じる消費者被害を救済する為に制定されました。
> 　民法の特別法として、事業者と消費者との間の消費者契約に広く適用される民事ルールです。
>
> **消費者契約法の内容**
>
> | 消費者契約の取消し | 消費者契約の条項の無効 | 消費者団体訴訟制度 |
> |---|---|---|
> | 消費者が、事業者の不当な勧誘行為によって、「誤認」又は「困惑」して契約した場合には、取り消すことができます。 | 消費者に一方的に不利・不利益になる契約条項、事業者の責任を免除したり軽減する免責条項や違約金に関する条項は、全部又は一部が無効になります。 | 適格消費者団体は、事業者の消費者契約法違反行為、特定商取引法違反行為、景品表示法違反行為に対して、差止請求権を行使することができます。 |
>
> 図8-2　消費者契約法とは

ウ．不利益事実の不告知（都合の悪いことは教えてくれなかった），

エ．不退去（帰ってくれない），

オ．退去妨害（帰らせてくれない）に加えて，平成30年に以下の5つの事項によっても契約を取り消すことができることとなった。

カ．不安をあおる告知（就職セミナー商法等）で，消費者が，社会生活上の経験が乏しいことから，願望の実現に過大な不安を抱いていることを知りながら不安をあおり，契約が必要と告げるような商法である。

キ．好意の感情の不当な利用（デート商法等）で，消費者が社会生活上の経験が乏しいことから，勧誘者に好意の感情を抱き，勧誘者も同様の感情を抱いていると誤信していることを知りながら，契約しなければ関係が破綻すると告げるような商法である。

ク．判断力の低下の不当な利用（高齢者等が不安をあおられる）で，加齢や心身の故障により判断力が著しく低下していることから，現在の生活の維持に過大な不安を抱いていることを知りながら，不安をあおり，契約が必要と告げるような商法である。

ケ．霊感等による知見を用いた告知（霊感商法等）は，霊感等の特別な能力により，消費者にそのままでは重大な不利益が生ずることを示して不安をあおり，契約が必要と告げるような商法である。

コ．契約締結前に債務の内容を実施等（契約前なのに強引に代金を請求される等）で，契約締結前に，契約による義務の全部又は一部を実施し，実施前の現状の回復を著しく困難にしたという場合（竿だけはもう切ってしまったので買ってください等）と，契約締結前に，契約締結を目指した事業活動を実施し，これにより生じた損失の補償を請求する旨等を告げた（マンション投資の勧誘のためにわざわざ来たので交通費を支払え等）というものである。

　いずれかの不当な勧誘により締結させられた契約は，後から契約を取り消すことができる。

②無効となる条項

　条項の無効とは，消費者に一方的に不利・不利益になる契約条項，事業者の責任を免除したり軽減する船籍条項や違約金に関する条項は，全部又は一部が無効になる。

ア．事業者の損害賠償責任を免除する条項：「事業者は責任を負わないとする条項」。これは損害賠償責任の全部を免除する条項や，事業者の故意又は重過失による場合に損害賠償責任の一部を免除する条項は無効とするものである（消費者に損害が発生しても，事業者は賠償しないと定められた場合などが問題となる。また平成30年に事業者が，責任の有無や限度を自ら決定する条項は無効となることが加えられた）。

　　もうひとつが，「消費者はどんな理由でもキャンセルできないとする条項」である。これは消費者の解除権を放棄させる条項は無効とするものである。平成30年には，事業者が，消費者の解除権の有無を自ら決定する条項も無効となった。

イ．消費者が支払う損害賠償を予定する条項：平均的な損害の額を超えるキャンセル料条項では，キャンセル料のうち，契約の解除に伴う平均的な損害額を超える部分や，遅延損害金につき年利14.6%を超える部分についての条項は無効としている。

ウ．消費者の利益を一方的に害する条項：任意規定の適用による場合と比べ消費者の権利を制限し又は義務を加重する条項であって，信義則に反して消費者の利益を一方的に害するものは無効である。

エ．成年後見制度を利用すると契約が解除されてしまう条項：これは平成30年改正で新しくこの条項が加わった。これは事業者に対し，消費者が後見開始等の審判をうけたことのみを理由とする解除権を付与する条項は無効となる，というものである。

③消費者団体訴訟制度（差止請求）

　　内閣総理大臣の認定を受けた適格消費者団体は，消費者の被害の未然防止・拡大防止を図る観点から，事業者の不当な行為の「差止請求」や消費者に代わって被害の「回復」をすることができる制度である。「差止請求」とは，「不当な勧誘」，「不当な契約条項」，「不当な表示」などの事業者の不当な行為をやめるように求めることができる制度である。「被害回復」とは，多数の消費者に共通して生じた財産的被害について，特定適格消費者団体が訴訟を通じて集団的な被害の回復を求めることができる制度である。特定適格消費者団体が，消費者に代わって被害回復裁判手続きを行い，事業者から被害金額を取り戻すことができる。詐欺的な未公開株取引，マンションの耐震偽装，中途解約しても返金されない英会話教室などの例がある。

3　「環境に配慮した生活の工夫」の項目の授業概要について

　　環境に関する内容は，近年多くの分野で扱われている。たとえば調理ならエコクッキングに見られる，買物，ガスや水道の使い方に気をつけた調理の仕方，食品ロス，衣服ならCO_2排出量の少ない生地でつくられた商品の購入，着方，洗濯の仕方，捨て方，住居なら暖房や冷房の方法など，さまざまである。ここでは，4時間分を設定し，以下の内容で授業案を作成した。①地球温暖化とCO_2排出量について知ろう。②自分の家のCO_2排出量を計算してみよう。③自分の家の工夫を紹介しよう。④自分の家の環境家計簿を作成しよう。

（1）授業案の紹介

①1時間目「地球温暖化とCO_2排出量について知ろう」（表8-1）

　　1時間目の授業では，地球温暖化が起こる理由と原理について知り，地球温暖化とCO_2排出量との関係を理解することを目的とした。授業案を表8-1に示している。情報収集力を高めるために「事前学習」として以下の5項目について調べ方を指定せずに調べてくる課題を出した。ア．地球温暖化って何？　イ．なぜ起こる？　ウ．どうなる？　エ．国別のCO_2排出量の割合はどうなっている？　オ．日本のCO_2排出量の割合はどうなっている？

　　またそれぞれの「事前学習」に関する項目について授業で説明を行い，説明中にわかったことを<u>自由</u>に記述させ，自由記述は，記述量と質から「記述なし」，「事実のみ記述」，「自分の言葉で記述」の3段階に分類して授業内容を確認する。

表8-1　1時間目の授業案

活動	時間	学習活動	留意点／見方・考え方・感じ方
事前活動		地球温暖化って何？　項目別に調べてくる。 ①地球温暖化って何？ ②なぜ起こる？ ③どうなる？　④国別の CO_2 排出量の割合 ⑤日本の CO_2 排出量の割合	自分でどこまで情報を収集できるか。
導入	5分	地球温暖化と CO_2 排出量の関係について知ろう！	実感していることと学習する内容とが密接な関係にあることに気づく。
展開	25分	地球温暖化の調べ学習の発表　1項目5分×5＝25分 わかったことを書いていく（収集）。 ①地球温暖化って何？ ②なぜ起こる？ ③どうなる？ ④国別の CO_2 排出量の割合 ⑤日本の CO_2 排出量の割合 ⑥家庭内の CO_2 排出量の割合	それぞれの内容に関して調べ，学習の発表をすることによって現状を理解する。まとめてシートに書く。 これは調べていないので予想させる。
まとめ	5分 3分 5分 2分	それぞれについて復習テストをする。 テスト結果をチェックして確認する。 今日のわかったことを記入する。 わかったことを記入する。	理解しているかを確かめる。 理解しているかを確かめる。 理解しているかを確かめる。 理解しているかを確かめる。

表8-2　2時間目の授業案

活動	時間	学習活動	留意点／見方・考え方・感じ方
事前活動		1か月の電気・水道・ガス・ガソリンの使用量と金額を事前に調べておく。	自分でどこまで情報を収集できるか。
導入	5分 5分 5分	前時の内容を復習する。 家庭の中での排出量で多いものを復習する。 グラフで紹介。	・家庭での状況に関心をもつ。 ・費目，品目によって排出係数が異なることに気づく。
展開	 3分 10分 10分	自分の家の CO_2 排出量を計算してみよう。 ・CO_2 排出量について理解する。 ・表から CO_2 排出量を算出する。 ・それぞれの排出量を発表して合計のみパソコンに入れていく。	・CO_2 排出係数について理解する。 ・表を用いて CO_2 排出量を算出する。調べていない子は教師の渡す。 ・人によって排出量が違うことに関心をもつ。
まとめ	7分	自分の家の CO_2 排出量の傾向をまとめてみよう！	自分の家の傾向を知る。

②2時間目「自分の家の CO_2 排出量を計算してみよう」（表8-2）

　2時間目は，1時間目で地球温暖化と CO_2 排出量の理論を知ったうえで，自分の家の CO_2 排出量を計算することで理論と現実を結びつけることを目的としている。授業案を表8-2に示す。情報収集力を高めるため，「事前学習」として以下に示す4項目について家族と話し合いながら調べてきてもらう。ア．1か月の電気の使用量（kwh）と電気代　イ．

1か月のガス（都市ガスかLPガス）の使用量（m^3）とガス代　ウ．1か月の水道の使用量（m^3）と水道代　エ．1か月のガソリンの使用量（L）とガソリン代。授業では「事前学習」の情報をもとに，「学習チェックシート」を用いながら，それぞれの CO_2 排出係数を示し，使用量と係数をかけ合わせて各費目の CO_2 排出量を算出する。そして自分の家での排出量で多いのは何か，平均家庭と比べてどうかを記述した。さらにク

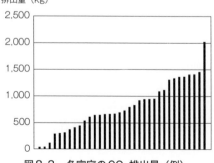

排出量（kg）

図8-3　各家庭の CO_2 排出量（例）

ラスのデータを授業中にプロジェクターで表示し（図8-3），クラスの中での自分の家の排出量の位置を確認し，他の児童と比較して自分の家がどうであったかを記述する。

③3時間目「自分の家の工夫を紹介しよう」

　3時間目の授業では（表8-3），2時間目で自分の家のCO_2排出量を計算してクラスの中での自分の家の位置を確認したうえで，なぜそのような値になったのか，またお金との関係を知ることを目的としている。3時間目の授業案を表8-3に示す。「事前学習」としては，情報の活用を促す以下の3項目について調べてきてもらう。ア．自分の家のCO_2排出量の傾向をまとめよう　イ．今，すでに家でやっている工夫を書こう　ウ．電気，ガス，水道，ガソリンについて，それぞれどのような工夫をすればCO_2排出量を減らせると思いますか。

　授業では，これらの「事前学習」の情報を紹介する。また，これまでの環境に関する内容に加えて，金銭教育として，電気，ガス，水道，ガソリンの金額とCO_2排出量との関係の例をグラフで示し（図8-4），お金と排出量との関係について考える授業とする。

　図8-4はクラスの電気，ガス，水道，ガソリンの排出量と金額との関係を1,000円当たりの排出量で示した例である。この図から，ガスは1,000円当たりの排出量が最も大きく，電気とガソリンは次に大きく，水道は最も小さいことを理解することができる。この情報と自分の家の現状，そして友だちの工夫を聞くことで，今後どのような生活をすればよいかを考え，電気，

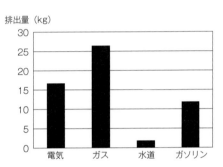

図8-4　CO_2排出量と金額との関係（例）
（1,000円当たりの排出量）

表8-3　3時間目の授業案

活動	時間	学習活動	留意点／見方・考え方・感じ方
事前活動		①自分家のCO_2排出量の傾向をまとめよう。 ②今，すでに家でやっている工夫を書こう。 ③電気，ガス，水道，ガソリンについて，それぞれどのような工夫をすればCO_2排出量を減らせると思いますか。	授業で学んできた中で，どのような工夫ができるかを考えることができる。家庭で話し合うことによって情報を共有することができる。
導入	5分	皆のデータを入力した紙を返却する。前時のデータ入力したグラフシートを見せて，前時までの確認をする。	家庭によって排出量に差があることを知る。やり方によって排出量を削減できることを知る。
展開		自分の家のCO_2排出量を減らすための工夫を考えてみよう！	
	15分	自分の家のCO_2排出量を減らすための工夫を発表する。少ない家庭，多い家庭の例をあげる。	自分の家の工夫が発表できる。
		シートに，友だちの例でおもしろい方法，取り上げたい方法を書きとめる。	友だちの工夫のよい点に気づける。
	5分	友だちの家の工夫を聞いて，取り上げられるものを発表する。	友だちの工夫のよい点に気づける。
	5分	お金と排出量との関係を理解する。	お金と排出量との関係を理解する。
	10分	お金と排出量の関係を話し合い，どの方法がより効果的かを話し合う。	お金と排出量との関係を考えて，何がよいかを考えられる。
まとめ	5分	自分の今後やりたい方法をまとめる。	

ガス，水道，ガソリンの使い方でできる工夫と，お金との関係からすべきことを「学習チェックシート」に書く。

④4時間目「自分の家の環境家計簿を作成しよう」

　4時間目の授業では，自分の家の環境家計簿を作成することを目的としている。授業案を表8-4に示す。本時は，事前学習は設けず，環境家計簿についてまず説明することで，授業内での情報収集能力を高める。環境家計簿とは，私たちの生活が，環境にどのような影響を与えるかを記入することで生活を見直し，環境への影響が少なくなるようなライフスタイルをつくっていくために活用できるものである。そのことを理解したうえで，自分の家の環境家計簿を作成する。現在，自治体や企業などによって多種の環境家計簿が出版されている。しかし既存の環境家計簿を単に利用するのではなく，本時では既存の環境家計簿から代表的な取り組みをガス，車，電気，水道に関して24項目抽出し，その中から自分ができそうだと思うもの，やってみたいと思うものを10項目選択し，選んだ理由を記述して，各自の家の環境家計簿を作成する（表8-5）。また，友だちの家の取り組みを聞き，やってみたいと思ったことがらとその理由を記述する。最後に4時間の環境金銭教育を通してわかったことや感じたことを記述する。

表8-4　4時間目の授業案

活動	時間	学習活動	留意点／見方・考え方・感じ方
導入	5分	お金との関係を考えて，何を工夫すればよいかを考えたか発表する。自分の今後のやりたい方法を確認する。	前の時間の確認。
展開	5分	環境家計簿について知る。	環境家計簿について理解する。
	8分	チェック方式の環境家計簿をやってみる。計算式の環境家計簿。	いろいろな種類の環境家計簿があることを知る。
	20分	自分の環境家計簿をシートから10項目選択して作成する。理由を書き込む。また友だちの活動で，自分でもやりたい項目を書き込む。	自分の家の独自な環境家計簿を作成することができる。
まとめ	5分	感想と発表。	ほかの人の環境家計簿を知る。

表8-5　環境家計簿の作成

分野	内　容	分野	内　容
車	急いでいないときや近い場所は，車に乗りません	車	マイカーはできるだけひかえ，電車・バス・自転車を利用します
電気	使っていない部屋の電気を消します	水道	トイレでむだな水を流しません
電気	冷蔵庫にモノをつめこみ過ぎず，ドアを開けたらすぐに閉めます	車	余分な荷物を積まずに走ります
電気	冷蔵庫，テレビ，エアコンなどの使い方を工夫します	車	乗り合わせを心がけます
車	自動車を利用した買い物は，できるだけまとめてします	ガス	お風呂をわかしたら，家族が続けて入ります
電気	使わない電化製品の主電源をこまめに消します	電気	カーテン，ブラインドをうまく利用して，省エネルギーの暮らしをします
水道	歯みがきや顔を洗うときは，水を出しっぱなしにしません	ガス	ガスの節約に努めます
車	急発進・急ブレーキをしません	電気	エアコン，掃除機などは，こまめに掃除します
ガス	こんろの炎は，鍋からはみ出さないようにチェックします	水道	お風呂の残り湯は洗濯や洗車に使います
		車	アクセルはやさしくふみます
電気	部屋の温度を冷房は28℃，暖房は19℃にします	電気	テレビゲームで遊ぶ1日の時間を決めます
		電気	照明は，省エネ型のランプを使用します
		車	むだなアイドリングはやめます
		車	環境にやさしい低公害車を買います

（参考文献）

1）大藪千穂・杉原利治，日本家政学会家庭経済学部会編，多様化するライフスタイルと家計，第Ⅲ部　5章・6　環境家計簿，pp.151-161，建帛社，2002年

2）大藪千穂・杉原利治・坂野美恵（2005）「小学校における生活指標を用いた消費者教育の実践－子供の自己評価と情報活動との関係－」『消費者教育』，第25冊，pp.33-40

3）大藪千穂・奥田真之（2013）「情報活動を基盤とした消費者教育の実践－環境金銭教育（1）理論と授業実践－」『中部消費者教育論集』，第9号，pp.35-48

4）大藪千穂（2014）「情報活動を基盤とした消費者教育の実践－契約とクーリング・オフ制度－」『消費者教育』，第34冊，pp.175-183

5）金融経済教育推進会議（2014）「金融リテラシー・マップ『最低限身に付けるべき金融リテラシー（お金の知識・判断力）』の項目別・年齢層別スタンダード」http://www.shiruporuto.jp/teach/consumer/literacy/pdf/map.pd（参照2014-8-16）

6）金融証券知識の普及に関するNPO連絡協議会（2005）「学校における経済・金融教育の実態調査」http://www.jafp.or.jp/about/research/files/houkoku.pdf

7）金融庁（2004）「初等中等教育段階における金融経済教育に関するアンケート」http://www.fsa.go.jp/news/newsj/16/sonota/f-20040831-3b.pdf

8）消費者庁（2013）www.caa.go.jp/information/pdf/130122imagemap_4.pdf（参照2014-8-16）

9）杉原利治（2001）『21世紀の情報とライフスタイル』，論創社

10）坂野美恵・大藪千穂・杉原利治（2003）「人間発達を基盤とした消費者教育の構築と生活指標の開発」『消費者教育』，第23冊，pp.67-74

11）坂野美恵・大藪千穂・杉原利治（2004）「小学校における新しい生活指標を用いた消費者教育の実践－個人・家族を対象とした「消費・貯蓄」分野の生活指標分析－」『消費者教育』，第24冊，pp.167-176

【資料8-1】　消費者教育とは（スライド資料）

「消費者問題」とは？

消費者として購入した商品・サービス及び
その取引をめぐって生ずる消費者の被害また
は不利益が生じること

◆「消費者被害」とは・・・・
　生活上の被害を受けること

消費者問題のおこる要因

① 事業者と消費者の違い
➢ 目的と手段の違い

事業者　目的：「商品」販売の代金の回収
　　　　手段：生活用品の提供
消費者　目的：購入した「商品」によって満足感
　　　　手段：代金の支払い

このような立場の違いから、すれ違いを引き起こした時に
消費者問題が生じる。

➢ **情報格差**

合理的な購買行動を実現させていくた
めに必要な消費者情報の不足
（商品の性能・品質についてほとんど知らない）

◆ **第二次世界大戦前**
➢ 生活用品が多くなく、同じ商品の購入が繰り返される
➢ 消費者は「生活用品」の効用を理解している
➢ 日常的経験から「かしこい買い物」をしてきた
➢ Trial & Error　の作用が働いていて問題に対処してきた

◆ **第二次世界大戦後**
➢ 技術革新⇒戦後経済の復興⇒消費市場の開発⇒新製品や新奇なサービスの波
➢「大衆消費社会」の到来
➢「大衆消費購買力」これまでは貧富の差によって違っていた生活用品が、全国的
　規模で標準化し、誰もが同じものを使う⇒一つの欠陥の被害が広がった。
➢ 消費者の常識の範囲を超える商品や販売方法の出現
➢ 受け身の消費者と対応の遅れ

---

②自由・公正競争の制限

<自由経済社会の原理>
➢ 企業は自由に公正に競争する
➢ 消費者は自由に選択する

アダム・スミス以来の消費者主権の考え方

◆ 全ての消費者は市場のあらゆる商品の品質と価格
　について完全な情報を把握しており、つねに最も
　有利な選択をする。その結果、長期的にみれば安
　くて良い品を得る企業だけが生き残って栄え、他
　は滅びる。こうして消費者は市場における審判者
　の役割を果たす(消費者主権)

◆ 現実は企業は利潤の極大化を求めるあまり、価格
　競争を避けたり、不当表示、誇大広告に走り、そ
　の結果企業の社会的責任を忘れ、消費者不在の企
　業政策のレールの上を独走してきた。

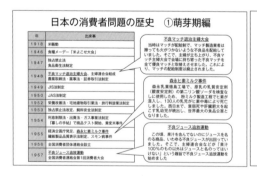

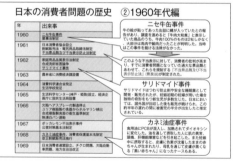

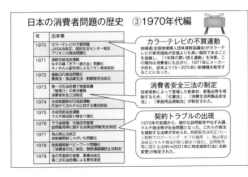

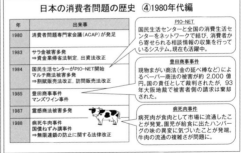

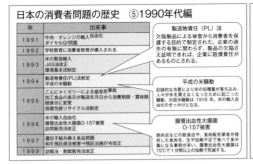

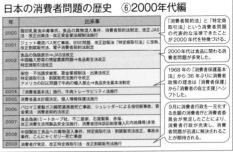

消費者教育関連法の歴史①
20世紀型消費者教育「消費者を保護」

1800年代末　アメリカで起こり、戦後日本へ
1958年　(財)日本生産性本部に「消費者教育委員会」設置⇒(財)日本消費者協会へ
1968年　消費者保護基本法制定
　　　　国の責任、各自治体に消費生活センター設立
1970年　国民生活センター設立
1980年　企業の消費者対応の横断的組織
　　　　消費者関連専門会議(ACAP)設立
1981年　日本消費者教育学会設立
1990年　(財)消費者教育支援センター設立
1992年　学校教育(家庭科・社会科)に消費者教育が導入(学習指導要領に明記)

消費者教育関連法の歴史②
21世紀型消費者教育
「自立を支援。消費者市民を育む消費者教育へ」

2004年　消費者基本法制定
　　　　消費者教育を受けることは消費者の権利の一つ
2005年　消費者基本計画(2005〜2009)策定
　　　　学校や社会教育施設における消費者教育の推進
2008年　消費者行政推進基本計画「消費者市民社会」
2009年　消費者庁設立
　　　　消費者行政・消費者教育の司令塔
2010年　消費者基本計画(2010〜2014)策定
　　　　啓発活動の推進と消費生活に関する教育の充実
　　　　文部科学省「消費者教育推進事業」(大学と社会教育分野)
2012年　消費者教育推進法成立(2012年12月施行)
2013年　「消費者教育の推進に関する基本的な方針」　地域における消費者教育

ケネディの4つの権利＋1＋3
＝消費者の8つの権利

◆1962年　「消費者教書」の提出(ケネディ大統領)
①安全である権利
②知らされる権利
③選択できる権利
④意見を反映させる権利
◆1975年　フォード大統領
⑤消費者教育を受ける権利
◆国際消費者機構(CI)で加えられたもの
⑥被害救済がなされる権利
⑦消費生活における基本的な需要が満たされること
⑧健全な生活環境が確保されること

消費者の5つの責任 (国際消費者機構CI)
①批判的意識を持つ責任
②主張し行動する責任
③社会的弱者に配慮する責任
④環境に配慮する責任
⑤連帯する責任

消費者教育の役割の変化

① 「生活環境適応型」
生活を取り巻く問題にいかに適応して行動するか
② 「生活環境醸成型」
消費者の立場にたって商品やサービスをあるべきものに作り変える
③ 「消費者市民社会型」
持続可能な社会の実現

消費者教育推進法

◆消費者教育を総合的・一体的に推進し、消費生活の安定と向上をはかる（第1条）

消費者教育とは・・・・

◆消費者の自立を支援するために行われる消費生活に関する教育及び啓発活動（第2条）

（消費者が主体的に消費者市民社会の形成に参画することの重要性について理解及び関心を深めるための教育を含む）

消費者市民社会とは・・・・

消費者が、個々の消費生活の多様性を相互に尊重しつつ、自らの消費生活に関する行動が現在及び将来の世代にわたって内外の社会経済情勢及び地球環境に影響を及ぼしうるものであると自覚して、公正かつ持続可能な社会の形成に積極的に参画する社会

消費者教育推進法の基本理念（第3条）

① 消費生活に関する知識を習得し、これを行動に結びつけることができる実践的能力の育成
② 消費者市民社会の形成に参画し、発展に寄与できるよう支援
③ 幼児期から高齢期までの各段階に応じて体系的に実施、年齢、障害の有無その他の消費者の特性に配慮
④ 学校、地域、家庭、職域その他の場に応じた方法、多様な主体の連携
⑤ 消費生活に関する行動が現在及び将来にわたり、内外の社会経済情勢及び環境に与える影響等、多角的視点に立った情報提供
⑥ 災害その他の非常事態における消費生活に関する知識と理解
⑦ 環境教育、食育、国際理解教育その他の消費生活に関連する教育との有機的な連携

消費者教育が対象とする領域・内容

★消費者市民社会の構築
・消費が持つ影響力の理解
・持続可能な消費の実践
・消費者の参画・協働

★商品等の安全
・商品安全の理解と危険を回避する能力
・トラブル対応能力

★生活の管理と契約
・トラブル対応能力
・選択し、契約することへの理解と考える態度
・生活を設計・管理する態度

★情報とメディア
・情報の収集・処理・発信能力
・情報社会のルールや情報モラルの理解
・消費生活情報に対する批判的思考力

消費者教育体系イメージマップ
～ライフステージ別に消費者教育が対象とする領域ごとに目指す内容を整理～

Ver.1.0

重点領域	各期の特徴	幼児期	小学生期	中学生期	高校生期	成人期 特に若者	成人期 成人一般	成人期 特に高齢者
		様々な気づきの体験を通し、家族や身の回りの物事に関心をもち、それを取り入れる時期	主体的な行動、社会や環境への興味を通して、消費者としての素地の形成が望まれる時期	行動の範囲が広がり、トラブル解決方法の理解が望まれる時期	生涯を見通した生活の管理や計画の重要性、社会的責任を理解し、主体的な判断が望まれる時期	生活において自立を進め、消費生活のスタイルや価値観を確立し自らの行動を振り返る時期	精神的、経済的に自立し、消費者市民社会の構築に、様々な人々と協働し取り組む時期	周囲の支援を受けつつも人生での豊富な経験や知識を消費者市民社会構築に活かす時期
消費者市民社会の構築	消費がもつ影響力の理解	おつかいや買い物に関心を持とう	消費をめぐる物と金銭の流れを考えよう	消費の行動が環境や経済に与える影響を考えよう	生産・流通・消費・廃棄が環境、経済、社会に与える影響を考える習慣を身に付けよう	生産・流通・消費・廃棄が環境、経済、社会に与える影響に配慮して行動しよう	生産・流通・消費・廃棄が環境、経済、社会に与える影響に配慮して行動しよう	消費者の行動が環境、経済、社会に与える影響に配慮することの大切さを他に伝えよう
	持続可能な消費の実践	身の回りのものを大切にしよう	自分の生活と身近な環境とのかかわりに気づき、物の使い方などを工夫しよう	持続可能な消費について考え、環境に配慮した生活を実践しよう	持続可能な社会を目指して、ライフスタイルを考えよう	持続可能な社会を目指してライフスタイルを探そう	持続可能な社会を目指してライフスタイルについて他に伝えよう	持続可能な社会に役立つライフスタイルについて他に伝えよう
	消費者の参画・協働	協力することの大切さを知ろう	身近な消費者問題に目を向けよう	身近な消費者問題及び社会課題の解決や、公正な社会の形成に向けた行動むことの重要性を理解しよう	身近な消費者問題及び社会課題の解決や、公正な社会の形成について考えよう	消費者問題その他の社会課題の解決に、公正な社会の形成に向けた行動の重要性を理解しよう	地域や職域で協働して消費者問題その他の社会課題を解決し、公正な社会をつくろう	地域や職域で協働して消費者問題その他の社会課題を解決し、公正な社会をつくろう
商品等の安全	商品安全の理解と危険を回避する能力	くらしの中の危険や、ものの安全な使い方に気づこう	危険を回避し、物を安全に使う手立てを知ろう	危険を回避し、物を安全に使う手段を知り、使おう	安全で危険の少ないくらしと消費社会を目指すことの大切さを理解しよう	安全で危険の少ないくらし方を身に付ける習慣を付けよう	安全で危険の少ないくらしと消費社会をつくろう	安全で危険の少ないくらしの大切さを伝え合おう
	トラブル対応能力	困ったことがあったら身近な人に伝えよう	困ったことがあったら身近な人に相談しよう	販売方法の特徴を知り、トラブル解決の法律や制度、相談機関を知ろう	トラブル解決の法律や制度、相談機関の利用法を知ろう	トラブル解決の法律や制度、相談機関を利用する習慣を付けよう	トラブル解決の法律や制度、相談機関を利用しやすい社会をつくろう	支え合いながらトラブル解決に法律や制度、相談機関を利用しよう
生活の管理と契約	選択し、契約することへの理解と考える態度	約束やきまりを守ろう	物の選び方、買い方を通して購入しよう約束やきまりの大切さを知り、考えよう	商品を適切に選択するとともに、契約とそのルールを知り、よりよい契約の仕方を考えよう	適切な意思決定に基づいて行動しよう契約とそのルールの活用について理解しよう	契約の内容・ルールを理解し、よく確認して契約する習慣を付けよう	契約とそのルールを理解し、くらしに活かそう	契約・トラブルに遭遇しない暮らしの知恵を伝え合おう
	生活を設計・管理する能力	欲しいものがあったときは、よく考え、時には我慢することもおぼえよう	欲しい物と必要な物を区別し、計画的に使い方を考えようお小遣いを考えて使おう	消費に関する生活情報の技能を習得しよう	主体的に生活設計を立ててみよう生活資金の必要や収支の管理や計画を考えよう	生活を見通した計画的なくらしを目指して、生活設計・管理する態度を身に付けよう	生活を見通した計画的なくらしをしよう	生活環境の変化に対応し、支え合いながら生活設計を管理しよう
情報とメディア	情報の収集・処理・発信能力	身の回りのさまざまな情報に気づこう	消費に関する情報の集め方や活用の仕方を知ろう	消費生活に関する情報の収集と発信の技能を身に付けよう	情報と情報技術を適切に利用選び、国内だけでなく国際社会との関係を考えよう	情報と情報技術を適切に利用する習慣を身に付けよう	情報と情報技術を適切に利用するとともに他に伝えよう	支え合いながら情報と情報技術を適切に利用しよう
	情報社会のルールや情報モラルの理解	自分や家族を大切にしよう	自分や他人の個人情報を守るなど、情報モラルを知ろう	著作権や発信した情報の責任を知ろう	望ましい情報社会のあり方や、情報モラル、セキュリティについて考えよう	情報社会のルールや情報モラルを守る習慣を付けよう	トラブルが少なく、情報モラルが浸透した情報社会をつくろう	支え合いながら、トラブルが少なく、情報モラルが守られる情報社会をつくろう
	消費生活情報に対する批判的思考力	身の回りの情報から「なぜ」「どうして」を考えよう	消費生活情報の目的や特徴、選択の大切さを知ろう	消費生活情報の評価、選択の方法について学び、社会との関連を理解しよう	消費生活情報を評価、選択の方法について学び、社会との関連を理解しよう	消費生活情報を主体的に吟味する習慣を付けよう	消費生活情報を主体的に吟味して行動しよう	支え合いながら消費生活情報を上手に取り入れよう

※本イメージマップで示す内容は、学校、家庭、地域における学習内容について体系的に組み立て、理解を進めやすいように整理したものであり、学習指導要領との対応関係を示すものではありません。

（大藪　千穂）

第2章
家庭科授業の実例と提案

① 家庭科授業の実例
A　家族・家庭生活
①小学校：家庭科を学ぼう

（1）本時のねらい

　これまでの自分の成長を見つめ，家庭科の学習に関心をもち，2学年間の見通しをもって学習に取り組もうとする。

（2）学習展開（1／1）

	学習活動	指導上の留意点・評価
見つめる	1．家庭科ではどのようなことを学習するか予想して話し合う。 ・調理実習でごはんなどをつくって試食をする。 ・ミシンを使って何かを縫う学習をする。 課題　これまでの自分の成長を見つめ家庭科の学習内容を知り，どんな自分になりたいか願いをもとう。	・教科書の表紙などからどのような教科なのか自由に予想させる。
課題を追究する	2．教科書の目次を見て，2年間で学習することを調べ，学習内容を理解する。 ・つくったり食べたりするだけではなく，家族のことや，掃除のことも勉強するんだね。 3．小学校4年生までの衣・食・住の生活をふり返り，どのように生活が営まれ，自分は成長してきたかについて考え，発表する。 ・食事や洗濯や買い物など，家の人に全部やってもらっている。 ・家の仕事はたくさんあるのに，自分はあんまりやれていない。家族に頼って生活している。 ・洗濯ものを取り入れたり，たたんだりすることを手伝っている。 ・食事の前に，茶碗を並べることをやるようになった。 ・着替えを自分で準備したり，着替えたりできている。教えてもらって少しずつできるようになってきた。 ・自分も家族の一員として役に立てるようになりたい。	・指導書付属の提示資料や，これまでの児童の作品などを提示する。 ・これまでの自分の成長には家族の理解や愛情に支えられていることや地域の支えがあったことに気づかせる。
できる・わかる	4．家庭科の学習内容と進め方を理解する。 ・家族・家庭生活，衣食住，消費生活・環境を学習するんだね。 ・進め方　　1　見つめる　→　2　調べる・やってみる 　　　　　　3　生活に生かす・新しい課題	・家庭生活の中から課題を見つけ，課題解決の方法を考えて取り組み，学んだことを自分の生活に生かしていく学習であることを押さえる。
	5．どのような家庭生活を送りたいか考え，発表する。 ・仲よく暮らしたい。　→家族や地域の人々との協力 ・気持ちよく暮らしたい。・健康に暮らしたい。　→健康・安全・快適 ・日本のよさを大切にしたい。　→生活文化の大切さに気づく ・環境のことも考えて暮らしたい。　→持続可能な社会の構築	・生活の営みに係る見方・考え方につなげ，4つの見方・考え方の視点を押さえる。
生かす	6．家庭科を学習して，できるようになりたいことや知りたいことを考え，発表する。 ・自分でごはんやみそ汁をつくれるようになりたいな。 ・買い物をするとき，何を見て買えばいいかわかるようになりたいな。 ・家族のために，ごはんをつくれるようになりたいな。 ・家族の一員として家庭生活をよりよくしていきたいな。	・これからの学習への思いや期待を交流することで，目指す自分の姿を具体的に描く。 【評価規準】 　家庭生活と家族の大切さに気づき，家庭科の学習に関心と見通しをもって学習に取り組もうとしている。（主体的に学習に取り組む態度）

（岐阜県小学校家庭科教育研究部会 研究長：下呂市立下呂小学校　古田 哲也）

1 家庭科授業の実例　B　食生活
②小学校：元気のもと ごはんとみそ汁

1　指導の立場

（1）題材について

　現代の日本では，動物性の食品をはじめさまざまな食べ物が手に入るようになり，十分な栄養を摂取できるようになった。一方で，食の欧米化が進み，日本の伝統的な食文化から離れつつある。食生活が変化したことにより，新たな課題として健康上の問題も出てきている。

　日本の食生活が大きく変化する中で，平成25年12月「和食；日本人の伝統的な食文化」がユネスコ無形文化遺産に登録された。子どもたちには，なぜ和食が世界に認められたのかということをきっかけとして，ごはんとみそ汁を中心とした一汁一菜の和食のよさを知ってほしいと考える。また，和食には欠かせない，だしのよさや役割を理解できるようにしたい。心も体も健康に過ごすことができるよう，和食の基本であるごはんとみそ汁を自分でつくることができるようになり，家族のためにつくりたいという願いをもつことができる子どもを育てていきたい。

（2）子どもの実態

　「はじめてみよう　クッキング」では，「健康」を中心に追究した。野菜を茹でたときに色が鮮やかで，食感がよいと食欲が増してよく食べられることに気づくことができた。また，「技」から追究すると，茹で時間と茹で始めるときのお湯の状態がポイントであることに気づくことができた。「健康」の視点から，食欲につながる「色」「固さ」という要素を習得することができた。

　日本の伝統的な食文化を学ぶ本題材では，「健康」の視点を中心に和食のよさを追究していく。和食は栄養バランスがよく，特にだしを生かしたみそ汁は「味」「香り」がよく食欲が増すことなどに気づけるようにしていきたい。そうすることで，「食事の役割」や「食欲」に着目して新たな要素を習得し，食生活を多面的に考えられるようにしていきたい。

　和食にとって，だしは欠かせない存在であると考える。「味」「香り」にかかわるだしについて，本学級の子どもにアンケートを実施した。

	家でだしをとっているか （保護者へのアンケート）	だしを知っているか （子どもへのアンケート）
はい	25人	15人
いいえ	4人	14人

　だしをとってみそ汁をつくっている家庭がほとんどであった。特に，鰹節のだしを使っている家庭が多かった。また，だしのとり方は，右の4つであった。

　中にはみそによってだしを変えるという家庭もあった。だしを使っていないと答えた家庭でも，だし入りのみそ

・素材からだしをとる（8人）
・だしパック（7人）
・粉末（3人）
・顆粒（6人）

を使用していることがわかった。これにより，子どもたちは日常的にだしの味に親しんでいることがわかる。

　子どもに，だしを知っているか問うと，半数が知っていると答えた。家庭で，だしをとってみそ汁をつくってはいるが，子ども自身はだしの存在を知らないという現状も明らかとなった。だしを知っていると答えた子どもに対して，だしについて知っていることを問うと，昆布，鰹節，煮干しなどのだしの素材を答える子が多くいた。なぜだしを使うのかを問うと，「味が濃くなるから」「うま味が出るから」「おいしくなるから」と答えた。その根拠は，「お家の人がよく言っている」「テレビでみそ汁のつくり方を見た」「自分でみそ汁をつくったときに知った」「お家の人がつくっているところを見た」などであった。このことから，だしのよさとして，言葉では知っているが，実感が伴っていないと考える。

　子どもたちの実態から，知識だけではなくだしの味や香りを実感し，だしのよさや役割に気づくことを目指したい。また，日本の伝統的な食事であるみそ汁の学習を通して，だしや実，みそを選択してみそ汁をつくることができる力をつけていきたいと考える。

(3) 自らつかみ，切りひらく「全校研究の視点」

　「家族」の視点から，今日の学びをふり返り，どのように家庭生活で実践できるかをノートに記述する。本時の学びを家庭生活に結びつけたとき，「家族」の視点から判断し，家庭に合わせた判断ができるようにしていきたい。

2　題材指導計画（全7時間）

(1) 題材でつけたい力

知識・技能	思考・判断・表現力	主体的に学習に取り組む態度
・米飯およびみそ汁の調理の仕方について理解している。 ・米飯およびみそ汁の調理ができる。	・おいしい米飯およびみそ汁の調理の仕方について考えたり，自分なりに工夫したりしている。	・日本の伝統的な日常食である米飯およびみそ汁に関心をもち，調理しようとしている。

(2) 題材の流れ

時	視点	ねらい	学習活動	評価規準
1	家族 健康	和食について調べる活動を通して，和食は栄養バランスがよく，「香り」「味」を大切にしていることに気づき，本題材で学びたいことや願いをもつことができる。	1　日本の伝統的な食事について知っていることを交流する。 和食が無形文化遺産に登録された理由を調べよう。 2　和食について調べ，交流する。 3　和食の基本であるごはんとみそ汁のつくり方を追究するための願いをもち，学習計画を立てる。	和食に関心をもち，本題材で学びたいことや願いをもち，学習計画を立てることができる。 （主体的に学習に取り組む態度）
		〈願い〉元気になれるごはんとみそ汁を自分でつくれるようになろう。		
2 3	健康 技	ごはんを炊きながら米の変化を観察する活動を通して，固い米が軟らかい米飯になるまでにはさまざまな過程があることに気づき，ごはんの炊き方や変化を理解することができる。	1　稲を提示して，米の特徴を調べる。 どのようにふっくらとしたごはんに変わっていくのだろう。 2　ごはんの炊き方を確認する。 3　米がごはんに変化する過程を観察する。 4　気づいたことを交流し，ポイントをまとめる。 5　今日の学びをもとに，どのように生活で実践できるかをまとめる。	ごはんの炊き方や変化を理解することができる。 （知識・技能）

時	視点	ねらい	学習活動	評価規準
生活	技	技（米の洗い方，水加減，浸水時間）を使ってごはんを炊き，食卓に出すことができる。	1　見つけた技（米の洗い方，水加減，浸水時間）を使って，ごはんを炊く。 2　ごはんを家族に食べてもらう。 3　実践のふり返りをする。 4　自分の家のみそ汁のつくり方を調査する。	
4			本　時	
5	健康技	材料に応じた切り方や加熱する順番に気をつけてみそ汁をつくることができる。	1　みそ汁の材料を提示して，手順を確認する。 実の切り方や入れる順番に気をつけてみそ汁をつくろう。 2　手順に沿って実習する。 3　今日の学びをもとに，どのように生活で実践できるかをまとめる。	材料に応じた切り方や加熱する順番に気をつけて，みそ汁をつくることができる。 （知識・技能）
生活	技	技（実の切り方，入れ方，加熱の仕方）を使って，家族の好みに合ったみそ汁をつくることができる。	1　見つけた技（実の切り方，入れ方，加熱の仕方）を使って，家族の好みに合ったみそ汁をつくる。 2　家族にみそ汁を飲んでもらう。 3　実践のふり返りをする。	
6	健康技	ごはんとみそ汁を同時につくる計画を立てる活動を通して，温かい料理を温かいうちに食べるためには調理計画が大切だということに気づき，家族に合わせて調理計画を立てることができる。	1　ごはんとみそ汁をつくる手順を確認する。 ほかほかのごはんとみそ汁をつくる調理計画を立てよう。 2　でき上がりの時間を決めて，ごはんとみそ汁を同時につくるための手順を考える。 3　グループで交流し，計画を修正する。 4　今日の学びをもとに，どのように生活で実践するかをまとめる。	同時に調理するために手順を明確にして，自分の家族に合わせた調理計画を工夫している。 （思考・判断・表現力）
生活	技	ごはんとみそ汁をつくるときの技を使って，ごはんとみそ汁を一人でつくることができる。	1　ごはんとみそ汁をつくるときの技を使って，ごはんとみそ汁をつくる。 2　家族に食べてもらう。 3　実践をふり返る。	
7	健康技	家庭実践をふり返る活動を通して，仲間の工夫を取り入れ，次もごはんとみそ汁を家族のためにつくりたいという意欲をもつことができる。	1　実践した感想を交流する。 実践したことを交流して，仲間の工夫を見つけよう。 2　グループで，上手にできたこと，うまくいかなかったこと，工夫したことを交流する。 3　仲間の実践を聞いて，工夫できることを考える。 4　次の実践の計画を立てる。	交流したことをもとに，ごはんとみそ汁の調理計画を工夫して次回の実践に生かそうとしている。 （主体的に学習に取り組む態度）

3　本時のねらい

　だしが入っているみそ汁とだしが入っていないみそ汁をつくって飲み比べる活動を通して，みそにだしが加わることによってうま味や風味が増すことに気づき，だしのよさや役割を理解することができる。

4　本時の展開（4／7）「生活をみつめる視点：家族，健康，（技）」

	視点	ねらい	学習活動	指導・援助
見つめる	家族	モデルとなる人物がつくったみそ汁について意見を交流して，だしを入れるとどのような違いがあるのか確かめてみたいという意欲をもつことができる。	1　みそ汁の材料を提示し，思ったことを交流する ・私の家では，いつもだしを入れるから，だしを入れたほうがいいと思います。 ・みそは味がしっかりしているから，だしが入っていなくても変わらないと思います。この材料でいいと思います。 ・多くの家でだしを使っているから，だしにはよさがあると思います。だしには，どんなよさがあるのかな。 2　本時の課題を確認する だしにはどのようなよさがあるのだろう。	・モデルとなる人物がつくったみそ汁について，自分の生活経験をもとに意見を交流する。だしが入るとどのような違いがあるのか追究したいという意欲をもてるようにする。 ・学級の実態を提示して，多くの家庭でだしをとってみそ汁をつくっていることを伝える。
深める	技 健 康	煮干しだしを用いたみそ汁の調理を通して，だしを入れることで，うま味が加わったり，みそ汁がよくなったりすることを理解することができる。	3　だしのとり方とみそ汁の手順を確認して，みそ汁をつくる。【示範→調理実習（グループ実習）】 ①煮干しの頭と腹わたを取り，鍋に入れる。 ②鍋に水を入れ，中火で加熱する。煮干しを取り除く。 ③だし汁にみそを入れて溶かす。 ④試食する。（だし入りみそ汁・だしなしみそ汁） ⑤片づける。 4　調理実習や試食で気づいたことを交流する【グループ交流】 ・水に煮干しを入れて加熱するだけで，簡単にだしがとれた。 ・煮干しを入れて煮ると，魚のいい香りがした。おいしそう。食欲につながる香りだな。 ・煮干しを入れて加熱すると，湯の色が少し変わった。煮干しのだしが出た証拠だと思う。 ・みそだけのみそ汁よりも，味が濃くなったように感じた。 5　だしがあるときとないときの違いを交流する【全体交流】 ・だしをとっているときに，魚のいい香りがしました。みそを入れた後も，だしとみその香りが合わさって，とてもいい香りがしました。いい香りがすると食欲がわくと思います。 ・だしを入れると味が濃くなったように感じました。魚のうま味が出たのだと思います。味がしっかりすると，ごはんがよく食べられると思います。このうま味も食欲につながると思います。	・調理の手順を示範と手順カードで確認する。 ・同じ分量でだしなしのみそ汁もグループごとにつくる。 ・調理実習中は，「香り」「色」に着目して追究できるように，香りと色の変化について問いかける。 ・グループ交流では，「香りのよさ」と「味の濃さ」に着目し，だしのよさや役割に気づくことができるようにする。 ・気づいただしのよさを，自分の家庭につなげて考えられるように，「だしのよさや役割」と「自分の家庭」をつなぐ支援をする
生活に生かす		本時の学習をもとに，どのように家庭で実践することができるかをノートに記述することができる。	6　だしについて学んだことをもとに，どのように家庭生活で実践できるかをまとめる ・私の家では，だしをとっていない。今日，だし入りのみそ汁を飲んだら，とてもおいしかったから，家でも煮干しからだしをとって，家族に飲んでもらいたい。 ・だしを入れると味が濃くなったように感じたから，みその量をもう少し減らすことができると思う。健康にもつながるよさがあると思う。 ・だしを入れると味や香りが違うことがわかった。でも，お父さんは魚が苦手だから，煮干しだしは合わないと思う。だしにはほかにも種類があったから，ほかのだしでみそ汁をつくって，僕の家に合うみそ汁を見つけたい。	・煮干し以外のだしの素材を見せて，さまざまなだしがあることを確認する。「家族」の視点から，今日の学びをもとに，どのように家庭で実践することができるかノートに記述する。 【創造の場】 評価規準【知識・技能】 　だしのよさや役割を理解している。 （発言・ノート）

（令和元年度　岐阜市立長良小学校 中間研究会　公開授業より）

（岐阜市立長良小学校　小井戸 あや乃）

1 家庭科授業の実例　B　食生活

③小学校：食べて元気に

1 「社会を創造する子」を目指して

（1）題材について

①本題材でつくり出す新たな意味や価値

> 伝統的な日常食である米飯とみそ汁について，調理の仕方を理解し，自分で調理
> できるようになり，家族の好みや健康を考えて家庭実践に取り組むことができる。

②題材の構想について

　本題材は，学習指導要領「B 調理の基礎」の内容であり，米飯とみそ汁の調理に関する基礎的・基本的な知識および技能を身につけることをねらいとしている。ごはんとみそ汁は，わが国の伝統的な日常食であり，私たち日本人の食生活には欠かすことのできない食事であるが，子どもたちはみそ汁に使われるだしや，みその香りを損なわない扱い方についてほとんど知らない。また，家庭でだしからみそ汁をつくることも少ないと思われる。そこで，おいしいごはんとみそ汁をつくることができるようになるために実習を中心とした体験的な活動を仕組み基礎・基本を確実に習得させていきたい。また題材を通して「生活みつめ」を位置づけ，家庭で行っている工夫などを調べるようにする。そうすることで，日常の食事の中で何気なく口にしているごはんとみそ汁にもっと目を向けさせ，なぜ食べるのか，栄養的にバランスのとれた食事にするためにはどうしたらよいのかを考えるとともに，家庭で楽しく食事をする大切さを理解し，日常生活に生かしていくことができるようにしていきたい。さらに，学んだことを家庭で生かすことができるように子どもたちが主体的に学び，自分が家族の一員としてできることを考えていくことができるようにしたい。

（2）本時について

①本時におけるつくり出す場

　本時では，自分が家庭でつくりたいみそ汁の手順を考える活動を仕組む。だし，家族の好みや健康を考えて自分が選んだみそ汁の実，みそを正しい手順，入れ方，火加減でつくる計画を立て，家庭でも香りのよいおいしいみそ汁をつくることができる確かな技能を身につけさせるとともに，家庭実践の意欲を高められるようにする。

②展開

　グループごとに，共通の実（大根・油あげ・ねぎ）でみそ汁をつくるようにする。導入では，「生活みつめ」で調べてきたことをもとに，みその入れ方や火加減を共通理解し，実習に向かう。実習中は"香り"がよく"おいしい"みそ汁をつくるために，鍋の状態をよく観察し，火加減を調節したり，実を入れたり，みそを入れたりできるようにし，確実な知識と技能を身につけられるようにする。

③終末で目指す子どもの姿

学んだことを生かし，家族のために自分ができることを考えることができる。

> 沸騰したらみそを入れて，もう一回沸騰したらすぐに火を消して，香りのいいみそ汁をつくることができた。実を入れる順番も火が通りにくいものから入れたから固さもちょうどよくておいしいみそ汁をつくることができた。今度は家族の好みを考えた実を入れてみそ汁をつくってみたい。

(3) インクルーシブ教育について

実やみそを入れる手順，なべの状態，火加減について，グループごとにホワイトボードを準備し，マグネットを貼ったり，移動させたりすることで，ペアで考え，話し合ったことを可視化できるようにする。

2　本題材でつくり出す新たな意味や価値

伝統的な日常食である米飯とみそ汁について，調理の仕方を理解し，自分で調理できるようになり，家族の好みや健康を考えて家庭実践に生かそうとすることができる。

3　本時のねらい

みそ汁をつくることを通して，実の入れ方，みその入れ方，火を消すタイミングに気をつけ，香りのよいおいしいみそ汁をつくることができる。

4　評価規準

だし，実，みそを入れる手順に気をつけて，香りのよいみそ汁をつくることができる。

（知識および技能）

5　本時の展開（8 ／ 11）

	社会を創造する子の歩み	3つの杜から捉える子どもの姿	見方・考え方を働かせる指導・援助
導入	1　課題提示「みそ汁をつくります。どんなみそ汁をつくりたいですか。」 ・実の固さがちょうどよいみそ汁 ・ダシとみそが合わさって香りや味がいいみそ汁 今まで学んだことを生かして香りのよいおいしいみそ汁をつくろう〔生活文化〕 2　生活みつめ：みその入れ方で知っていること ・みそを溶いて入れる。 ・みそを入れたら，沸騰させない。	・本時につくりたいみそ汁について，願いやあこがれをもつことができる。 （学びに向かう力，人間性等） ・みその入れ方についてどのように入れればよいか考えようとしている。 （思考力，判断力，表現力等）	➡机上には，煮干しと切った実とみそを準備しておく。 ➡「生活みつめ」や既習の内容を想起させて考えられるようにする。
	3　本時につくるみそ汁の手順を確認する ・みそを入れるのは，最後だな。 ・みそを入れて，再び沸騰（一煮立）したら火を消せばいいんだ。	・わかったことを実習に生かそうとしている。 （学びに向かう力，人間性等）	➡班ごとのホワイトボードで調理手順・なべの状態・火加減を確認できるようにする。

	社会を創造する子の歩み	3つの柱から捉える 子どもの姿	見方・考え方を働かせる 指導・援助
展開	4　調理実習 ・大根は火が通りにくいから，だしと一緒に最初からなべに入れよう。 中火 ・大根が透きとおったら火が通った証拠だな。 ・大根の次に，あげを入れよう。 ・みそは固まりにならないように溶いて入れよう。 ・沸騰したら香りを逃さないように弱火にしてみそを入れよう。 弱火 ・みそを入れて，表面がグラッとゆれたら火を消すんだな。 消火 ・ねぎは生でも食べられるし，緑の色を残したいから最後に入れよう。 5　試食 ➡ グループ交流 ➡ 全体交流 ・みそのいい香りがして，おいしそう。火を消すタイミングがよかったな。 ・だしとみそが合わさって，おいしいみそ汁ができた。 ・大根も最初から入れたから，やわらかくなった。 ・今度はねぎをもう少し厚く切って，ねぎの味を味わいたい。そのときは，みそを入れる前にねぎを入れたほうがいいな。	・わかったことを実習に生かそうとしている。 （学びに向かう力，人間性等） ・実を入れる順番，みその入れ方，火の調節の仕方に気をつけて調理を行うことができる。 （知識および技能） ・仲間の意見と自分の考えを比べながら聞き，家庭実践に向けて考えることができる。 （思考力，判断力，表現力等）	➡ 班ごとのホワイトボードで調理手順・なべの状態・火加減を確認できるようにする。 ➡ 自分の分担を明確にし，自ら行動できるようにする。 ➡ ペアで協力して調理している様子を価値づける。 ➡ 香り・実の固さについて追究できるようにする。
終末	6　創り出す場 【自分が家庭でつくりたいみそ汁のつくり方を考える】 ・みその香りを逃さないようにするために，みそを沸騰させないで，みそを溶いたらすぐに火を消したい。 ・妹が好きなじゃがいもの食感を大切にしたみそ汁をつくりたい。じゃがいもは火が通りにくいから最初に入れて火が通るようにしたい。 ・わかめは食感と色をよくしたいから，最後に入れよう。みそを溶いてからでもよさそうだな。 ・いろいろな栄養素を摂りたいから，具だくさんのみそ汁をつくりたい。 (生活文化)(健康)	・学習してわかったことを生かして手順を考えることができる。 （知識および技能） ・自分の生活とつなげて考え，これからの生活に生かそうとしている。 （学びに向かう力，人間性等）	➡ 自分の願いをもとに考えられるようにする。 ➡ 今まで学習してきたことを生かして考えている姿を価値づける。
	7　ふり返り 　　沸騰したらみそを入れて，もう一回沸騰したらすぐに火を消して，香りのいいみそ汁をつくることができた。実を入れる順番も火が通りにくいものから入れたから固さもちょうどよくておいしいみそ汁がつくれた。今度は家族の好みを考えた実を入れてみそ汁をつくってみたい。		➡ 家庭実践に生かそうとする姿を価値づける。

6　題材構成表

題　材　名	5年生　食べて元気に　（全）11時間　内容B（1）（2）（3）
題材の目標	・毎日の食事に関心をもち，栄養を考えた食事をしようとしている。（学びに向かう力・人間性等） ・食品の栄養的な特徴や食品の組み合わせに関心をもっている。（学びに向かう力・人間性等） ・おいしいごはんのたき方やみそ汁の調理の仕方について考えたり工夫したりしている。 　　　　　　　　　　　　　　　　　　　　　　　　　　　　　　（思考・判断・表現） ・具の切り方や入れるタイミングについて考えたり工夫したりしている。（思考・判断・表現） ・伝統的な日常食であるごはんとみそ汁の調理の仕方を理解し，適切に調理することができる。 　　　　　　　　　　　　　　　　　　　　　　　　　　　　　　（知識・技能） ・五大栄養素の種類と働きについて理解している。（知識・技能） ・食品に含まれている栄養素の体内での主な働きにより3つのグループに分ける分け方がわかる。 　　　　　　　　　　　　　　　　　　　　　　　　　　　　　　（知識・技能） ・ごはんとみそ汁の調理の仕方について理解している。（知識・技能）

| 貫く課題 | 家族の健康や好みを考えて，おいしいごはんとみそ汁をつくろう。 |

生活文化　健康

生活文化　健康　協力　協働

「ごはんとみそ汁」実践交流会をしよう
◆家族のみんなが，じゃがいもと玉ねぎのみそ汁が好きだから，つくってみたよ。
◆煮干しでだしをとって香りのよいみそ汁をつくることができた。
◆夕食のごはんとみそ汁をつくることができた。「おいしい」と言ってもらえてうれしかった。

安全　健康　生活文化　協力　協働

【見方・考え方】
◆だしとみそ汁が合わさって，味や香りがよくなるんだな。
◆実の厚さをそろえることと，実を入れる順番を考えてみそ汁をつくろう。
◆なべの様子（実やみそ）を見ながら，火加減を調節していくことが大切だ。
◆家族の好みを考えて実やみそを選んでつくってみたい。

健康　協力

【見方・考え方】
◆毎日食べている食品は，体の中でどんなはたらきをしているのかな。
◆みそ汁とごはんでたんぱく質と炭水化物の栄養素を取り入れることができそうだ。
◆家でつくるときはみそ汁の実をいろいろ工夫してみよう。

みそ汁をつくってみよう・ごはんをたいてみよう⑤⑥⑦⑧⑨⑩⑪
・みその種類によって，味や香りが違うことがわかる。
・煮干しでだしをとる方法を知り，だしによってみそ汁の香りや味わいが変わることがわかる。
・実の切り方や入れるタイミングについて考えたり，工夫したりしている。
・だし，実，みそを入れる手順に気をつけて，香りのよいみそ汁をつくることができる。
・米の洗い方，給水，蒸らし方について理解することができる。
・おいしいごはんの炊き方やみそ汁の調理の仕方について考えたり，工夫したりしている。

生活文化　健康　協働

【見方・考え方】
◆毎日食べている食べ物は，体の中でどんなはたらきをしているのかな。
◆ごはんとみそ汁はずいぶん昔から食べられてきた。

栄養について知ろう②③④
・五大栄養素の種類とはたらきについて理解している。
・食品に含まれている主な栄養素の体内での主な働き3つのグループに分ける分け方がわかる。

★昨日食べたみそ汁からはどんな栄養素がとれそうかな。

★みその種類がこんなにあるなんて知らなかった。家では豆みそを使っているぞ。
★家では顆粒だしを使っている。時間が短縮されるよさがあるけど，塩分が高いんだな。煮干しでだしをとると，カルシウムもとれて体によさそうだ。
★実の種類によって切り方や入れる順番を考えなければならないな。
★やわらかく，ふっくらしたごはんをつくるためには，しっかり吸水させることが大切なんだな。

なぜ食べるのか考えよう①
・毎日食べている食事に関心をもち，栄養を考えた食事のとり方をしようとしている。

★毎日の食事についてふり返ってみよう。

見つめる　　追究し身につける　　生かす

内容	なぜ食べるのか考えよう	五大栄養素のはたらき 食品のグループとそのはたらき	みそ汁をつくってみよう ごはんをたいてみよう	実践！今までの学習を生かしてごはんとみそ汁をつくろう
		B (6) ア (イ)		
時　数	1	3	7	
評価規準 学びに向かう力・人間性等	①毎日食べている食事に関心をもち，栄養を考えた食事のとり方をしようとしている。			家庭実践の様子を交流することを通して，お互いのよさを認めたり，自分の生活に取り入れたりすることができる。
思考力・判断力・表現力等			⑦実の切り方や入れるタイミングについて考えたり工夫したりしている。 ⑪おいしいごはんの炊き方やみそ汁の調理の仕方について考えたり工夫したりしている。	
知識・技能		②五大栄養素の種類とはたらきについて理解している。 ③④食品に含まれている主な栄養素の体内での主なはたらきにより3つのグループに分ける分け方がわかる。	⑤みその原料である大豆について考え，みそによって味や香りが違うことがわかる。 ⑥煮干しでだしをとる方法を知り，だしによってみそ汁の香りや味わいが変わることがわかる。 ⑧だし，実，みそを入れる手順に気をつけて，香りのよいみそ汁をつくることができる。 ⑨⑩米の洗い方，吸水，水加減，火加減，蒸らし方について理解することができる。	

（令和元年度　岐阜市立長良西小学校 教育公開　公開授業より）

（岐阜市立長良西小学校　田中　菜月）

1 家庭科授業の実例　B　食生活

④小学校：まかせてね　今日の食事

1　題材観

　本題材は，学習指導要領第6学年の内容B(3)ア(ア)(イ)(ウ)イ，C(1)(ア)(イ)(2)アイに基づいて構成されている。

　家族のために栄養バランスを考えて，1食分の献立を考え，おかずの調理を工夫することを通して，献立作成の基礎・基本的知識および技能を身につけるとともに，日常生活で実践しようとする態度を育てることをねらいとしている。栄養バランスや，地産地消などの視点をもたせ，ごはんと汁ものに合うおかずを考えることを通して，目的に合った献立を作成することの大切さや家族が喜ぶおかずをつくりたいと願う姿を育てたい。

2　児童の実態

　岐阜県は，野菜摂取量1日350gがなかなか摂取できず，男女とも下位（男子38位，女子33位）のため，地産地消を掲げ「野菜ファーストプロジェクト」を推奨している。下呂市では，G3「下呂減塩元気大作戦」として「おいしく減塩1日マイナス2g」「子どもたちに健康な未来を」と呼びかけ活動をしている。児童の実態を分析すると，朝食における野菜の摂取量が30％以下と低い。また，休日の夕食も40％以下と摂取量が少ない。給食のみそ汁と自分の家のみそ汁の味を比べたところ，20％の児童が家のほうが濃い（からい）と答えている。調理に対する興味・関心も高く，85％の児童が，家族と週1回以上調理をしているが，経験が少ない児童もいる。本時は，誰もが食べる給食のおかずを下呂市の食材を取り入れて組み合わせることを通して，家族の一員として家族のために，自分で調理ができる姿や，食生活を改善しようとする姿勢を育て，どんな視点で献立を立てると「健康」になるか，見方・考え方を広げたい。

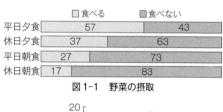

図1-1　野菜の摂取

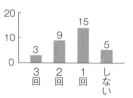

図1-2　1週間の調理回数

3　研究とのかかわり

【研究テーマ】よりよい生活を創り出す豊かな心と実践力の育成～「してもらう自分」から「できる・生かす自分」へ

〈研究内容1〉　題材指導構想の工夫

① 生活とのつながりや題材における資質・能力を明確にした題材構成表の工夫

　8月から新しくなった給食センターに，家庭科の学習で考えた献立を提供するとい

う，共通の窓を児童にもたせ，調理経験が少ない児童も意欲的に献立作成に向かえるようにグループで選んだおかずを試食することを通して，どの児童も「健康」を意識した献立作成に臨めるように工夫した。また，授業の導入では，自分の家庭生活を想起させることを大切にし，単元の終わりでは，家族への感謝や健康に生活できる意識を高めたい。
ger0K0mu2019!

〈研究内容2〉　学習過程の工夫

②生活にかかわる事象を捉え，見方・考え方を広げ深めていく主体的・対話的で深い学びの工夫

　どんな視点で，給食のメニューを栄養士さんが考えているかを聞いたり，献立表から調味料や野菜の組み合わせの工夫を見つける活動を通して，見方・考え方が広がるように前時までに指導する。本時では，8種類のおかずを決めた仲間の視点を参考に，自分のグループが決めたおかずに対して，さらにもう1皿足すときに，どの視点を大切にするか児童に考えさせる。仲間のつくったおかずを試食した体験を生かし，「栄養のバランス（健康・旬・地産地消）」「いろどりや味（食文化）」「家族の好み（仲間の好み）」「費用（旬・家にあるもの）」などの視点で考え，自分のおかずを工夫し，お昼の校内放送で献立を紹介する文をまとめる活動を取り入れる。

○ 題材名「まかせてね　今日の食事」1食分の献立を工夫しよう。（9／10）

○本時のねらい

　給食センターに提案する1食分の献立を考えることを通して，「栄養バランス」「いろどりや味のバランス」「旬」の視点で考えなければならないことに気づき，自分の献立を工夫することができる。（思考・判断・表現）

	活動内容	児童の考え方や反応	留意点
つかむ	○既習事項の確認	○貫く課題を確認し，各グループのPRポイントを確認する。 ・食品数，栄養バランスなどのPRポイントを確認する。	○既習事項の定着状況を見届ける。 ・選ぶポイントを明確にし，放送原稿をつくることを確認する。
	○課題設定	課題　みんなが健康になる給食の献立を立てるために，どんな工夫ができるだろう。	・麦ごはん，みそ汁（豆腐・わかめ）のおかず
追求する	○個人追求	○前回の視点をもとに，おかずの改善点を書き，改善方法の見通しをもつ。	健康・快適・安全（栄養バランス） 食文化の継承・創造（地域の食材）

おかず	栄養	いろどり	旬	その他
野菜のベーコン巻	◎	○	えのき　○	
さつまいものサラダ	◎	○	さつまいも　○	
ラタトゥイユ	◎	○		トマト・ピーマン
ゆで卵のサラダ	○	△		
ツナと卵炒め	○	△	ほうれんそう　○	
ジャーマンポテト	◎	○		じゃがいも
青菜とにんじんとちくわのごま風味	○	○	ほうれんそう　○	ほうれんそう
根菜のきんぴら	◎	○	れんこん　○ ごぼう	こんにゃく

	活動内容	児童の考え方や反応	留意点
深める		①「栄養バランス」（野菜・加工食品・たんぱく質） ②「いろどりや味のバランス」（食品の数・味つけの工夫） ③「旬」 ④その他（地産地消・調理時間） ○自分がPRしたい視点をもとに，1食分の献立を選ぶ。 ①加工食品は手軽，たんぱく質がとれる。 ②いろいろな種類の野菜がとれる。ごま・かつおで味の調節 ③多くの人が好む味，素材の味，組み合わせ（薄味＝健康） ④（秋を中心に）旬は，安価・栄養価が高い	・県の取り組み「野菜ファースト」や下呂市の取り組み「減塩対策」をふり返る。 ○課題解決の見通しを見届ける。 ・調理方法（ゆでる・いためる） ・栄養バランス ・いろどりや味のバランス ・旬（地産地消）などの視点を与える。

	活動内容	児童の考え方や反応	留意点
ま と め る	○全体交流 ○本時のまとめ ○評価	○改善ポイントを明確にして交流する。 ・PRポイントは，旬です。旬の野菜は栄養価が高く，みんなが健康になります。 ・きのこが苦手な人がいるので，ベーコンで包めばおいしくなり食べやすく，健康になります。 ・根菜の野菜を使い，いろどりや種類を増やすと，食欲が増し，健康になります。 ・苦手なものを食べることができたので，自分もみんなも健康になると思いました。 まとめ　献立を立てるためには，不足しているところに気がつき，「栄養バランス」「いろどりや味のバランス」「旬」の視点で考えるとよい。 （放送原稿）今日の献立を紹介します。麦ごはん，みそ汁，野菜のベーコン巻，根菜のきんぴらです。秋は，いろいろな種類のきのこを食べることができます。小坂の○○さんがつくったえのきのベーコン巻と，○○さんがつくったしいたけを入れたきんぴらをつくりました。旬の食材は，栄養価が高いだけでなく価格も安いです。よく噛んで食べましょう。	○小集団での学習状況を見届ける。 ・献立のバランスを仲間の意見を聞いて確かめる。 【評価】 （思考・判断・表現力） ・1食分の献立の栄養バランスについて問題を見いだして課題を設定し，さまざまな解決方法を考え，実践を評価・改善し，考えたことを表現するなどして課題を解決する力を身につけている。 ○課題についてまとめさせることで，定着状況を見届ける。 ・放送原稿は早い児童のみ。

まかせてね 今日の食事【企画書】　6年　組　番　班　名前（　　　　　　）

つらぬく課題　1食分の献立を工夫し，給食センターへ提案することを通して，みんなが健康になる食事をつくるためにはどうしたらいいだろう。

課題

（1）挑戦すること!!（問題点を見つけて，解決しよう！）

	【わけ】♡願い♡

（2）1食分の献立を立てよう　　　　　　　　　　　　【おすすめ献立】

□つくったおかずアレンジ

□新しいおかずプラス

□みそ汁の具をプラス

麦ごはん　　みそ汁

	炭水化物	脂質	たんぱく質	無機質	色の濃い野菜	その他の野菜
主食　ごはん	こめ					
汁物　みそ汁			とうふ みそ	わかめ		
牛乳				牛乳		
おかず						
補うおかず						

今日の挑戦は，解決できたかな？

献立ができたら，自分の献立の改善点とPRポイントを交換しよう！

確認しよう！	前回の献立	今日の献立
①栄養バランス（3色ある）		
②いろどり・味のバランス（食品の数・味つけの工夫）		
③旬		
④いろいろ（旬・地産地消）		

【ふり返り～「してもらう自分」から「できる自分へ」～】

みんなが健康になるように，PRポイントを意識して献立を立てた。　　（4・3・2・1）

仲間の献立のよさに気づくことができた。　　（4・3・2・1）

実習や試食を通して，休日に家族のために何か調理ができそう！　　（4・3・2・1）

まかせてね　今日の食事　　　　　　　　　**6年　名前（　　　　　　　）**

つらぬく課題　1食分の献立を工夫し，給食センターへ提案することを通して，みんなが健康になる食事をつくろう。

【この献立を食べると　みんな健康!!】

★ [　　　　　　　　　　　　　　　　　　　　　　　　　　　　] ★
★ 　　　　　　　　　　　　　　　　　　　　　　　　　　　　　★

【献立紹介文】放送委員の立場で，自分の献立のよさをPRしよう！

みなさん，こんにちは。

今日の献立は，ごはん・みそ汁・　　　　　　　　　　　　　　　　です。

【ふり返り～「してもらう自分」から「できる自分へ」～】

みんなが健康になるように，PRポイントを意識して献立を立てた。　　（4・3・2・1）

仲間の献立のよさに気づくことができた。　　（4・3・2・1）

実習や試食を通して，休日に家族のために何か調理ができそう！　　（4・3・2・1）

題材構成案

題　材　名	6年生－12　まかせてね　今日の食事（全10時間）内容B
題材の目標	・家族のために1食分の食事を考え，家族とともに楽しい食事の時間をつくろうとしている。（学びに向かう力，人間性等） ・給食センターへ提案するおかずを考えることを通し，家族が喜ぶ1食分の献立とおかずについて考えたり，食品を組み合わせたりして自分なりに工夫している。（思考力，判断力，表現力） ・栄養バランスを考えた1食分の献立の立て方，食品の選び方について理解し，材料や目的に応じたゆで方や炒め方で，環境に配慮しながら1食分の献立をつくることができる。（知識及び技能）

貫く課題　1食分の献立を工夫し，給食センターへ提案することを通して，家族が喜ぶ楽しい食事をつくろう。

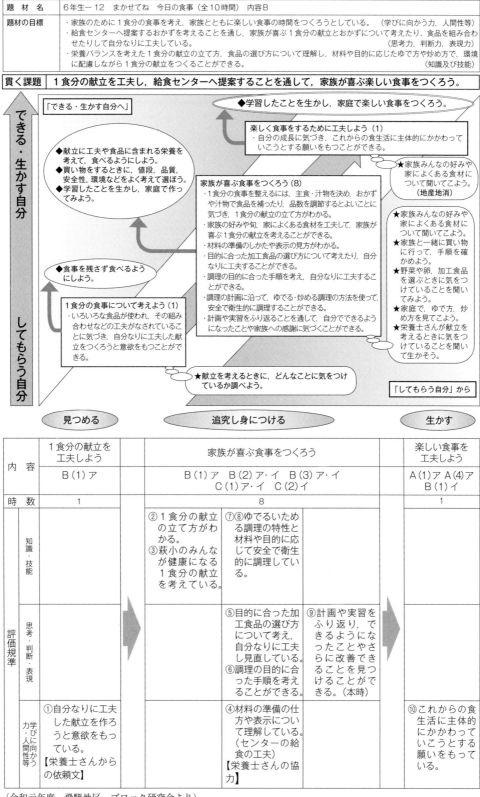

（令和元年度　飛騨地区　ブロック研究会より）

（下呂市立萩原小学校　細江 利佳）

1 家庭科授業の実例　B　食生活

⑤中学校：豊かな食生活を目指して

1　題材名

魚を使った調理実習（第8時／全9時）

2　題材について

　本題材は，肉・野菜・魚の食材を扱う調理を行う活動を通して，日常食の調理について課題をもち，食品の選択と調理，食品の調理方法にかかわる基礎的・基本的な知識および技能を身につけ，日常食に活かした調理を工夫することができることをねらいとしている。

2　内容　B　衣食住の生活
（3）日常食の調理と地域の食文化
ア　（ア）日常生活と関連付け，用途に応じた食品の選択について理解し，適切にできること。 　　　（イ）食品や調理用具等の安全と衛生に留意した管理について理解し，適切にできること。 　　　（ウ）材料に適した加熱調理の仕方について理解し，基礎的な日常食の調理が適切にできること。 　　　（エ）地域の食文化について理解し，地域の食材を用いた和食の調理が適切にできること。
イ　日常の1食分の調理について，食品の選択や調理の仕方，調理計画を考え，工夫すること。
3　内容の取扱い
（3）「B　衣食住の生活」については，次のとおり扱うものとする。
エ　（3）のアの（ア）については，煮る，焼く，蒸す等を扱うこと。また，魚，肉，野菜を中心として扱い，基礎的な題材を取り上げること。 　オ　食に関する指導については，技術・家庭科の特質に応じて，食育の充実に資するよう配慮すること。

　『東京都予防医学協会年報』によると，近年の日本では肥満，高コレステロール，高血圧などの生活習慣病対策が必要な小・中学生（生活習慣病予備軍）は10人に4人いる。その背景には，食生活や生活スタイルの多様化や，肉類の需要が増加していることが原因と考えられている。

　本校においても，休日の昼食をインスタント食品に頼る生徒が約4割，朝・昼兼用で食事をする生徒が約4割いることがわかった。毎日の食事は，保護者がつくっているため食事をつくることがないということや，学校が休みだから生活リズムが崩れ，1日2食の生活になる生徒が多くなったことが原因として考えられる。いつも食事が準備されていることや，自分でつくることが面倒だという理由で，調理経験が乏しいことが大きな原因となっていることがわかった。そのため，本題材で扱う料理を手軽につくることができるものにすることで，料理が身近になり，日常でも料理をつくる機会が増えると考えた。

　本時では，さばを使った調理実習を行う。さばは秋が旬であることや，安く手に入れることができること，また切り身の魚を使うことで，調理がしやすい利点がある。

　調理実習を通して「おいしそう，おいしい料理をつくる」という課題を設定し，実習を行っていくことで，たんぱく質が熱によって変性，凝固すること，生臭さなど魚の調理上

の性質に気づく生徒が増えると考える。

3　研究について

〈研究内容1〉　「何ができるようになるか」を明確にした題材構想

　技術・家庭科において研究主題に迫るためには，課題解決のために，目的と方法の折り合いをつけ，『よさ・強み』を発揮して，他者との協働や試行錯誤の中で考えを再構築することが必要である。

　題材の第1時に，調理のよさについて考え，生徒が発言した内容である。

> 　私が考える調理のよさは，健康な体を手に入れるためだと思います。自分で調理をすることで，進学や就職をして家族と離れて生活したときに，調理ができることと健康を意識した栄養バランスのよい食事を自分でつくることができるからいいと思いました。また，私は卵アレルギーなので，安全に気をつけ，よりおいしい料理がつくれるというところから，これから自分で調理をして健康で安全な調理をしていくためにも，授業で技能を身につけて，今後の生活にいかしていきたいと思います。

　上記のように調理の魅力に気づき，興味をもち，もっと知りたい，どうしたら自分の生活にも取り入れられるのだろうという，願いをもつことにつながる。その願いのもと「健康で安全な食生活にするためには，どうするとよいのだろう」を本題材の貫く課題とした。また，願いをもつ中で見つけた見方・考え方を，「見方・考え方カード」を使い可視化することで，題材を通して意識し続けることができる。

　授業の中で願いをもち，貫く課題のもと第1時と第2時の家庭学習で，一品または1食分の和食の調理をする宿題を設けた。すると，煮物をつくってきた生徒は「実際につくってみてすごく大変だった。でも，食材を同じ大きさに切りそろえることで，軟らかさが一緒になりとてもおいしかったです」や，焼き魚をつくった生徒は，「身が崩れてしまい見た目がよくなかった。お母さんに聞いたら，皮から焼くときれいに焼けると教えてくれたので，次に焼くときは皮から焼きたいです」とふり返った。彼らは，授業で調理のよさを知り，自分の食生活を健康で安全な食生活にするために，宿題を通して実際に調理をし，評価を行い，次に生かそうという姿が見られた。これこそが，家庭科の『よさ・強み』であり，これらのプリントを背面に掲示することでほかの生徒もその『よさ・強み』に気づくことができると考える。

　その後，授業内で基礎的・基本的な知識および技能を身につけ，調理実習を行うことで，生徒はおいしい料理を自分でつくれたという達成感をもつことができた。また，家庭でも自分でつくろうという意欲につなげていけるような題材構想とした。

〈研究内容2〉　『よさ・強み』を発揮するための指導援助

■生徒の実態把握（『よさ・強み』）

　本時までに，生徒は調理をするとき「おいしそうな料理」，「おいしい料理」について話し合いを行い，その中で何を意識して調理をすると自分の「おいしそうな料理」，「おいしい料理」に近づくのかという視点を明らかにした。

　本時では，互いが意識した視点をもとに話し合う時間を設けた。ホイコーローの調理実習では，「見た目」をよくするために，盛りつけをする際，にんじんが見えると，キャベツや玉ねぎの色合いがよりきれいに見えるということに気づいた生徒や，家庭学習で一品

または１食分を調理する中で，保護者と生徒が切ったきゅうりの薄さを比較し，薄いほうがきゅうりの酢の物には味がしみ込みやすいため，料理によって調理方法を変えることが大切だということに気づいた生徒など，これまでにもった調理に関する『よさ・強み』を発揮し，生徒が意識して料理したことについて意見を交わすことができると考える。

■必然性のある課題の生み出し

「肉の調理上の性質」では，肉を焼く実験を行った。生肉と焼いた肉を比較すると「肉の大きさが変わった」と驚いている生徒の姿が見られた。生徒の予想は，「食品成分表から肉の中の水分が，熱を加えることで抜けた」という意見や，「脂質が含まれているので解けて小さくなる」などさまざまな意見が出てきた。そこで，授業内ではたんぱく質の熱凝固という原理や，部位によっても硬さや脂が変わってくることを指導した。すると，「魚もたんぱく質が多いから同じようになりますか」という質問が出てきたため，魚の調理上の性質で確認した。本時では魚の調理上の性質を踏まえた上で，同じ主成分であるたんぱく質を題材にして，「おいしそう，おいしいさばの塩焼きをつくるためにはどうしたらよいだろう」という共通の課題にし，「おいしそう，おいしいさばの塩焼きをつくるため」に何を特に意識するのかという視点で個人課題を設定することで必然性のある課題を生み出すことができると考える。

〈研究内容３〉　自己の変容を自覚するための手立て

本時で扱う学習プリントには，班で考えた調理計画が記入されている。本時，調理が終わった段階で，すぐ試食をするのではなく，「おいしい，おいしそうな調理」ができたかどうかの評価を記入するためには食べるその瞬間が大切だと考える。

その後，班内や，全体での話し合い活動を行う中で，自分の意見や考え方に変容があった場合や，再確認できた場合には，その都度，最初に考えた計画表に書き込めるような工夫をしていく。また，誰がどの意見を言ったのかを教師も生徒も把握しやすくするために，ペンで色分けをする。このような工夫をすることで，自分の意見からどのように変容したのかがわかりやすくなる。

そして，本時の終末では，「何ができるようになったのか」，「どうしてできるようになったのか」根拠をもとに具体的に記入していくことで，変化の裏にある思考が表面化され，自己の変容を自覚しやすくなる。

４　題材構想図（108ページ参照）

５　本時のねらい

安全面・衛生面と「おいしそう，おいしい」を意識しながら魚の調理をすることを通して，魚の調理上の性質を踏まえた調理方法を工夫し，身崩れすることなく調理することができる。

6　本時の展開（第８時／全９時間）

学習活動	研究との関連（◇）および留意点（・）
1　よりおいしいさばの塩焼きを調理するためにはどの 　視点を大切にするとよいのか確認する。 ・見た目（形・色）　　・味　　・食感 ・におい（くさみ） 　　「おいしそう，おいしい」さばの塩焼きをつくる 　ためにはどうしたらよいだろう。 2　班で立てた計画をもとに調理を行う。 　＊一人一切れ準備し，計画を確認しながら班ごとで魚 　　の調理を行う。 3　プリントをもとに自己評価をし，試食をしながら班 　交流をする。 　・意外と簡単にくさみもなくできたね。 　・身崩れしている。どうして身崩れしたのだろう。 　・見た目もよくて，生臭さもないね，おいしくできた。 　　塩を振っておいたからかな。 　・もっとおいしくするためには，大根おろしと一緒に 　　盛りつけると，さっぱり食べられておいしいかもし 　　れないね。 4　交流する。 　Ａ：私は，「見た目」を意識してきれいに焼くように， 　　調理をしました。すると身崩れすることなく，さば 　　の塩焼きをつくることができました。ただ，Ｃさん 　　は魚の生臭さが嫌いで，魚はあまり食べなかったの 　　ですが，今日は塩をまぶしておいたので，さばの身 　　からドリップが出て，くさみを取ることができて，み 　　んなおいしく食べることができたのでよかったです。 　Ｂ：自分も，どうやったらおいしいさばの塩焼きがで 　　きるか計画のときから考えていました。身崩れすると 　　きは，魚をひっくり返すときです。しかし，フライ 　　パンで焼くとくっついてしまい，なかなかうまく返すこ 　　とができません。そのため，皮から焼くことと火加 　　減を意識しました。ひっくり返すときに，皮は一枚で 　　つながっているからきれいにひっくり返せることがで 　　き，火加減の調整で焦げず，身崩れしないさばの塩 　　焼きを調理することができました。焼く面の大切さ 　　や火加減が大切ということがわかったので，食材に 　　よっての扱い方も意識したいと思いました。 5　交流を踏まえて今日の振り返りを記入する。 　　今日はさばの塩焼きをつくりました。身崩れしないよ 　うに，フライ返しを使って丁寧に調理することができ 　ました。でも，Ｂさんの意見から，焼く側によっても 　身崩れしないことがわかったし，ほかの人の意見から 　身から焼くと，皮が下にきたときに身の脂がフライパ 　ンに接してしまい，焦げて見た目が悪くなることもわ 　かったので，調理器具はもちろん調理方法も工夫し 　ながら調理をしていきたいと思いました。 6　片づけを行う。 　＊各班の責任者のもと片づけを行い，自分の役割が終 　　わったら，班の仲間の片づけを手伝う。	〈研究内容１〉『よさ・強み』をもつ ◇夏休みの宿題で調理を行っている。 　どのようにつくったのかをプリントに記入しているた 　め，そのプリントを背面に掲示する。 〈研究内容２〉　必然性のある課題 ◇魚の調理を通して，健康・快適・安全という視点をも 　とに，おいしいさばの塩焼きをつくるためには，どう 　するとよいのか問いながら，１時間の見通しをもつ。 　出てきた視点を可視化するために見方・考え方カード 　を使う。 〈研究内容２〉　生徒の実態把握 ◇前時までの調理実習と調理計画で，料理をするために 　「道具の使い方，調理時間，調理方法（焼き加減，下 　味のつけ方）」などの『よさ・強み』を前時や家庭学 　習でもつ。授業内で，『よさ・強み』を生かしながら 　調理をしたり，話し合いが行われていたりしたら，机 　間指導の中で出てきた『よさ・強み』を価値づける。 ◇机間指導では，生徒がどの見方・考え方を働かせなが 　ら調理をしているのか，調理中の発言や事前にプリン 　トなどで把握し，価値づける。 ◇一品，または１食分調理をする宿題を通して，魚の塩 　焼きをつくった生徒に，焼くときのポイントを事前に 　聞くことで，本時意識することが具体となる。 〈研究内容３〉　ふり返りの交流 ◇なぜその意見を取り入れたのかを聞き，「何ができた 　のか，どうしてできたのか，また今後の生活でどう活 　かしていきたいのか」という視点でふり返る。 　【技能】 　　魚のたんぱく質が熱凝固によって身崩れするなど 　の性質を理解した上で，おいしそう，おいしいを意 　識し，身崩れのないさばの塩焼きをつくることがで 　きる。（知識および技能） 　【評価方法】 　・調理中の活動の姿 　・ふり返りの記述（プリント）

題材構想図：食生活　「豊かな食生活を目指して」　　　全9時間

〈題材のねらい〉
・日常食の献立と食品の選び方について理解し，基礎的・基本的な調理に関する知識および技術を身につけることができる。 知識・技能
・自己の食生活を見つめ直し，健康で安全な食生活を送るために，栄養バランスなどを考えて食生活を工夫することができる。 思考力・判断力・表現力
・自分の食生活に関心をもち，健康で安全な食生活を送るためにはどうしたらよいのか考え，日常生活で実践しようとしている。 学びに向かう人間性

〈学習後の生徒の意識〉
・栄養バランスを考えて食べないと，健康ではなくなるから気をつけよう。
・食材の性質に合わせて調理することで，よりおいしくできるから性質に合わせて調理しよう。

【貫く課題】健康で安全な食生活にするためには、どうするとよいのだろう。

⑨よりよい食生活に向けて 思・判・表 A，B，C，D
　これまでの学習を生かして，健康・快適・安全な食生活を送るために，現在の食生活をふり返り解決していくための具体的な方法を考え，実践しようとすることができる。

⑧魚を使った調理実習　（本時） 知・技 A，B，C，D
　安全面・衛生面に留意しながらさばの塩焼きをつくることを通して，魚の調理上の性質を踏まえた調理方法を工夫し，「おいしい」を意識したさばの塩焼き調理をすることができる。

⑦魚を使った調理計画 思・判・表 A，B，C，D
　手順や調理時間を考えて安全や見た目という視点をもとに，魚の性質に応じた調理方法を選択し調理ができるような計画を立てることができる。

家庭学習：さばの塩焼きをつくるときの注意点

⑤野菜と肉を使った調理実習 知・技 A，B，C，D
　衛生面や手順に留意しながらホイコーローをつくることを通して，加熱の方法を工夫し，安全かつ見た目のよい調理をすることができる。

⑥魚の調理上の性質 知・技 A，B，C
　魚の性質には身崩れや，くさみなどがあることを知り，性質に応じた調理方法を理解することができる。

④野菜と肉を使った調理計画 思・判・表 A，B，C
　野菜と肉の調理上の性質を生かし，手順や調理時間を考えて安全かつ見た目のよい調理ができるよう計画を立てることができる。

②野菜の調理上の性質 知・技 A
　加熱によるかさの変化や，塩による水分の放出作用などの野菜の調理上の性質を理解することができる。

③肉の調理上の性質 知・技 A
　肉の加熱実験から，加熱によってたんぱく質が熱凝固をするなど肉の調理上の性質を理解することができる。

家庭学習：肉または魚の料理を1食または一品つくる

①調理のよさ 知・技 A
　身の回りにある食問題や，自己の生活について考え，健康・快適・安全などさまざまな視点と願いをもつことができる。

【働かせたい視点】　健康・快適・安全

生徒が発揮できる『よさ・強み』
A：生活経験を根拠にして考えをもつ姿
B：既習内容を根拠にして考えをもつ姿
C：生活の営みに係る見方・考え方を働かせて考える姿
D：よりよいものを追求する姿

〈生活経験〉
・お手伝いで，ハンバーグのたねをこねたことがある。
・ほうれんそうのおひたしをつくったことがある。
・豚肉をフライパンに置いたときに，少し縮んだように見えた。
・魚をさばいたことがある。
・家ではいつも国内産の食材を意識して買っている。

〈既習事項〉
・小学校　「食事の役割と日常の食の大切さ」
　　　　　「楽しく食事をするための工夫」
　　　　　「体に必要な栄養素（五大栄養素）とその働き」
　　　　　「食品の組み合わせと1食分の献立」
　　　　　「ゆでたり，いためたりする調理」
　　　　　「ごはんとみそ汁の調理」
・中学校　「食事の役割」　　　　　「栄養素の種類と働き」
　　　　　「中学生に必要な栄養素」　「食品に含まれる栄養素」
　　　　　「生鮮食品と加工食品」　　「食品の選択と購入」
　　　　　「食品の保存と食中毒」

〈学習前の生徒の意識と実態〉・ごはんはとりあえずお腹の中に入れればいいから，果物だけでいいや。
　　　　　　　　　　　　　　・あまり調理をしたことがないけど，魚の調理ってどうやってやればいいだろう。

（令和元年度　岐阜市立青山中学校 教育公開　公開授業より

（岐阜市立青山中学校　水野 愛華）

1 家庭科授業の実例　B　衣生活

⑥小学校：楽しくソーイング

・必要な材料や用具がわかり，製作手順について理解し，目的に応じて手縫いやミシンを用いた直線縫いで製作することができる。　　　　　　　　　　　（知識・技能）
・製作計画をもとに，縫い方や手順を考え，目的に応じて工夫して生かすことができる。
　　　　　　　　　　　　　　　　　　　　　　　　　　　（思考力・判断力・表現力）
・布を用いた生活に役立つ物に関心をもち，製作の楽しさや活用する喜びを味わっている。
　　　　　　　　　　　　　　　　　　　　　　　　　　　　　（学びに向かう人間性）

1　指導の立場

（1）題材について

　「楽しくソーイング」では，5年生で学習したことを生かして，マイバッグを製作する。5年生の学習では，直線縫いから針を刺したままの方向転換を身につけている。そこで，5年生での直線縫いを生かしてできるマイバッグを製作することを目的とした。5年生でのミシンを使った製作をふり返り，使ってみての感想やもっと工夫したいことなどを話し合い，マイバッグの製作に生かす。

　本題材では，製作するものを自分の生活をふり返って決め，つくりたいと思うものの中から，自分の力でつくることができる物を選ぶ。児童一人ひとりが自分で計画を立て，製作を進められるようにする。

（2）本時について

　児童は，前時までにいろいろな形のマイバッグを調べ，自分がどのようなマイバッグをつくりたいのかマイバッグ製作の願いを考えている。本時は，ひもの長さと縫いつける位置，縫いつけ方について決定する時間である。児童は，生活の中にあるいろいろなマイバッグを調べ，さまざまな形や大きさのマイバッグがあることを理解している。そこで，その中で自分の願いに合う大きさのマイバッグを製作するために紙や布を動かして工夫してきた。本時は，自分の願いに合ったマイバッグにするために，①ひもの長さ，②縫いつける位置，③ひもの縫い方を決定する。マジックテープのついたマイバッグを使って実際にひもの長さを変えたり，ひもをつける位置を動かしてみたりする。実際に物を入れて持ったりしてみる。そうすることで，自分の願いと3つの視点が合うように思考することができる。

　3つの視点とより自分の願いに合うマイバッグにするために，グループ交流で仲間の決めたマイバッグやその理由を知ることで，自分のマイバッグに取り入れていけるようにする。交流では，どうしてその長さや位置，縫い方にしたのか根拠を話すことができるようにする。そうすることで，互いにより自分の願いに合うマイバッグになるようにしたい。

2　個人研究にかかわって

〈研究内容1－①〉・日常生活のどのような場面でマイバッグを使うか自分の願いを確かめる。

〈研究内容1－②〉・ひもの長さ，ひもの位置，縫い方を自分の願いのもとに根拠をもって考えている。

・自分の願いをもとに使いやすいマイバッグのひものつけ方を決定できる。

〈研究内容2－①〉・ひもの長さ，ひもの位置を自分の願いをもとに根拠をもって考えている。

〈研究内容2－②〉・グループで考えることで，仲間のよいところを見つけたり，自分とは違うところを見つけたりして，自分に取り入れることができる。

3　学習計画（全10時間）

第1時…………製作計画を立てよう①（マイバッグづくりの願いをもとう）

第2時…………製作計画を立てよう②（本時）（ひものつけ方を考えよう）

第3～8時……計画に沿って，マイバッグを製作しよう

第9時…………仕上げをしよう

第10時………楽しく使おう

4　共通視点にかかわって

(1)「学び続けるたくましさ」が育成された児童の姿

・自分の願い，3つの視点からひもの長さや位置，縫いつけ方を考え，自分の願いが達成できるように仲間の意見を聞いたり，見たりしながらよりよいマイバッグにしようと課題を解決しようとしている姿。

(2)「学び続けるたくましさ」を育成するための手立て

・グループに1つずつ，マジックテープのついたマイバッグを資料として用意する。自分の願いに合うひもになるように，自分でひもを動かして，考えられるようにする。

・3つの視点以外にも自分で見つけたよさや考えを広める場の設定をする。

5　本時の目標（2／10）

　自分の願いに合ったマイバッグのひもをつけるための活動を通して，自分のつくりたいマイバッグのひものつけ方を根拠を明らかにして決定することができる。

6　本時の展開

過程	過程のねらい	学習活動	個人研究との関連
つかむ	①どんなマイバッグにしたいのか自分の願いを確かめる。	1．自分の願いを確認する。 ・わたしの願いは，お弁当を入れるためのマイバッグをつくることだったな。 ・ぼくは，習いごとのマイバッグをつくりたいな。 ・友だちの家に遊びに行くときに少し物が入るマイバッグをつくりたいな。 2．課題を確認する。 課題　自分の願いに合うマイバッグにするには，どのようにひもをつけるとよいだろう。	【研究内容1-①】 　日常生活のどのような場面でマイバッグを使うかをふり返り，マイバッグ製作に対する自分の願いを確かめる。
	②ひものつけ方を考えるときの視点 ❶長さ ❷位置 ❸縫い方 を見つけることができる。	3．グループでひものついたマイバッグを見て，ポイントを見つける。 ・2つのひもの長さが違うな。 3つの視点 ひもの長さ｜ひもの位置｜縫いつけ方 ・ひもとひもの幅がそれぞれ違うぞ。 ・ひもの縫い方が2種類あるぞ。	【研究内容2-①】 資料 ・長さ，縫いつける位置を変えられるマイバッグ（マジックテープつき） ・①＝，②×は縫い目を示している。
できる	③仲間の決めたつけ方を知ることで，自分の決めたマイバッグを見直すことができる。	4．3つの視点に沿い，資料を使って考え，決定する。 ・3つの視点に合わせて決めたぞ。 ・長さは30㎝，縫いつける位置は15㎝幅，縫い方は①の＝縫い方にしよう。 5．全体交流 ・わたしは，ひもの長さ→できるだけ長く，位置→ひもとひもの間が15㎝，縫い方→②の縫い目が×になるようにします。理由は，肩にかけられる長さにすると，肩が入る幅は，15㎝だったので，ゆとりをもたせられると考えたからです。 ・私の願いは，お弁当を入れるためのマイバッグをつくることです。決定したことは，ひもの長さは，手でつかめるように短くします。位置は，手の幅に合うように測り，15㎝にします。縫いつけ方は，①の縫い目が＝にしました。お弁当は，肩にはかけないのでできるだけ短く持てて，安定するように考えました。	【研究内容1-②】 　ひもの長さ，ひもの位置，縫い方を自分の願いをもとに根拠をもって考えている。 【研究内容2-②】 　グループで考えることで，仲間のよいところを見つけたり，自分とは違うところを見つけたりして，自分に取り入れることができる。
	④交流したことから，より自分の願いに合うようなマイバッグになるように考えることができる。	6．自分の願いに合わせてもう一度考え，グループで交流する。 ・自分の願いはお弁当を入れるマイバッグにすることだから，倒れないように安定するようにひもの長さを考えたほうがいいことがわかった。長さをもう一度考えてみよう。	
まとめる	⑤考えたことからマイバッグのひもの長さ，位置，つけ方を決定する。	7．自分の願いに合わせて最終決定する。 ・ぼくは，肩にはかけないのでひもが短く，ひもの間が手の幅に合うようにします。○○さんの意見を聞いて，縫いつける位置を手の幅にしないと持ちにくいことがわかったからです。 8．ふり返りをする。 ・私の願いは，習いごとに使うマイバッグをつくることです。マイバッグのひもを長くして，縫う位置は15㎝の幅にします。縫い方は②の×の縫い方で縫います。理由は，肩にかけられるようにしたいこととたくさん物を入れるので，縫い目が×で丈夫にしたいからです。仲間からも長さが自分に合っているといってもらえたので，このようにつくっていきたいです。	【研究内容1-②】 　自分の願いをもとに使いやすいマイバッグのひものつけ方を決定できる。 自分の願いに合ったひもの長さ，位置，つけ方を考えている。 【思考力・判断力・表現力】

7　個に応じた指導・援助

・使っているイメージのもてない児童には、マ
　イバッグの中に入れる物（ノートや箱など）
　を用意することで、使うときのイメージがも
　てるようにする。

　本時では，A・B2つの資料を提示し，「ひも
の長さ」「ひもの位置」「ひもの縫いつけ方」と
いう3つの視点を児童が見つけられるようにし
た。2つの比較資料があることで自分の願いに
合ったひもにするには，どのような視点をもっ
て工夫ができるのかということを考えることが
できた。

（令和元年度　岐阜市立長良東小学校 中間研究発表会　学習
公開より）

（岐阜市立長良東小学校　孝森 夢加）

1 家庭科授業の実例　B　衣生活

⑦中学校：衣服の材料の特徴

1　指導の立場

（1）題材について

　家庭生活において衣生活では，衣服に関心はあるものの，材料や手入れに対しての関心が少ないと感じる。大切な衣服を長く着るために，適切な手入れの方法を知り，それを活用していけるようにしたい。

　本題材は，内容「B　衣食住の生活」の「(4) 衣服の選択と手入れ」を中心に構成しているが，B(4) については，小学校家庭科の学習を踏まえ，基礎的・基本的な知識及び技能を基盤として，適切な題材を設定する。また，「A　家族・家庭生活」の (1) の家族・家庭の基本的な機能と関連させ，健康・快適・安全，生活文化の継承などの視点から考えることが大切であることにも気づかせる。本題材は，自分の衣生活を見つめ直し，家族とのかかわりを考えるとともに，これからの家庭生活につながる内容であり，快適な衣生活を送ることを目指している。

　家族形態や衣服などが多様化し，子どもたちを取り巻く環境は日々変化していく中で，自分で衣服の手入れをしない生徒や衣服を簡単に捨ててしまう生徒も多い。大切な衣服を少しでも長く，大切に着るためにも自分ができることを考え，手入れの必要性に気づき，実践につなげていけるようにしたい。

（2）生徒の実態

　中学生になり部活動や塾などの時間が増え，小学生の頃よりも多忙を感じている生徒が多い。「家に帰っても塾や習いごとで忙しい」「家に帰るとすぐに寝てしまう」「お手伝いをする時間が減った」と話す生徒もいる。そこで衣生活に関するアンケートを実施すると下図のような結果となった。

　衣服の正しい手入れについて知っているのか聞いたところ，「よくわかる」「ややわかる」と回答した生徒が76％であった。理由としては，「いつも家でやっているから」「小学校で学習したから」「家でお手伝いをして教えてもらったから」などがあげられた。「あまりわからない」と答えた生徒は24％であった。理由としては，「忙しくて時間がないから」「お手伝いをあまりしないから」などがあげられた。

衣服の正しい手入れ方法

　衣服の手入れを自分で行っているかと問うと，76％の生徒が「している」「時々している」と回答した。

　しかし，「あまりしていない」と回答した生徒の理由として，「親がやってくれるから」「正しい方法がわからないから」「衣服の手

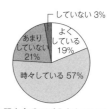

衣服を自分で手入れしている

入れにあまり関心がないから」などがあげられた。

　これらの結果から，洗濯の仕方はよくわかるため，自分で行うが，その他の手入れの仕方はわからないことや時間がなく，親に任せてしまっていることがわかった。より快適な衣生活を送るためにも正しい手入れの仕方を理解し，自分にできることは何かを考えさせ，実践できる生徒を増やしていきたい。

２　研究とのかかわり

◇技術・家庭科の研究主題

主体的に生活を工夫し創造しようとする生徒の育成
〜学びと生活の結びつきを実感し，実践的な態度が養われる授業実践〜

◇技術・家庭科で願う生徒の姿

　技術の見方・考え方，生活の営みに係る見方・考え方を働かせ，家族・家庭や地域，社会における生活の中から課題を見つけ出し，よりよい生活や社会の実現に向けて，知識及び技能を主体的に活用して最適な解決策を導き，実践しようとする生徒

◇願う生徒の姿に迫るための研究内容

【研究内容１】課題を解決する力を養う題材設定
【研究内容２】学びを深めることのできる単位時間の手立て

研究内容１にかかわって

　本題材は「Ｂ　衣食住の生活」の「(4) 衣服の選択と手入れ」の内容につながる。Ｂ (4) については，小学校家庭科の学習を踏まえ，基礎的・基本的な知識及び技能を基盤として，適切な題材を設定する。また，「Ａ　家族・家庭生活」の (1) の家族・家庭の基本的な機能と関連させ，健康・快適・安全，生活文化の継承などの視点から考えることが大切であることも理解できるようにする。

　第１学年で体験的に考えさせていくことで，自分の生活に生かしていくことへの関心を高めるきっかけをつくる。本題材の終末で家族ともかかわらせて考える際に，具体的な場面で考えていくことができるようにしていきたい。本時の終末で，家庭での生活において，自分や家族の衣生活の問題を最適な解決策を考えることで，第２学年や第３学年での学習にもつなげて考えられるようにする。

研究内容２にかかわって

　本題材では「より快適な衣生活を送るためにはどうすればよいだろうか」という貫く課題を設定し，題材指導計画を作成した。本題材は，自分自身が自立する第一歩として，家庭実践やこれからの学習への意欲をもてるようにしたい。そこで，自分の衣生活を見つめ直すことから始め，よりよい衣生活を考えていくという流れで題材を構成した。

　第１時では，さまざまな衣服を分類する活動を通して，衣服について興味をもたせるようにした。第２時〜第４時では，動画を用いたり，体験を取り入れたりすることで，視覚的に，また実感を伴い，家庭生活に生かしていくことを考えていけるようにした。第５時（本時）では，自分自身の衣服の手入れの失敗談などから，材料の特徴について知り，状態に応じ

た正しい手入れが必要であることに気づかせる。そこで，より実践的に考えられるように実験を行うことにした。日常でよく使用されている材料で実験を行うことで，実生活につなげて考えられるようにした。

3　全校研究とかかわって

（1）働かせたい見方・考え方
「生活の営みに係る見方・考え方」

　家族や家庭，衣食住，消費や環境などに係る生活事象を，協力・協働，健康・快適・安全，生活文化の継承・創造，持続可能な社会の構築等の視点で捉え，よりよい生活を営むために工夫すること。

（2）見方・考え方を働かせるための具体的な方途
方途1　具体的な場面設定や体験的な活動を取り入れる

　視覚だけではなく，体験的に活動することで実生活に結びつけて考えやすくすることができる。具体的な場面を想定して実験などを行うことで，これまで学習してきた知識や経験してきたことがより確かなものになり，知識としての学習だけよりも理解しようとする意欲につながると考える。また，具体的な場面で考えることによって，自分のことだけではなく，家族のことについても考えることで，よりよい生活について考えることができる。

方途2　教材教具の工夫

　写真だけではなく，体験的に実感することのできる実験用具を準備する。そうすることで，意欲的に活動し，日常生活のどのような場面につながっていくのか，具体的に考えていくことができる。また，実験の手順がわかるカードを各班に準備することで生徒全員が実験をどのように取り組んでいくのかを確認しながら，主体的に取り組んで具体的に考えていくことにつながると考える。

（3）見方・考え方を働かせた生徒の姿の具体例

　カッターシャツは，学校で毎日着るもので毎日洗濯するものなので，吸水性の高い綿としわになりにくいポリエステルが組み合わせてあることがわかった。材料によって特徴に違いがあるので，それぞれの繊維に合わせた手入れが必要だということがわかった。これからは，衣服を大切に長く着ていくために，その衣服の繊維に適した手入れをしていく必要があるとわかったので，衣服の手入れをするときは親に任せず，自分から率先して表示を見て繊維に適した手入れを行っていきたいと思った。　　　　　　　　（本時の終末でのふり返り）

4　題材指導計画

	ねらい	学習活動	指導・援助
①衣服の働き	さまざまな種類の衣服を分類する活動を通して，衣服には職業を示したり喜びや悲しみなどの気持ちを示したりするなど，社会生活上の働きがあることに気づき，TPOに応じた着用の大切さを理解することができる。	○休日に着ていた衣服を書き出し，気づいたことを交流する。 衣服にはどのような働きがあるのだろうか。 ○提示された衣服を，根拠を明確にして3つのグループに分類し，根拠について交流する。 ○ケーススタディを行い，交流する。	・1日に何度も着替えをしている事実から，目的に応じて衣服を選んで着用していることに目を向けさせる。 ・小学校で学習した働き以外の視点で3つのグループに分類する活動を通して，衣服の社会生活上の働きに気づかせる。

	ねらい	学習活動	指導・援助
		衣服には，体を守ったり活動しやすくしたりする働きだけでなく，衣服を着ることで周囲の人に自分の気持ちや，どの集団に属するのかを示すことができるなど，社会生活上の働きがあることがわかった。相手の気持ちも考えながらTPOに合った衣服を選んで着ることは大切だと思った。	〈知識・理解〉 　衣服には社会生活上の働きがあることに気づき，TPOに応じた着用の大切さを理解している。
②　自分らしく着る	衣服の着用により自分らしさを表現するためには，衣服の着方を工夫することが大切なことに気づき，衣服の色・柄・形の組み合わせを工夫して，自分らしい着方を考えることができる。	○提示された色からどのようなイメージや印象を受けるか交流し，衣服が人に与える印象を変える要素を考える。 自分らしさを表現するには，衣服の色・柄・形をどのように工夫するとよいのだろうか。 ○自分らしい着方を考え，交流する。 　色も単色のときと，複数の色を組み合わせるのとでは印象が違ったし，柄の種類や大きさの違いによっても印象が変わることがわかった。自分らしい着こなしができるように，自分に似合う色を見つけていきたいし，家にある服でも今までとは違う組み合わせ方を考えて実践してみたいと思った。	・衣服の色や柄，組み合わせなどからどのような印象を受けるのか具体的に考えさせるために写真で例を示す。 ・参考資料をもとに自分らしい着方を考えさせる。 〈工夫・創造〉 　衣服の着方によって人に与える印象が異なることに気づき，色・柄・形の組み合わせを工夫して，自分らしい着方を考えることができる。
③　衣服の計画的な活用方法	あまり着ていない衣服の活用方法について，目的に応じた選択や購入だけではなく，環境の面からも資源を大切にすることを考えることを通して，今持っている衣服でどのような組み合わせができるか考えることができる。	○今持っている衣服の数を調べてきて交流する。 衣服の計画的な活用方法を具体的に考えてみよう。 ○着られなくなってしまった服や着たいと思って購入した服をどのようにすれば活用することができるのか考え，交流する。 　今までは1パターンで終わってしまっていた組み合わせも考え直したりすることで組み合わせ方が広がることがわかった。着られなくなった服をリメイクすることで違う用途で着られるようになった。これからも衣服の活用方法について考えていきたいと思った。	・今持っている服の中であまり着ていない服があることや組み合わせ方が1パターンになってしまっているものがあるか考えさせる。 ・リメイク方法を提示したり，家族の服などでアレンジができることを写真などで提示する。 〈技能〉 　衣服を計画的に活用することの大切さに気づき，資源を無駄にしないように考えることができる。
④　既製服の選び方	これまで何を基準にして衣服を購入していたのかを考えることを通して，既製服を選ぶポイントを見直し，自分の優先順位をはっきりさせることができる。	○衣服を購入するときにどのような基準で選んでいるのかを交流する。 ○購入したときの失敗談について交流する。 衣服を購入するとき，どのようなことを大切にするとよいだろうか。 ○豊かな衣生活の裏にある問題点について知る。 ○既製服を購入するときに大切にすべきことを考え直す。 　せっかく購入しても，着ないままタンスにしまっていて，着られなくなってしまったら，資源を無駄にしてしまうと思った。せっかくの服を無駄にしないためにも，今家にある服との組み合わせを考えたり，着心地のよさや手入れのしやすさなど，表示を確かめたりしながら試着をして服を購入していきたいと思った。	・衣服を購入して失敗した経験などから，今までの購入基準にプラスしてどのようなことを考えて購入するとよいのか考えさせる。 ・豊かな衣生活の裏にある問題点を知り，環境に与える影響にも目を向けさせ，購入した衣服をより長く大切にしていくためにはどのようにしていくとよいのか考えさせる。 〈知識・理解〉 　既製服を購入する際に，大切にすることの視点や環境の面からも衣服の計画的な活用の必要性について考えることができる。

	ねらい	学習活動	指導・援助
⑤衣服の材料の特徴の			
		本　時	
⑥ 衣服の手入れ	洗剤の働きによって汚れを落とす活動やしみ抜きの活動を通して，洗剤が汚れを落とす力を有効的に働かせることの大切さに気づき，品質や環境面のことも考え，繊維に合った洗剤を選んだり，使用量を守ったりすることの大切さがわかる。	○衣服の汚れが落ちなかった経験や洗濯での失敗談について交流する。 衣服の汚れをどのように落としているのだろうか。 ○洗剤の働きを調べる実験を行い，結果を交流する。 ○提示された衣服の汚れをどのように落とすとよいのか考え，実際にしみ抜きを行う。 　洗剤にはいろいろな働きがあって，その働きによって衣服の汚れを落とすことができるということがわかった。衣服の品質を損なわないように衣服材料に合った洗剤を選ぶことや，洗剤の量と汚れ落ちの関係，洗濯で汚れた水が排出されることを考えると，環境のことも考えて適切な使用量を守り，衣服を洗濯することが大切だと思った。	・実際に汚れが取れなかった衣服を提示する。 ・洗剤は汚れを落とす働きがあるが，汚れを落とすためには繊維に合った洗剤や適量があることに気づかせる。 〈知識・理解〉 　洗剤が汚れを落とす力を有効に働かせることの大切さに気づき，品質や環境の面から衣服材料に合った洗剤を選んだり，適切な手入れの方法を理解している。
⑦ 衣服の補修（まつり縫い）	ズボンやスカートの裾上げをするためには，まつり縫いが適していることに気づき，表に出る縫い目が目立たないようにまつり縫いをすることができる。	○なみ縫い・まつり縫いのどちらが裾上げの縫い方として適しているのか考える。 表に出る縫い目が小さくて目立たないまつり縫いをするには，どうすればよいだろうか。 ○教師の示範を見る。 ○まつり縫いに挑戦する。 　裾上げには，まつり縫いが適していることがわかった。表に出る縫い目を小さくすくい，目立たないようにするのが綺麗に仕上げるポイントだったけど，布や針を持つ位置を意識することで表に出る縫い目を小さくすくえることがわかったし，うまくできるようになった。	・なみ縫いとまつり縫いをした衣服を実際に提示し，まつり縫いのほうが裾上げには適していることを理解させる。 ・まつり縫いの見本を見せた後，教師の示範を見せ，どのようなことに気をつけているのか気づかせる。 〈技能〉 　裾上げには，まつり縫いが適していることがわかり，表に出ている縫い目が目立たないようにまつり縫いをすることができる。
⑧ 衣服の補修（スナップつけ）	スナップは，留め外しのときにかかる力に耐えられるよう，丈夫につけることが大切であることに気づき，スナップの側面に近い布をすくい，スナップがぐらつかないようにつけることができる。	○スナップがどのようなところに使用されているのか考え，スナップのよさや，どのようにつけられているのか交流する。 ぐらつかないように，スナップを丈夫につけるにはどうすればよいだろうか。 ○教師の示範を見る。 ○スナップをつける。 　簡単に留め外しができるスナップは便利だと改めて感じた。自分でスナップつけをしてみて，ぐらつかないようにしっかりと縫いつけるコツをつかむことができた。今までは服を選ぶとき，スナップなどの付属品がしっかりついているかまで確かめていなかったけど，これからはしっかりと見て買うようにしていきたいし，取れてしまったときは自分でつけられるようにしていきたいと思った。	・身近なものに使用されていることに気づかせるための資料を提示する。その資料からスナップのよさについて考える。 ・拡大模型を用意し，針の動きなどをわかりやすく示すことでコツをつかませる。 〈技能〉 　留め外しを繰り返すスナップは丈夫につける必要があることがわかり，スナップの側面に近い布をすくい，ぐらつかないようにスナップをつけることができる。

	ねらい	学習活動	指導・援助
⑨ よりよい衣生活を目指して	より快適な衣生活を送るためには，自分や家族の衣生活の問題点を改善したり，より豊かにするために工夫したりすることが大切であることに気づき，より快適な衣生活を送るための実践計画を立てることができる。	○より快適な衣生活を送ることができるように，夏休みを利用して実践したいことを考える時間であることを知る。 より豊かな衣生活を送るためにどのようなことができるだろうか。 ○自分や家族がより快適な衣生活を送るために大切にしたいことを確認し，実践の見通しをもつ。 ○実践計画を立てる。 より快適な衣生活を送るためには，自分や家族の衣生活に問題点はないかを見つめたり，自分が衣生活にかかわる仕事を自分一人でもできる力をつけたりしていくことが大切だと思った。私は，今までの学習で考えてきた衣服を大切にしていく方法を考え，有効的に活用できるようにしていきたい。	・より快適な衣生活を送るために，今まで学習してきたことを生かして自分にできることを考えさせ，大切にしたいことを明らかにさせることで，実践の見通しをもてる。 ・家族に協力してもらう必要があることや，アドバイスをもらうとよいことを助言する。 〈意欲・関心・態度〉 より快適な衣生活を送るためには，自分や家族の衣生活の問題を改善したり，衣生活をより豊かにするために工夫したりすることが大切であることに気づき，実践計画を立てることができる。

5　本時の目標

　制服や普段着に使用されている材料の特徴を確かめる実験を通して，材料は種類の違いによってさまざまな性質をもっていることに気づき，材料の種類に応じた適切な衣服の手入れの仕方を理解することができる。

6　本時の展開（5／9）

過程	学習活動	指導・援助
導入	○制服や普段着にどのような材料が使用されているか，調べてきたことをもとに交流する。 ・カッターシャツ：ポリエステル60％，綿40％ ・制服のスカート，ズボン：ポリエステル50％，毛50％ ○本時の課題を確かめる。 材料の種類によって，どのような手入れをするとよいだろうか。	・使用されている材料の原料がわかる繊維を顕微鏡で拡大した写真を提示する。 ・衣服の手入れで失敗したことがあるかを確認し，その失敗した例から，材料のどのようなことを調べると適切な手入れの方法がわかるのか考えさせる。 ・実験内容や手順を示したカードを準備し，スムーズに実験が行えるようにする。
展開	○実験内容を確認し，班ごとに実験を行う。 ・吸水性…バイレック法　布が吸い上げた水の高さを測る ・防しわ性…折り曲げた布の上におもりを置き，一定時間加重後，布のしわの深さを測る ・収縮性…洗濯前と後の布の大きさを測る ※洗濯後の試験布は，洗濯の回数1回，10回のものを準備する。 ○各班で実験の結果を全体で交流し，繊維の特徴と衣服の機能のかかわりを考える。 ・綿もポリエステルもとても吸水性が高かったので，体操服に使われていると思った。 ・ポリエステルや毛はしわになりにくいから，制服のスカートやズボンに使われていることがわかった。 ○材料の種類と手入れにかかわる性質をまとめる。 ・毛は水の中で揉むと縮むから洗濯機で洗うのではなく，クリーニング店を利用したほうがよい。 ・綿は吸水性は高いが，しわになりやすいため，しわを伸ばしながら洗濯しなければならない。	・材料の種類に合った手入れが必要であることに気づかせるため，衣服にどのような材料が使われていたかもう一度確認させる（制服のスカートやズボン，カッターシャツ）。 ・必要に応じて問い返し，なぜそうするとよいと考えたのか資料などを使用し，根拠を明確にして話せるようにする。 ・実践につなげられるように，場面を具体的に考え，自分でもできそうだという思いを抱き，実践可能な内容を決めさせる。

過程	学習活動	指導・援助
終末	○本時のまとめをする。 　カッターシャツは，学校で毎日着るもので毎日洗濯するものなので，吸水性の高い綿としわになりにくいポリエステルが組み合わせてあることがわかった。材料によって特徴に違いがあるので，衣服を大切に長く着ていくために，その衣服の繊維に適した手入れをしていく必要があるとわかったので，衣服の手入れをするときは親に任せず，自分から率先して表示を見て繊維に適した手入れを行っていきたいと思った。 ○今後の学習の見通しをもつ。	・学習したことが自分の衣生活のどの場面につながるか，今後の学習のどこにつながるか確認する。 【評価規準】（生活や技術についての知識・理解） 　繊維は種類の違いにより，さまざまな性質をもっていることに気づき，繊維の種類に応じた適切な手入れの必要性を理解している。

（令和元年度　岐阜大学教育学部附属学校 中間研究会　公開授業より）

（岐阜大学教育学部附属中学校　金森 夕貴）

1 家庭科授業の実例　B　住生活

⑧小学校：クリーン大作戦

1　題材について

　本題材の主たるねらいは「汚れの種類や汚れ方に合った掃除の仕方を理解し，適切に行うことができる」ことである。このねらいを達成するために，次のことを大切にして指導する。
・汚れ調べをもとになぜ汚れるのか，何のために掃除するのかを考えること
・掃除の仕方を知り，汚れの種類や汚れ方に合った適切な道具の使い分けについて考えること
・掃除の仕方について考えたり調べたりする活動を通して，汚れの種類や汚れ方に合った掃除の仕方を見つけようとすること
　本時は，今まで実践してきた掃除の成果と課題を発表する活動に取り組む。どのような道具を使ってきたのか，どのような掃除の仕方をしてきたのかを仲間に広める活動を通して，汚れの種類や汚れ方に合った掃除の仕方になっているのかを考えることができるようにする。

2　本時の目標

　前時までに取り組んだ掃除の仕方を発表する活動を通して，汚れの種類や汚れ方に合った掃除の仕方をすれば汚れが落ちることに気づき，掃除の改善方法を考えることができる。

【思考力・判断力・表現力等】

3　本時の展開（5／6）

	学習展開	研究内容にかかわって
導入	1．既習の学習をふり返る ・場所が変わっても，汚れの種類や汚れ方に合う掃除の仕方かどうかを考えればよいことがわかる。 2．本時の課題をつかむ ほかの班の発表を聞き，掃除の改善方法を考えよう。	【研究内容1（1）】 　「場所が変わっても，汚れの種類や汚れ方に合う掃除の仕方を考えればよい」という追究視点を確認できるようにするために，「掃除の仕方を考える中で，大切にしてきたことは何ですか」と問う。 【研究内容2（2）】 　前時までに取り組んできた掃除の成果と課題を明らかにし，よりよい掃除の仕方を考えるために，汚れの種類や汚れ方に対してどのような道具を使ってきたのか，どのような手順で掃除をしてきたのかという視点を入れて発表できるようにする。
展開	3．それぞれの掃除場所で取り組んできたことの成果と課題を発表する うまくいったこと ・トイレ掃除の水道の水垢は，硬いスポンジでこすったら，よく落ちた。 ・教室掃除のドアのレールに入り込んだ埃や砂は，ほうきの先で汚れをかき出すように動かしたら汚れが取れた。 もっとよくしていきたいこと ・教室掃除の窓ガラスの汚れは，水拭きをした後からまた汚れが浮き出てきてしまった。 ・玄関掃除の玄関のタイルの間の砂汚れは，ほうきで掃いたが砂が残ってしまった。	【研究内容2（2）】 　汚れに合った掃除の仕方には根拠があり，それはやり残しによる新たな汚れを生み出さない，物を傷つけないためだということに気づくために，本当にこの掃除の仕方でよいか問う。

学習展開	研究内容にかかわって
終末	4．汚れに合った掃除の仕方であるか考える ・どんな場所であっても，汚れの種類や汚れ方に合わせて掃除道具の使い方や手順を見直すことが大切であると認識する。 5．応用問題から掃除の仕方を考える ・他学年の掃除の仕方から問題点を見つけ，汚れに合った適切な掃除の仕方を捉える。 6．本時の学習を生かして，次時の掃除計画を立てる 　・水道の水垢は，硬いスポンジでこすったらよく落ちた。これは汚れに合うそうじの仕方だったからだと思う。次は水道の側面にある水垢を上から下に掃除をし，水垢の残りがないようにしたい。 　・玄関のタイルの砂は，まず入り口に向かって横方向にほうきで掃こう。次に，向きを変えて縦方向に砂を掃き出してみよう。	【研究内容3（1）】 　どんな場所であっても汚れに合わせた掃除の仕方を考えられるようにするために，他学年の掃除の仕方を映像で提示し，どんな道具の使い方や掃除の手順が適しているか問う。 【研究内容3（1）】 　ふり返りを次時に生かせるようにするために，汚れに合った適切な掃除の計画を立てるように声をかける。

小学校　第6学年　家庭科　「クリーン大作戦」　題材構成表　（全6時間）

題材の目標

- ・掃除の仕方（道具・手順）を理解し，汚れの種類や汚れ方に応じた掃除を行うことができる。
- ・なぜ汚れるのか，何のために掃除するのかを考えることができる。汚れの種類や汚れ方に合った掃除の仕方について考えることができる。
- ・掃除の仕方について考えたり調べたりする活動を通して，汚れの種類や汚れ方に合った掃除の仕方を見つけようとすることができる。

題材の評価規準

知識及び技能	思考力・判断力・表現力等	学びに向かう・人間性等
・汚れの種類や汚れ方は，生活の仕方や場所によって違うことを理解している。 ・汚れの種類や汚れ方に合った掃除の仕方を理解している。 ・汚れの種類や汚れ方に合った掃除をしている。	・体験をもとになぜ汚れるのか，何のために掃除をするのかを考え，適切な掃除によって快適に過ごすことができることに気づいている。 ・掃除道具による汚れの落ち方を実践したことをもとに，道具の適切な使い分けを考えている。	・掃除の仕方について考えたり調べたりする活動を通して，今までの掃除の仕方を見直し，汚れの種類や汚れ方に合った掃除の仕方を見つけようとしている。

主に働かせる見方・考え方

掃除を健康・快適・安全の視点で捉え，今までの掃除の仕方を見直し，汚れの種類や汚れ方に合った掃除の仕方を考えること

時	単位時間の目標
①	学校内の汚れを調べる活動を通して，汚れの種類や汚れ方は生活の仕方や場所によって違うことに気づき，何のために掃除をするのか考えることができる。
②③	家庭で調べた掃除の仕方や工夫を発表する活動や，掃除の仕方（道具・手順）を知る活動を通して，今までの掃除の仕方を見直し，汚れの種類や汚れ方に合った掃除の仕方を見つけようとすることができる。
④	掃除の仕方を実践する活動を通して，汚れの種類や汚れ方に合った掃除の仕方になっていたかをまとめることができる。
⑤（本時）	実践した掃除の仕方を発表する活動を通して，汚れの種類や汚れ方に合った掃除の仕方をすれば汚れが落ちることに気づき，掃除の改善方法を考えることができる。
⑥	身につけた掃除の仕方を生かし，家庭での実践計画を考えることができる。

「見通す力」「柔軟に表す力」
「学びを捉える力」を発揮した姿

見通す力	これまでに学んだ掃除の仕方をもとに，自分の掃除場所の汚れの種類や汚れ方に合った掃除の仕方を考える姿
柔軟に表す力	汚れの種類や汚れ方に対してどのような道具を使ってきたのか，どのような掃除の仕方をしてきたのかを発表する姿
学びを捉える力	身につけた掃除の仕方を生かし，他学年の掃除の仕方への声かけを考え，汚れの種類や汚れ方に合った掃除の仕方を見つける姿

（令和元年度　岐阜大学教育学部附属学校　中間研究会より）（岐阜大学教育学部附属小学校　田中 菜帆）

1 家庭科授業の実例　B　住生活
⑨中学校：つくりだそう！
安心・安全・快適生活空間

1　題材の捉え

　平成29年告示の学習指導要領に示された，本題材にかかわる指導内容は，以下の通りである。

> B　衣食住の生活
> (6) 住居の機能と安全な住まい方
> 　ア　次のような知識を身に付けること。
> 　　(ア)　家族の生活と住空間との関わりが分かり，住居の基本的な機能について理解すること。
> 　　(イ)　家庭内の事故の防ぎ方など家族の安全を考えた住空間の整え方について理解すること。
> 　イ　家族の安全を考えた住空間の整え方について考え，工夫すること。

　家庭分野「B　衣食住の生活」では，課題をもって，健康・快適・安全で豊かな食生活，衣生活，住生活に向けて考え，工夫する活動を通して，食生活，衣生活，住生活に関する「知識及び技能」を身につけ，これからの生活を展望して，それらの課題を解決する力（思考力，判断力，表現力等）を養い，衣食住の生活を工夫し創造しようとする実践的な態度（学びに向かう力，人間性等）を育成することをねらいとしている。こうした平成29年告示の学習指導要領が示す実践的な態度は，本校研究主題で示す「社会で生きる力」が発揮されてこそのものであると考えている。

　本題材では，住居の基本的な機能について理解し，家庭内の事故を防ぎ，自然災害に備えるための住空間の整え方に関する基礎的・基本的な知識を身につけ，家族の安全を考えた住居の整え方を工夫することができるようにすることをねらいとしている。そこで，本題材の貫く課題を，「安心・安全・快適な住空間をつくるにはどうしたらよいか」と設定する。住まいは，「人間が人間らしく生きる不可欠の器」であることを理解し，住まいは簡単には替えられないが，住まい方は今日からでも変えることができることに気づき，よりよい空間で暮らすことの心地よさを理解できるようにする。また，住まう人が住まいの主人公であることを理解し，中学生自身が，家族のために，安全で健康的で心地よく住むための工夫を考えることができるようにする。

　本時は，課題解決に向けての協同学習において同じ条件で考えていけるように，モデル家族の住まいを提示する。これまでに生徒は，高齢者や幼児が安全に過ごせる住まいのあり方や，災害に備えた住まいのあり方，空気や音から見た快適な住まいのあり方について学習している。そのため，導入では，住まいが「安全」「快適」の2つの視点から考えることの必要性を確認する。しかし，より安全・快適な住まいの工夫には，住まう人のことを考えることが不可欠であるため，「祖父が一緒に住む」という条件と「家族の願い」を

提示する。提示によって，以前にはなかった問題が出てくることに気づく。その問題に注目し，家族にとってよりよい住まいにしていくためには，どんな工夫ができるかを既習事項や生活経験をもとに考えていく。その際に，「安全」「快適」の視点で，なぜその工夫をするとよいのかということを，根拠をもって考えられるようにする。また，終末では，事前に記入した間取り図をもとに，学んだことをふり返り，学びを生活につなげていく。こうした活動を通して，健康・快適・安全な住生活を目指して，家族にとってよりよい住まい方を工夫し，創造する実践的な態度を育成していきたい。

2　生徒の実態

本題材の最初に，以下のようなアンケート項目で調査をし，生徒の実態を分析した。

内　容	回　答（生徒数32名）
①安全な住まいとはどんな住まいだと思いますか？	・災害に備えている。　・建物が新しい。　・防犯対策がある。
②快適な住まいとはどんな住まいだと思いますか？	・夏は涼しく，冬は暖かい。　・風通しがいい。　・自分の部屋がある。
③あなたの住まいは安全ですか？	そう思う　　26名（81％）→・耐震，防犯がしてある。 そう思わない　6名（19％）→・地震で揺れる。
④あなたの住まいは快適ですか？	そう思う　　31名（97％）→・エアコンで温度調節できる。 そう思わない　1名（ 3％）→・ゴミが多い。
⑤高齢者や幼児はいますか？	幼児　　　　2名（6％）→５歳，０歳 高齢者　　　3名（9％）→70代，80代

　①に対しては，「災害の備えがしてある」と多くの生徒が回答しており，②に対しては，「エアコンで過ごしやすい温度に調整できる」と多くの生徒が回答していた。また，自然環境に対する内容が多く，自分の過ごしやすさだけを考えた回答が多かった。住まいの主人公は人であり，住まう人によって住まいも大きく変わる。そのため，「共に住まう人」に焦点をあてて，「快適」「安全」な住まいについて考えることができるようにしていく必要がある。本学級の実態として，家族構成は核家族が多く，住まいに高齢者や幼児がいる生徒は少ないことがわかる。家族形態は変化していくものであり，家族・地域の人々と協力・協働し，よりよい家庭生活について考えていくためにも，「共に住まう人」として高齢者や幼児をモデル家族の中に取り入れ，考えさせていく必要がある。

（1）つまずきに対する手立て

　生徒がつまずくと予想される内容を◎，つまずきを解消するための手立てを○，個に応じた手立てを◇で示す。

予想されるつまずき	つまずきに対する手立て
◎根拠をもって，家具の配置を考えることができない。	○根拠となる既習事項をいつでもふり返ることができるように，掲示として位置づける。 ◇移動した家具に対して，初めの位置よりどんなことがよりよくなるのかを問い，既習事項とつなげて考えられるように助言する。
◎モデル家族の願いまで考えることができない。	○家族の願いをいつでも確認できるように黒板に示す。 ◇既習事項をもとにした工夫と，家族の願いや状態から考えた工夫を比べ，「快適」「安全」な工夫として成り立つかどうかを助言する。

（2）得意を伸ばす手立て

　得意を伸ばす手立てを☆として，以下に示す。

伸ばしたい力	講じる手立て
モデル家族全員の願いを取り入れ，さまざまな工夫を考えている。	☆どのように家族全員の願いを取り入れたのか，また，さまざまな工夫がある中で，なぜその工夫を選択したのか根拠を明確に伝えることができるようにする。

3　研究内容と本時とのかかわり

研究内容２　見方・考え方を働かせながら，自分の考えを広げ深める授業づくり

（1）協同学習を位置づけ，見方・考え方を働かせながら，考えを広げ深める指導過程の工夫

　ここでは，「協同学習の位置づけ」と「見方・考え方の働かせ方」の２点から指導過程の工夫を考える。

① 協同学習を位置づける指導過程の工夫

　本時では，協同学習に明確な意図をもたせ，協同学習における生徒の思考が「発散的思考」「探究的思考」「収束的思考」となるように工夫する。

　　ア　全体での協同学習【発散的思考】

　　本時の導入で，モデル家族の住まいを提示する。その住まいの評価を，既習事項の「快適」「安全」という視点で行い，「よりよい住まい」を具体的にし，課題化へつなげる。

　　イ　視点とその具体の広がりを生む協同学習【探究的思考】

　　家族の願いをもとにした住まい方の工夫を，どの視点から考えたのかということを明らかにしながら交流を行う。そうすることで，同じ問題に対しても異なる視点からの工夫があり，また，同じ視点でも異なった工夫ができることを知ることができ，自分の考えを広げていくことができる。

　　ウ　より自分に最適な解を導き出す協同学習【収束的思考】

　　工夫できることが多くあっても，すべての工夫を取り入れて行うことは難しい。こうした中で，生徒がどんな視点から工夫できるかを選び取り，よりよい住まい方としていくか，考えの根拠を全体で交流する。そうすることで，今まで学んできた「快適」「安全」にかかわる知識も住まう人の願いをもとに選択し，考えていくことがよりよい住まいをつくることへのつながりとなることに気づき，各自の考えを深めることができる。

② 見方・考え方を働かせるための指導過程の工夫

　平成29年告示の学習指導要領では，見方・考え方を働かせるために必要となる視点と着目すべきこととして，内容「Ｂ　衣食住の生活」では，食生活，衣生活，住生活を総合的に捉え，健康・快適・安全で豊かな生活を営んだり，生活文化を継承したりする視点をあげている。そうした視点を大切にして，衣食住に係る課題を解決する力を養い，実践できるようにしていく。こうした具体的な視点を生徒に提示することは，見方・考え方を働かせるための手立てとなる。そこで，本時では，「快適」と「安全」を視点として示す。導入時にモデル家族の住まいを評価することで，今までの学習で大切にしてきた視点を確認することができる。また，考えを視点によって色分けし，視覚的にも思考を整理できるようにする。これは，ねらいに沿った課題追究を行い，見方・考え方を働かせながら，自分の考えを広げ深めるためである。

（2）題材や単位時間での学びを生活や社会に生かす工夫

　題材や単位時間での学びを生活や社会に生かすためには，生徒たちが，既習事項や生活や社会とのつながりを感じながら学習を進めていく必要がある。そのためには，見方・考え方を働かせながら，その見方・考え方が授業内容に関するものだけでなく，生活とかかわっていることがわかるように学習を進めていくことが大切である。そこで，本時の終末

では，モデル家族で考えたことをもとに，自分の住まいについてふり返る。「安全・快適」と思っていた住まいでも，ほかの家族の立場から考えるとそうではないことに気づいたり，既に行われている工夫に気づいたりすることができる。こうして，家族のよりよい住まいのために，自分には何ができるかを考えることができる。

研究内容3　見方・考え方を働かせながら，自分の考えを広げ深める授業づくり
（1）自分の考えの変容を自覚し，学んだことを実生活へ生かす見通しができるふり返り

　自分の考えを，文章を使ってまとめることで，自分の考えの変容や学びの深まりを実感させていきたいと考えている。そのために，本時の学びを通して，自分の住まいについての考えがどのように変わっていったのか，また，どの視点から考え，自分の住まいを見直すことができたのかを明らかにして，学習をふり返ることができるようにしていく。

4　本時のねらい

　よりよい住空間をつくるための家具の配置を考える活動を通して，安心・快適の視点で，家族の願いや配慮が必要な人のことを考えて住まいを工夫することが安心や安らぎにつながることに気づき，住まい方を工夫することができる。

5　本時の評価規準

　家族にとってよりよい住空間をつくるために，家族の願いや配慮が必要な人のことを考え，安全・快適の視点で住まい方を工夫している。

【思考・判断・表現】評価方法：プリント記述内容

6　本時の展開（7／7時）

学習内容		主な学習活動	研究内容にかかわる手立て等
学習過程	ねらい		
願いをもち，課題をつかむ場（5分）	住まいの課題を明らかにし，学習の見通しをもつ。	1．モデル家族の住まいを見せ，「祖父が住む」という条件と「家族の願い」を提示し，気づいたことを交流する。← ・ピアノの位置が祖父の部屋に近いのはかわいそう。 ・食器棚の位置が倒れたときに危ない。 家族全員が安全・快適に住まうためには，家具の配置をどう工夫するとよいか。	ア．協同学習【発散的思考】 全体で交流し，「安全」「快適」といった視点を明らかにする。
考えをもつ場（10分） 学び合い，解決する場（グループ10分）	課題に対して，既習事項を生かしながら「快適」「安全」の視点で，よりよい住まいにする工夫を考える。	3．家族の願いを確認し，「安全」「快適」の視点で，家族にとってよりよい住まいにするためにどのような工夫ができるか考える。（個→グループ）← {| 安全	快適 | ・ソファーを入口近くにすると，祖父がつかまることができ，安全に移動ができる。/ ・ピアノを移動すると，隣の家や祖父の部屋に聞こえる音は小さくなる。 ・食器棚が倒れたら，危ないのでテーブルの位置を移動した。また，避難しやすいように入口や窓をふさがないように家具を配置し，固定するとよい。/ ・家具はなるべく壁に寄せるとスペースができて，移動しやすいし，弟が広い範囲で遊ぶことができる。}	イ．協同学習【探究的思考】 視点を明らかにし，交流することで，同じ場所でも異なる視点での工夫や同じ視点でも異なった工夫を知り，考えを広げる。

学習内容		主な学習活動	研究内容にかかわる手立て等
学習過程	ねらい		
（全体 15分）	安全・快適な視点から，願いや配慮が必要な人のことを考え，住まいを工夫することが，誰もが安心し，安らげる住まいをつくることにつながることを確認する。	4.全体交流をする。　◀───────── ・快適の視点から，ピアノは，祖父が自分の部屋で安らげ，Aさんも前より隣の家を気にせず練習できる位置にした。 ・安全の視点から，収納棚を移動させて，キッチンから母が弟を見守りやすいようにした。弟も自由に遊ぶことができ，祖父が，おもちゃを踏む心配もない。 ・ソファーはテレビの音の快適さを考えて位置を決めたが，仲間の意見から，祖父の手すり代わりになるので，家族の手を借りず安全に移動することができ，祖父も安心すると気づいた。	ウ．協同学習【収束的思考】 どのような考えで，工夫を選択し，取り入れていったのかを交流しよりよい住まいをつくるために大切なことを確認する。
つなげる場	モデル家族で考えたことを，自分の住まいでも考え，日常につなげる。	5.　自分の住まいをふり返る。 ・壁寄りの家具の配置や物の整理整頓は災害時の安全だけでなく，私が普段から快適・安全に過ごせるように親は工夫してくれている。より安心して過ごせるように自分も整理整頓をしてきたい。 ・テレビの前にソファーと広いスペースがあり，家族がみんなで集まって安らげる空間になっている。祖母が部屋からその空間に今よりも移動がしやすいように家具の配置を工夫したい。	（2）題材や単位時間での学びを生活や社会に生かす工夫
まとめる場（10分）	本時学んだことをまとめる。	6.　本時の学習をふり返る。 　私の家は，家具を壁寄りに配置したり，固定したりと災害時の安全や普段の生活での快適さを考えて，工夫されている。また，母は普段から整理整頓をしているが，それは私たち家族の安全を願ってのことだと気づいた。そのおかげで，私は住まいでケガもなく快適に，安心して過ごすことができている。私も家族が安心して過ごせるように片づけを心がけたい。自分の願いだけでなく，家族の願いも大切に，誰もがよりよく過ごすことができる住まい方を，私も工夫していきたい。	（1）自分の考えの変容を自覚し，学んだことを実生活に生かす見通しができるふり返り

7　題材指導計画「快適で安全な住生活」（全7時間）

（1）目標

知識及び技能	思考力，判断力，表現力	学びに向かう力，人間性等
住居の機能について理解し，安全で快適な室内環境の整え方と住まい方に関する基礎的・基本的な知識を身につけている。	安全で快適な室内環境の整え方と住まい方について課題を見つけ，その解決を目指して工夫している。	安全で快適な室内環境の整え方と住まい方について関心をもって学習活動に取り組み，住生活をよりよくしようとしている。

（2）評価規準

知識・技能	思考・判断・表現	主体的に学習に取り組む態度
・住居の基本的な機能について理解している。 ・安全で快適な室内環境の整え方と住まい方に関する具体的な方法について理解している。 ・家庭内事故の防止や自然災害への備えを理解している。	・室内環境について課題を見つけ，調査・観察・実験などを通して，身につけた知識や生活経験をもとに安全で快適な整え方や住まい方について考えている。	・自分や家族の住空間と生活行為とのかかわりについて関心をもって学習活動に取り組んでいる。 ・安全で快適な室内環境に関心をもち，整え方や住まい方の課題に取り組もうとしている。

（3）題材指導計画

時	授業の役割とねらい	主な学習活動	評価規準・評価方法
1 住まいの働き	世界各地の住まいや日本の住まいの観察を通して、住まいの働きや工夫について気づき、住まいの学習の見通しをもつことができる。	①世界の住まいの写真から、その住まいの特徴を見つけ、交流する。 〔なぜこのような住まいがつくられているのだろう。〕 ②このような住まいがつくられたのか考えることを通して、住まいの働きや工夫についてまとめる。 ③住まいの働きの観点から、自分の住まいや住生活を見直し、今後の学習課題を設定する。 〔住まいは、風雨や暑さ・寒さなどの自然から守ってくれ、食事・入浴・休養など健康で安心した生活を送る場になっている。そのためのどんな工夫をしているのかこれから学習していきたい。〕	いろいろな住まいを比較することを通して、住まいの働きや工夫に気づき、これからの学習への願いをもっている。 〈思考・判断・表現〉 《学習プリント》
2 日本の住まい	日本の住まいと欧米の住まいを比較することを通して、日本の住まいの特徴やそのよさについて理解することができる。	①日本の住まいの写真と欧米の住まいの写真を比較し、どのような違いがあるか整理する。 〔日本の住まいにはどのようなよさがあるのだろう。〕 ②見つけた違いから、日本の住まいのよさを考え、交流する。 ③日本の生活様式と欧米の生活様式との違いと、住まいとのかかわりについて確認する。 ④本時のまとめをする。 〔日本の住まいは、日本の気候風土や家の狭さに合わせ、その中で快適に生活できるように工夫されている。せっかく工夫されているのだから、空調ばかりに頼らず、住まいの特徴を生かして生活していきたい。〕	日本の住まいの特徴やそのよさを理解することができる。 〈知識・技能〉 《学習プリント》
3 住空間の利用と住まいの問題点	住まいの利用の仕方を考えることを通して、家族やそこで行われる生活行為と住空間とのかかわりを理解し、住まいの問題点を見つけることができる。	①家の間取り図をもとに、どの空間がどのように使われているかを考え、交流する。 〔住まいの利用の仕方を考えよう。〕 ②それぞれの使い方を見て、気づいたことを交流する。 ③生活行為と住空間とのかかわりを確認し、その視点から自分の住まいの中で改善したい空間を考える。 ④本時のまとめをする。 〔居間は家族が多くて落ち着かないと思っていたけど、家族で団らんができるとても大切な場所だと気づいた。これからは、家族みんなで使う場所を、自分が掃除したり、自分が団らんをつくり出したりしていきたい。〕	生活行為と住空間のかかわりを理解し、自分の住まいの使い方を見直そうとすることができる。 〈思考・判断・表現〉 《学習プリント》
4 安全な住まいの工夫	高齢者や幼児が安全に暮らすには、そこで暮らす人の立場や体の特徴を考えることが大切であることに気づき、家庭内事故を防止するための具体的な方法について理解することができる。	①家庭内事故の資料をもとに、事故の起きやすい場所や原因を考える。 〔安全な住まいにするにはどうしたらよいだろう。〕 ②疑似体験で幼児や高齢者の心身の特徴について考える。 ③家庭内事故を防ぐために、住まいにどのような工夫をするとよいか考え、交流する。 ④本時のまとめをする。 〔誰にとっても安全な住まいになるように、滑り止めをつけるなどの必要がある。しかし、一番大切なのは、家族が温かく見守ることなので、祖母や小さい妹が危険な場所にいるときは、一緒に行動して見守っていきたい。〕	家庭内事故の原因を知り、自分の住まいでの危険個所を見直すとともに、その場所の危険を取り除くための方法を理解している。 〈知識・技能〉 《学習プリント》
5 防音・室内の空気調節	快適な住空間にするためには、音に配慮したり、空気調節を行ったりするとよいことに気づき、音の出し方や防音の仕方、室内の空気調節を行うよさを理解することができる。	①本時の課題を提示する。 〔快適な住空間にするにはどうしたらよいだろう。〕 ②快適な住空間の条件を整理する。 ・温度　・換気　・明るさ　・音　・湿度　・美しさ ③音がどれくらい不快感を与えているか実験する。 ④音の実験からわかったことをまとめる。 ⑤室内の空気調節について考える。 〔空気調節を行うためにあまり空調に頼らず、自然の風や日光をうまく利用するとよいことがわかった。生活の中で出す音も、思っているよりも響くので、できるだけ物音を立てないように生活していくことが大切であることがわかった。〕	音の出し方や防音の仕方、室内の空気調節を行うよさを理解し、快適な住空間をつくり出そうとしている。 〈知識・技能〉 《学習プリント》

時	授業の役割とねらい	主な学習活動	評価規準・評価方法
6　災害への備え	災害に備えて家具を固定したり，配置を工夫したりすることで，被害を最小限に食い止められることに気づき，命を守る具体的な方法について理解することができる。	①地震の実験を行っているビデオを見る。 地震対策は，どのように行えばよいのだろうか。 ②阪神大震災の教訓をもとに寝室の地震対策について考える。 ③どのような対策が必要であるか考える。 ④本時のまとめをする。 地震が起きたとき，その場から逃げ出す数秒が生死の境になる。そういう時間を確保できるように，日頃から準備しておきたい。	災害から命を守るために，家具を固定したり，配置を工夫したりするなど，身を守るための具体的な方法について理解している。 〈知識・技能〉 《学習プリント》
7　つくりだそう安全・快適空間（本時）	家族全員にとってよりよい住空間をつくるための工夫を考える活動を通して，安全・快適の視点で住まい方を考えるだけでなく，家族の願いをもとに住まい方を工夫するとよいことに気づき，住まう人に合わせた住まい方を工夫することができる。	①モデル家族の住まいを見て，気づいたことを交流する。 ②「祖父が住む」という条件を提示する。 家族全員が安全・快適に住まうことができる住まい方を提案しよう。 ③家族の願いを確認し，「安全」「快適」の視点で，家族にとってよりよい住まいにするためにどのような工夫ができるか考える。 ④本時のまとめをする。 私の家は，安全や快適さを考えて，工夫されている。私も家族が安心して過ごせるように片づけを心がけたい。自分の願いだけでなく，家族の願いも大切に，誰もがよりよく過ごすことができる住まい方を，私も工夫していきたい。	家族にとってよりよい住空間をつくるために，家族の願いをもとに安全・快適の視点で住まい方を工夫している。 〈思考・判断・表現〉 《学習プリント》

（令和元年度　第44回 岐阜市立加納中学校 研究発表会　公開授業より）

（岐阜市立加納中学校　安永 百香）

① 家庭科授業の実例 C 消費生活・環境
⑩中学校：よりよい消費生活を目指して
〜「考える」消費者へ〜

1　指導の立場

（1）題材について

　地球規模で人や物，情報などが頻繁に交流されるようになるにつれ，わたしたちの生活と世界とのつながりは一層深いものとなっている。わたしたちは普段の消費行動において，多様な選択肢の中から商品を選んでいる。購入する際の基準は，その商品が自分にとって必要であるか，品質がよいものであるかという「自分のため」である場合が少なくない。また，低価格の商品を求める消費者の要求に応じるため，生産者や生産地に過剰な負担がかかっていることが問題となっている。このような現状において，消費者が人や社会，環境に配慮した消費行動であるエシカル消費（倫理的消費）が注目されるようになってきた。消費者による環境への負荷を軽減するためには，購入する商品の廃棄の仕方まで見越して消費行動をとるなど，生活者が果たし得る役割は大きい。本題材では，自分や家族の消費行動が，人や地域，環境に与える影響について理解し，環境に配慮した消費生活を自分なりに工夫できる実践的な態度を育てたい。

（2）生徒の実態

　生徒はこれまで，食品や衣服の表示について学習している。消費期限や原材料，洗濯表示の見方，衣服の材料に応じた手入れの仕方について考えてきた。また，悪質商法など消費者トラブルの被害に対する対処法や，近年急速な広まりを見せる電子マネーやクレジットカードなど三者間取引の仕組みについて学んだ。

　一方，自分たちの消費行動が地域社会や環境に及ぼす影響まで考えて買い物をしている生徒は多くない。事前アンケートでは，自分の消費生活が環境に影響を与えていると回答した生徒が42.5％，環境問題を解決するために自分の消費行動を変える必要があると回答した生徒は36.2％であった。

（3）本時について

　本時は，生産者や地域，地球環境について考慮して商品を選択することの大切さに気づき，自分の消費行動が人や地域，地球環境に与える影響を理解することをねらいとしている。生徒は，「食品カード」の情報を読み取り，選択する商品を理由とともに考える。日頃，「自分のため」に購入することが多い生徒が，授業を通して生産者や地域，地球環境など，商品の背景について理解することで，その後の買い物での判断基準に新たな視点が加わるのではないかと考えた。同時に，自らの消費行動が，「人や地域，環境に影響を与えることや，社会変革につながること」，すなわち「買い物は投票」であると理解できる授業を目指した。

　本時に用いた「食品カード」には，生徒が普段の買い物で意識していない「倫理的消費」に関する情報を記載した。「倫理的消費」の表示や考え方がバランスよく組み込みやすいも

のとして，「バナナ」「ツナ缶」「米」「お茶」の４品目（資料1-1）を取り上げた。これら４品目について，１品目につき２種類，計８枚の「食品カード」を準備した。食品カードには，Good Guide（日用品の健康への影響，環境負荷，社会的影響を教えてくれるサイト）や「ぐりちょ」（Green & Etical Choices：環境，人権，社会，未来を大切にした商品を選ぶ情報サイト）などを参考にして，食品が生産されてから家庭に入る（INPUT）までの「環境」「人」「経済性」を軸としたレーダーチャートを示した。

2　題材の目標

○自分や家族の消費生活が環境に与える影響について関心をもち，環境に配慮した消費生活を実践することができる。
○環境に配慮した消費生活について考え，実践を通して自分なりに工夫することができる。
○自分や家族の消費生活が環境に与える影響について理解し，環境に配慮した消費生活に関する知識を身につけている。

3　本時のねらい

　誰もがしあわせに暮らすためには，自分のための選択基準のみでなく，生産者や地域，地球環境など，商品の背景についてよく考えるとよいことに気づき，消費行動が人や地域，環境に影響を与えることについて理解することができる。

4　本時の展開（第１時）

	生徒の学習活動	教師の指導・援助
導入（7分）	○食品や衣服などを選ぶときに気をつけていることをふり返る。 ・価格，表示，賞味期限，サイズ，素材など ○ムヒカ大統領のスピーチ（３分）を視聴する（2012年「国連持続可能な開発会議」 「無限の消費と発展を求め続ける社会でよいのか」 「しあわせとは，物を買うことだと勘違いしている」 　すべての人がしあわせに暮らすために，「買い物」を通して，どのようなことができるだろう。 ・買う自分（消費者）だけでなく，つくっている人（生産者）もしあわせになれば「持続可能な地球」につながる。 ・「地域」の応援，「地球」環境に負荷をかけない。	・既習事項を想起し，これまでの自分の買い物の視点を明らかにする。 ・世界の誰もがしあわせに暮らすことのできる社会にするために，消費行動がかかわっていることに気づかせる。 ・自分のためだけでなく，ほかの消費者や生産者のしあわせ，地域を応援する買い方など，新たな視点を提示する。
展開	○商品カードをもとに，経済性，人のしあわせ，環境の視点からよりよい商品を選び，班ごとに発表する。 | バナナ（A）| ・フェアトレード ・熱帯雨林・生物多様性	バナナ（B）| ・児童労働・自然災害 ・失業問題
ツナ缶（A）| ・海のエコラベル ・asc認証	ツナ缶（B）| ・水産資源の乱獲
お茶（A）| ・フード・アクション・ジャパン	お茶（B）| ・有機JAS
米（A）| ・カーボンフットプリント	米（B）| ・風評被害（福島産）| ○教師の説明を聞き，マークの意味などについて知る。 ○８枚のカード情報を見比べながら，自分が選ぶ商品と，その理由を記入する。	・班ごとに，４つの商品のカードを配る。同じバナナであっても，安価なもの，環境に配慮した商品など２種類を用意し，複数の組み合わせをつくり，班ごとに受け取るカードの種類を変えておく。 ・「経済性」「人のしあわせ」「環境」の３つの視点ごとに，一番よいと思う商品を選び，その結果を交流させる。また，班ごとに選んだものが異なる理由に気づかせる。 ・商品の特徴やマークの意味などについて補足説明する。 ・認証を取得するためには，時間や費用がかかるため，小規模業者では取得が難しいことを伝える。 ・根拠をもとに商品を選ぶことができるようにする。

	生徒の学習活動	教師の指導・援助
終末（5分）	○全体交流する。 ・今度お米を買うときは，同じくらいの価格だったら，福島産のものを買いたいと思う。 ・日本で売っているツナ缶は，どういう方法で獲ったかわかりにくいものが多いことがわかった。持続可能な方法で育てたり獲ったりしたものを買うようにしたい。 ○本時のまとめをする。 ・自分が買ったものが人や環境にやさしいか考えて買ったことがなかった。これからは，好みや安さだけでなく，人や地球にとってもよいかどうか考えて選んでいくようにしたい。 ・どのようにつくられた商品か考えて購入することが，人や環境によい持続可能な社会をつくることにつながることがわかった。	・GDPの内訳のグラフを提示し，家計消費の割合（57.1%）や，内訳（食料24.6%）を知らせる。⇒一人ひとりの買い物の仕方は，社会全体に影響する。 ・消費者の買い物は，企業が生産する商品などに影響を与え，社会の変革につながることに気づかせる。 ・フェアトレード商品を購入する人が増えれば，価格が下がることを知らせる。 【評価規準】　自分の消費行動が，人や環境，社会に与える影響について理解している。（知識・技能）

（参考文献）

1）東珠実（2018），持続可能な未来に向けて消費者教育に期待されること，日本家政学会誌，第69巻1号，71-77

2）大藪千穂（2018），中学校・高校から学ぶ多様な主体による消費者主権教育の実践―家庭科と社会科の融合―，文部科学省生涯学習政策局「連携・協働による消費者教育推進事業」，消費者教育のための実証的共同研究報告書

3）消費から持続可能な社会をつくる市民ネットワーク，https://guricho.net/（参照 2019.10.28）

4）横山真智子，大藪千穂（2019），中学校技術・家庭科における消費者市民教育の実践，消費者教育，第39冊，211-220

5）「倫理的消費」調査研究会（2017），「倫理的消費」調査研究会取りまとめ，消費者庁

【資料1-1】　食品カード（班活動では，Ａ・Ｂ記載のないものを使用）※価格は，授業実施時期の時価

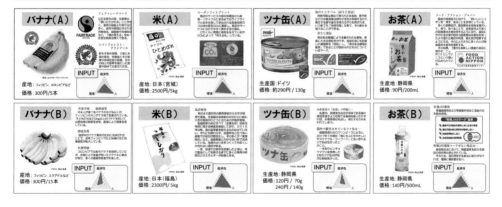

【資料 1-2】　生徒の学習プリント

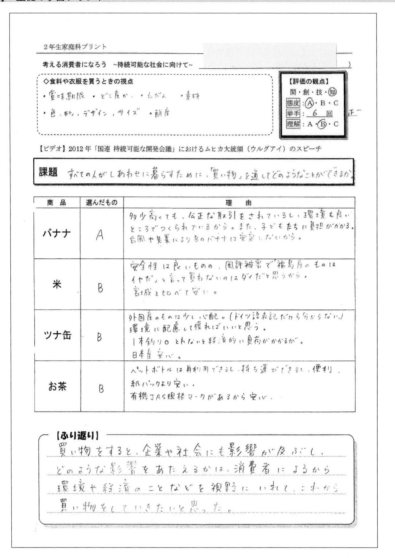

【資料 1-3】　板書

（各務原市立桜丘中学校　横山 真智子）

① 家庭科授業の実例 C 消費生活・環境
⑪中学校：生活を豊かにする ものづくり

1 本時のねらい

　新聞記事や3種類のTシャツの表示を比較する活動を通して，オーガニック綿の特徴やフェアトレードの仕組みに気づき，生産者の生活を考えた消費行動の大切さについて理解することができる。

2 本時の展開

	生徒の学習活動	教師の指導・支援
導入（7分）	○普段衣服などを選ぶときに気をつけていることをふり返る。 ・デザイン，価格，サイズ，メーカー，素材など ○茅ヶ崎のイベントで配布されたTシャツでやけどした記事とバングラデシュのラナプラザ縫製工場ビルが崩壊事故の記事を読む。 　私たちが着ている衣服は，どこでどのようにしてつくられているのだろう。	・既習事項を想起し，これまでの自分の買い物の視点を明らかにする。 ・消費者のためだけでなく，生産者のしあわせや地域の環境など，衣服が生産される過程や背景に興味がもてるようにする。 ・実物，もしくは，Tシャツの表示を準備する。
展開	○3種類のTシャツ（天竺編み）を比較し，消費者の視点からメリットとデメリットを考える。 		A	B	C
---	---	---	---
価格	約1,290円	約3,780円	約270円
製造国	ベトナム	インド	バングラデシュ
素材	綿（オーガニック）100%	オーガニックコットン100%	綿100% | ・Aは，オーガニックコットンを使用してある。農薬を使用していないので，小さい子も安心。環境にも配慮してあるもの。 ・Bは，オーガニックコットンでフェアトレードのもの。価格は少し高いけれど，つくっている人にとってもよい。 ・Cは安くてよい。逆に，安すぎて品質が少し心配。オーガニックの表示はないが，ほかのものとそれほど違いはない。 ○オーガニックコットン（有機綿）を生産している人々の暮らしの様子を視聴し生産者の生活についてわかったことを交流する。 |	オーガニック綿	オーガニックでない綿
肥料	牛ふん・堆肥（たいひ）	化学肥料
雑草	土を掘り起こして埋める	除草剤散布
害虫	天敵となる虫など	殺虫剤
収穫	葉が自然に落ちてから	落ち葉剤散布		・フェアトレード認証やGOTS認証マークについて簡単に説明する。認証を取得するのには，時間や費用がかかるため，小規模業者では取得が難しいことを伝える。 **【GOTS認証】** オーガニックコットンを使用し，環境負荷の少ない方法で加工されていることの証。 ・『ピープルツリーのオーガニック，フェアトレードコットンが生まれる場所（4分36秒）』,Green TV Japan ・オーガニックでないものの栽培方法と比較できるようにする。 ・『The 2 Euro T-Shirt - A Social Experiment（2分）』,FASHION REVOLUTION，日本語字幕追加
終末（5分）	○「2ユーロのTシャツ」の動画を視聴する（2分）。 ・安いから買おうと思った人も，どのようにつくられたか知ったら，買うのをやめて募金していた。 ・縫製工場で働く人は，毎日16時間も働いている。 ・時給15円くらいしかもらっていないから，Tシャツが安くつくれる。価格が10円上がっても，買うと思う。 ○本時のまとめをする。 ・これまでは，どのようにつくられたものか考えて服を購入することがなかったので，これからは，好みや安さだけでなく，生産者や環境にとってもよいかどうか考えて選んでいくようにしたい。	・買う自分（消費者）だけでなく，つくっている人（生産者）もしあわせになれば「持続可能な地球」につながることや，自分たちの消費行動で社会を変えることができることに気づかせる。 **【評価規準】** 　自分の消費行動が，人や環境，社会に与える影響について理解している。 （知識・技能）

（各務原市立桜丘中学校　横山 真智子）

2 家庭科授業の提案
①中学校：食品にはどのようなことが表示されているだろう

1　題材観

（1）題材について

本題材にかかわる指導内容は，以下の通りである。

> （3）日常食の調理と地域の食文化
> 　ア　次のような知識及び技能を身につけること。
> 　　（ア）日常生活と関連付け，用途に応じた食品の選択について理解し，適切にできること。

　生徒たちは日常生活において，消費者として物を購入する経験をしてきている。しかし，購入する際は，自分のほしいもの，好きなものをお小遣いの範囲内から買う，といった自分中心の考えが基準になりがちである。そこで，食品に表示されている内容の理解を通じて，自分ひとりの考えではなく，家族の願いや環境への配慮を考えて選択できる広い視野を育みたい。

（2）本時について

①日常生活から疑問をもたせる導入

　本時は，前時で学んだ生鮮食品と加工食品の違いをふまえた上で，それぞれスーパーには同じ食品であるにもかかわらず，異なる価格の商品が陳列されていることを写真／スライドで提示する。日々見ているスーパーの陳列風景から，「なぜ？」という疑問をもたせ，食品には表示があることに気づかせる。

②選択する際の視野を広げるための情報提供

　原産地の違いは価格に反映されることがある。この際，地産地消やフードマイレージについて触れ，価格だけが判断基準ではないことに気づかせる。また，加工食品には食品添加物や遺伝子組み換え食品が使用されているが，これらは国が基準値を設けており，食品の安全を確保する仕組みが整っていること，食べても安全性に問題がないことを理解させたい。その上で，自分や家族のし好を考え，選択するよう働きかけたい。

③体感による気づき

　本時は知識の提供が多く，生徒にとっては受動的な授業になりやすい。そこで，食品添加物を体感する体験学習を提案する。炭酸飲料の飲み比べを通じて，外観や味ではわからないが，甘味料によってカロリーが異なること，着色料や香料によって食の楽しさが広がることを体感することで，食品添加物の利便性に気づかせる効果が期待される。

④生活につなげる終結

　食品には，消費者に対して安全性や選択の観点からさまざまな内容が表示されていることを改めて確認する。そして，これから食品を購入する際は，自分は何を大切にして買い

物を行うのか意識させながら本時のふり返りを実施し，日常生活につなげる。

2　本時のねらい

　食品の表示の義務について知り，食品添加物を体感する活動を通じて，自分は何を大切にして食品を買うのか考え，選択することができる。

3　本時の展開

	学習活動	留意点および評価
導入	1. 同じ食品であっても，価格が異なる理由を考えてみる。 ・100 円と 250 円のブロッコリーが隣同士で売られている ・さまざまな価格のオレンジジュースが売られている　　　　など	・一つの商品においても，さまざまな価格があることを示し，何が違うのか，どこを確認すればわかるのか疑問をもたせる。
展開	食品にはどのようなことが表示されているだろう 2. 食品の表示の義務 ・生鮮食品と加工食品のそれぞれに義務づけられている表示について知る。 ・安全性の観点から特定原材料が，消費者の選択の自由の観点から遺伝子組み換え食品が表示されていることを理解する。 ・賞味期限・消費期限の違いについて理解する。 ・原材料の最後に，食品添加物が記載されていることを知る。 3. 食品添加物について ・普通の炭酸飲料とカロリーゼロの炭酸飲料を飲み比べ，違いについて考える。その後，食品の表示を確認し，カロリーゼロの炭酸飲料には砂糖の代わりに甘味料が使用されていることに気づき，甘味料の役割について理解する。 ・コーティングされたチョコレートをなめ，舌に色がつくことを体感することで，着色料の役割について理解する。 ・いちごオ・レの香りを体感する。その後，食品の表示を確認し，いちごの果汁は 1 ％であるにもかかわらず，香料によって香りが立ち，おいしく感じることを理解する。 ・ほかの食品添加物について，教科書を用いて確認し，それぞれ役割があり，使用されていることを理解する。	・生鮮食品は，地産地消，フードマイレージについて言及する。 ・食品添加物，遺伝子組み換え食品，残留農薬，放射性物質などは，国が基準値を設けて，食品の安全を確保する仕組みがあることを説明する。 ・代表の生徒に，2 種類の炭酸飲料を飲み比べてもらい，外観，味の違いを問いかける。 ・カロリーゼロの利点を確認し共有する。 ・チョコレートは全員が食べられるよう用意し，希望者のみ体感させる。 ・いちごオ・レは班に一つ用意し，匂いを確認できるようにする。
終結	4. まとめを書き，ふり返りをする。 食品には見た目ではわからないさまざまな情報が表示されていることがわかった。買い物をするときには価格だけではなく表示を確認することで，自分や家族の希望に沿ったものを選択し，購入したいと思う。	【評価】 ・生鮮食品，加工食品の表示について正しく理解することができる。 ・自分の考えに応じて食品を選択することができる。

食品の表示

組　　　番　氏名（　　　　　　　　　　）

課題：

〈生鮮食品〉

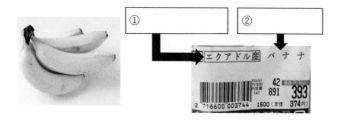

①　　　　　　　　②

エクアドル産　バ　ナ　ナ

〈加工食品〉

①	バナナクッキー
②	小麦粉，砂糖，チョコレート（砂糖，ココア，全粉乳，その他），卵，大豆（遺伝子組換えでない），ドライバナナ，バニラビーンズ，塩／膨張剤，乳化剤，酸味料，香料 （小麦・乳・卵・バナナ・大豆を含む）
③	5枚
④	2019年12月1日
⑤	常温で保存してください。
⑥	株式会社○○○○○ 岐阜県岐阜市1-23-4 TEL 123-456-7890

〈その他の表示について〉

　　　　　　　　：容器包装された加工食品で表示が義務づけられている
　　　　　　　　　アレルギー物質のこと。

（　　　），（　　　），（　　　　），（　　　　），
（　　　　），（　　　　），（　　　　）

食品の期限の種類		食品の例
（　　　　　）期限	品質が急速に劣化するもの。 （　　　）日以内に消費。	
（　　　　　）期限	比較的長く保存できるもの。	

　　　　　　　　：食品の加工，保存の目的で食品に添加されているもの。
　　　　　　　　　　食品に使用した添加物は，すべて表示する必要がある。

① ２種類の炭酸飲料

●品名 炭酸飲料●原材料名 糖類(果糖ぶどう糖液糖,砂糖)/炭酸,カラメル色素,酸味料,香料,カフェイン●内容量 500ml●賞味期限 キャップに記載●保存方法 高温・直射日光をさけてください●販売者 コカ・コーラ カスタマーマーケティング(株) 東京都港区六本木6-2-31 国産●賞味期限右は製造所固有記号
●衝撃をさけてください●開栓時の噴出・密封不良につながります●開栓後はすぐにお飲みください●容器破損,成分の分離・沈殿につながります●開栓は十分注意して●開栓後はすぐにお飲みください
栄養成分表示(100ml当たり)/エネルギー 45kcal,たんぱく質・脂質 0g,炭水化物 11.3g,食塩相当量 0g
●日本コカ・コーラ(株)認定 COCA-COLA The Coca-Cola Company の登録商標です

オリジナル

●品名 炭酸飲料●原材料名 炭酸,カラメル色素,酸味料,甘味料(スクラロース,アセスルファムK),香料,カフェイン●内容量 500ml●賞味期限 容器上部に記載●保存方法 高温・直射日光をさけてください●販売者 コカ・コーラ カスタマーマーケティング(株) 東京都港区六本木6-2-31 国産●賞味期限右は製造所固有記号
●衝撃をさけてください●開栓時の噴出・密封不良につながりません●容器破損,成分の分離・沈殿につながります●開栓後はすぐにお飲みください●開栓は大きい場合があります●開栓後はすぐにお飲みください
栄養成分表示(100ml当たり)/エネルギー 0kcal,たんぱく質・脂質 0g,炭水化物 0g(糖類 0g),食塩相当量 0.01g COCA-COLA The Coca-Cola Company の登録商標です

ゼロ

② チョコレート

② いちごオ・レ

●名称:チョコレート●原材料名:砂糖、カカオマス、脱脂粉乳、乳糖、ココアバター、植物油脂、乳脂肪、でん粉、水あめ、食塩、デキストリン、安定剤(アカシアガム)、乳化剤(大豆由来)、着色料(酸化チタン、黄5、赤40、黄4、青1)、香料、光沢剤、重曹●内容量:40g●賞味期限:枠外上に記載●保存方法:直射日光・高温・多湿をさけて保存してください●原産国名:中国●輸入者:マース ジャパン リミテッド 〒108-0075 東京都港区港南1-2-70

名　　　　称	清涼飲料水
原　材　料　名	砂糖,果糖ぶどう糖液糖、乳製品、いちご果汁、植物油脂、デキストリン、乳等を主要原料とする食品／香料、乳化剤、甘味料(アセスルファムK)、紅麹色素
内　　容　　量	1000ml
賞　味　期　限	上部シール部に記載
保　存　方　法	要冷蔵10℃以下
製　　造　　者	協同乳業株式会社 東京都中央区日本橋小網町17-2 製造所固有の記号は上部シール部に記載

果汁 1%
1000ml

用途	使用目的
①	甘味をつける。
②	色をつける。
③	香りをつける。

ほかにもいろいろな役割をもつ
食品添加物がある！

←ひとつ，追加しよう。

〜ふり返り〜　今日の学習から，これから何を大切にして買うのか考えよう。

（作成者：梅村 詩音，藤澤 ひかり）

（柴田 奈緒美）

2 家庭科授業の提案

②小学校：和服を着てみよう

1　題材観

（1）題材について

学習指導要領（平成29年告示）に関し，本題材にかかわる指導内容は以下の通りである。

---

(4) 衣服の着用と手入れ
 ア　次のような知識及び技能を身に付けること。
  (ア)　衣服の主な働きが分かり，季節や状況に応じた日常着の快適な着方について理解
   すること。
  (イ)　日常着の手入れが必要であることや，ボタンの付け方及び洗濯の仕方を理解し，
   適切にできること。
 イ　日常着の快適な着方や手入れの仕方を考え，工夫すること。

項目（4）「衣服の着用と手入れ」では，課題をもって，衣服の主な働きや季節の状況に応じた日常着の快適な着方，手入れの仕方に関する基礎的・基本的な知識及び技能を身に付け，着用と手入れの仕方を工夫することができるようになることをねらいとしている。本題材では「(ア)衣服の主な働きが分かり，季節や状況に応じた日常着の快適な着方について理解すること」において特に「季節や状況に応じた日常着の快適な着方」について体験的に学ぶ。衣服の主な働きとしては，日常生活における衣服の着方と関連させて理解できるように配慮し，季節や状況に応じた日常着の着方では，「夏の涼しい着方と関連付けて日本の伝統的な衣服であるゆかたに触れることも考えられる」（文部科学省『小学校学習指導要領（平成29年告示）解説　家庭編』50頁）と示される。小学生にとっての日常着は洋服であり，ゆかたの着用経験がない児童も多いと思われる。

（2）本時について

本時では，日常着としての洋服以外に，社会全体に目を向けるとさまざまな行事や地域の伝統的なまつりなどに，今日でもさまざまな場面に和服が着用されていることに視点を広げ，写真などからどのような場面かを考える。具体的には地域の夏まつり，花火大会などで見かけるゆかたを取り上げ，実際に着用することにより和服の着心地を体験する。仲間と実感を伴う着装についての意見交流をするとともに，和服の特徴探しを行う。

授業構成の特徴として，主体的な学びを育てることを目的に，着用体験と補助冊子を活用し，自ら冊子の中から和服の特徴を探し出す活動を行う。実感を伴う活動とともに知識・情報に関しても自ら探究する姿勢を期待するものである。また，意見交流に自分の意見も反映できるように，「特徴見つけ」を各自カードに記入したうえで，グループで発表するなど，団体における個人の考えも反映し評価できるように工夫する。さらに，考えを深める発展とし，柔道や剣道等のスポーツで和服型が着用される理由について考える。こうし

た日本の衣生活文化に関心・興味をもつことにより「季節や状況に応じた着方」について工夫する視点を広げ，実践的な態度を育成する。中学段階への連携を意図し，中学段階で学ぶ和服に関する内容への発展につなげていく。

2　本時のねらい

和服を着る活動を通して，普段着ている洋服と和服の違いを考え，日本の伝統的な衣服にも興味・関心をもつことができる。

3　本時の展開

過程	ねらい	学習活動	指導・援助
課題設定	○普段の生活をふり返り，生活の中の日本の伝統衣装の存在に気づくことができる。	1．「和服」とは何だろう。 ・和服を見たことがあるか。何を見たことがあるか。 ・ゆかたを見たことがあるか。 ・ひとりで着られそうか。 日本の伝統的な和服を着て，洋服との違いを知ろう。 2．グループでゆかたを観察・着装するなど体験。 ○自由に着方を考える。 ○ゆかたを正しく着た人を見て襟の合わせ方の違いを知る。	○生活の中の和服を着ている場面の写真を見て，和服をイメージしやすくする。 ・お祭り・花火大会 ・古い写真から結婚式・七五三など
課題追究	○着る活動を通して，伝統衣装に親しみをもつとともに，難しい・着づらいというイメージを減らす。	ゆかたを着る体験 1．上着などは脱いで，薄着になる。 2．身体に合わせて，右前，左が上の手順できる。 3．腰のあたりでひもをしばる。 4．帯を結ぶ。グループで相互に補助する。 甚平　1．上着などは脱いで，薄着になる。 　　　2．身体に合わせて巻きつける。 　　　3．ひもでしばる。	○着るときのポイントを常に提示し確認できるようにする。 ○帯は着崩れないようにきつく結ぶ。 ○蝶々結びでも可とし，時間がある場合は教師側で文庫結び・貝の口をする。
課題解決	○洋服と和服を比較することを通して，それぞれのよさや特徴を生活経験も含め考えることができる。	3．和服と洋服の違いについて交流 ○着た感想を共有し，和服と洋服の特徴を，見た目・着方・着心地・動作（動きやすさ）に分類し，個人で考え，和服と洋服の違いを見つける。 ○全体で意見の交流をする。	○感想をワークシートに記入する。 ○4つのうちに分類できないものは余白にメモをしてもらう。
深める	○感想を交流することで着ていなかった人にも考えやすいようにする。	・特別感がある。（和）　・華やか。（和） ・ひとりで着ることができない。（和） ・苦しい。（和）　・簡単に着ることができる。（洋） ・楽に過ごせる。（洋） 4．深める　和服は日本の文化であることに気づく 「なぜ動きにくい和服」が柔道・剣道・弓道などのスポーツで着られているのだろうか。 　　　　　　　　　　　　　　　※写真を見て意見交流 ・ゆかたの袖よりも細くして動きやすく工夫している。 ・日本のスポーツだから，和服も日本のものだから。 5．発展　生活の中の和服の存在に気づく ・お正月にはハンテンを家族が着ている。 ・病院のお見舞いで，おばあさんが和服の寝巻を着ている。	○冊子を見ながら，場面と着る服装の違い，つくりの違いを考えられるようにする。
ふり返る	○新たな視点をもとに，自分の考えを深めることができる。		
まとめ	○体験や気づいたことを自分の言葉でまとめることができる。 ○まとめと発展	6．ふり返り ○ワークシートで，個人ふり返り。 ○ふり返りの交流をする。 ・和服は着るのが大変だけど，可愛いから今後着てみたい。 ・夏祭りには，ゆかたが似合うと思う。 ・大人になったら着てみたい。 まとめ： 　和服と洋服は形や動きやすさが違うが，和服のよさも生かして，生活のいろいろな場面で活用されている。	評価： 　和服と洋服のちがいについて，観察や体験から気づくことができる。和服のよさにも気づき，生活の中の和服に気づくことができる。

副教材用の冊子

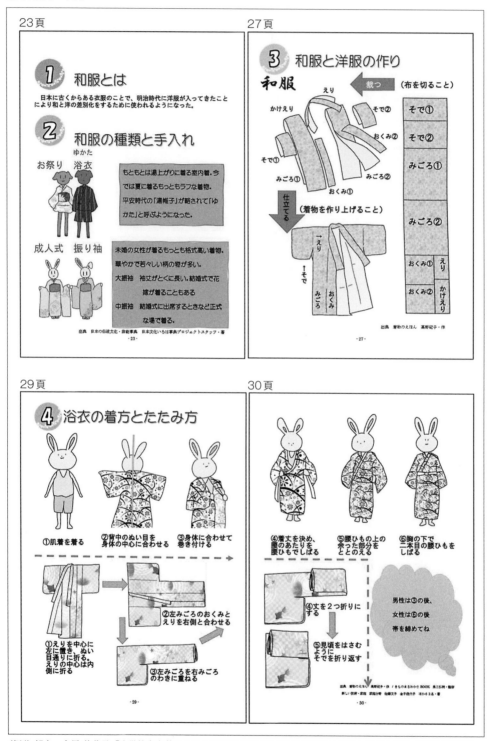

（坂井 郁心・夫馬 佳代子「小学校家庭科における衣生活文化に関する教材冊子の考案」岐阜大学教育学部研究報告
教育実践研究・教師教育研究第22巻，116・117頁，2020.）

学習プリント　**衣生活**

5年　　　組　　　番　氏名(　　　　　　　　　)

課題：

■ 和服を身のまわりで見たことがありますか。

■ ゆかたを観察・着用して，和服と洋服のちがいを見つけよう。

	見た目・形・色	着方・着る方法	着心地・気分	動きやすさ	(　　　　)	(　　　　)
ゆかた　和服						
着ている服　洋服						

■ ふり返り　和服と洋服を比べて気づいたことをまとめてみよう。

■ 発展：身のまわりの和服を探してみよう

【スライド資料】

② 昔「動きにくい」和服で体操

③ 身の回りの和服型の衣服（柔道等）

① 和服を見たことは

(夫馬 佳代子)

2 家庭科授業の提案

③小学校：身の回りの音を見つけよう

1 題材観

（1）題材について

　学習指導要領（平成29年告示）における本題材にかかわる指導内容は，以下の通りである。

---

(6) 快適な住まい方
　ア　次のような知識及び技能を身に付けること。
　　(ア)　住まいの主な働きが分かり，季節の変化に合わせた生活の大切さや住まい方について理解すること。
　　(イ)　住まいの整理・整頓や清掃の仕方を理解し，適切にできること。
　イ　季節の変化に合わせた住まい方，整理・整頓や清掃の仕方を考え，適切な住まい方を工夫すること。

　項目（6）「快適な住まい方」では，課題をもって，住まいの主な働きや季節の変化に合わせた住まい方，住まいの整理・整頓や清掃の仕方に関する基礎的・基本的な知識および技能を身につけ，快適な住まい方を工夫することができるようにすることをねらいとしている。内容の取り扱いにおいて，主として暑さ・寒さ，通風・換気，採光，および音を取り上げることが定められている。日常生活の行動や家庭電気機器から出る騒音，いわゆる生活騒音は図2-1の「家庭生活」の項目が示すように騒音に関する苦情の割合としては「建設作業」や「工場・事業場」に比べると少ない。しかし不快感をもっても近隣との関係上表に出せなかったり，お互い様という意識が働いたりすることから苦情を訴えるまでには至らないケースが多くあることが予想される。生活騒音にかかわる苦情の種類については図2-2のような結果が報告されており，一般的な電気機器，声，足音，給排水音など日

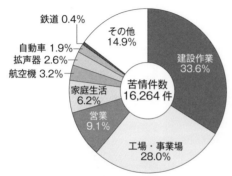

図2-1　平成28年度　苦情件数の割合
出典：環境省「生活騒音」より

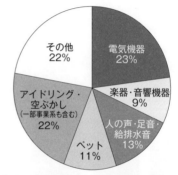

図2-2　平成28年度　生活騒音発生源内訳
（全国，全1,308件）
出典：環境省「生活騒音」より

常生活に必ず付随してくる音も該当することがわかる。これらは都市部などの人口が集中する地域の夜間に問題となりやすい。住宅地では，昼間55dB（デシベル）以下，夜間45dB以下（環境省／騒音に係る環境基準）であることが望ましい。生活の中で発生する音を理解し，近隣に配慮することを学ぶ必要がある。

（2）本時について

　本時では家庭内や近隣の騒音に加え，身近な自然や季節を感じる音を取り上げる。さまざまな音の種類や大きさを体感的に理解するために，学校内の音を実際にスマートフォンやタブレットの騒音計アプリを使用し，測定していく。結果を目で見て確認できるように騒音のレベル表（表2-1）をあらかじめ作成しておく。測定および意見交流を通して，音には騒音となるような不快なものと快適に感じるものがあることに

表2-1　騒音のレベル

騒音の レベル	騒音の発生源・場所など	うるささの 程度
120 dB	ジェット機のエンジン音	聴力限界
110 dB	自動車のクラクション	
100 dB	電車が通るときのガード下	
90 dB	大声，騒々しい 工場の中　ゲームセンター	極めて うるさい
80 dB	地下鉄の車内	
70 dB	騒々しい バスの車内　事務所の中	うるさい
60 dB	普通の会話	
50 dB	静かな 事務所の中	普通
40 dB	図書館の中	
30 dB	ささやき声	静か
20 dB	木の葉の ふれあう音	

出典：開隆堂『技術・家庭　家庭分野』，p.163より作成

加え，音が小さくても不快に感じる場合や，音が大きくても心地よく感じる場合があることを理解できるようにする。また，生活騒音は自分も出す可能性があることを知り，家族や地域の人々とともに快適に住まうために工夫する必要があることを学ぶ。さらに，生活騒音の防止だけでなく，音を取り入れることも快適な暮らしにつながることを考えさせる。普段は意識されにくい地域や季節の音風景について取り上げ，学びを生活につなげていく。こうした身の回りの音について考える活動を通し，より快適な住まい方を工夫する実践的な態度が育成されることが期待される。生活騒音の種類と対策方法に関する具体例を表2-2に示す。

表2-2　生活騒音の種類と対策方法

騒音源	具体例	対策方法例
家庭用機器	洗濯機・冷蔵庫	防振・消音のマットを使用
	掃除機	使用する時間に配慮
	エアコン・室外機	位置や向きに注意
	家庭用ヒートポンプ給湯機	夜間の稼働音に配慮
住宅設備・構造	ドアの開閉音	隙間テープなどの緩衝材を利用
	風呂などの給排水音	早朝や夜間の利用を控える
	家具移動音	床にマットなどを敷く
音響機器	テレビ・オーディオ機器	適正な音量設定
	目覚まし時計	周囲への影響に配慮
	ピアノ・ドラム等の楽器	本格的な防音対策
その他	ペットの鳴き声	飼育場所に気をつける
	話し声	窓を開けたまま話さない
	足音	マットなどを敷いて音を軽減

出典：環境省「生活騒音」をもとに作成

2　本時のねらい

　騒音計による音の計測を通して，身の回りにさまざまな音があることに気づき，生活騒音の防止に努めるとともに地域や季節の音風景を見つけることができる。

3　本時の展開

	学習活動	留意点および評価
導入	1. 普段どんな音を耳にしているか考えてみる。 ・ドアや窓の開閉音　　・テレビの音 ・ペットの鳴き声　　　・飛行機が飛ぶ音　　　　　など 　身の回りのいろいろな音を見つけよう	・考えが出てこないようならペアで考えさせる。
展開	2. 身の回りの音の大きさを計測する。（グループ） ・タブレットなどの騒音計アプリを用いて音の大きさを計測する。 ・計測する音を提示する。 　①掃除機の音（生活騒音の一例）②会話の声　③ささやき声 　④手をたたく音　⑤ドアを閉める音　⑥自由に選んで計測 ・音を計測して気づいたことを記入する。 3. 計測した音の大きさと気づいたことをグループごとに発表する。 ・音によって大きさが違う。 ・静かにしていても音は出ている。 ・生活騒音は自分も出す可能性があるので時間なども気にする。 →音の大きさを騒音レベル表で確認する。 4. 地域や季節の音風景について考える。（個人→全体） ・例を提示した後、個人で考える。 ・全体で発表。 　・セミの音　　・雪を踏んだ音　　　・鳥の声 　・花火の音　　・枯葉を踏んだ音　　　　　　など	・騒音計が少しの音でも反応するため，静かに計測するように注意する。 ・⑥については教室外（校庭など）での計測もよいものとする。 ・音が小さくても不快に感じる場合や，音が大きくても心地よく感じる場合（風鈴の音を測定するとよい）があることを理解できるようにする。 ・児童の意見を春夏秋冬に分けて板書する（1 年を通じて聴こえるものは別途示す）。
終結	5. ふり返りをする。 　音には心地よく感じる音と不快に感じる音がある。また季節の音もあり，これから少し意識して聞いてみようと思った。	【評価】 　身の回りの音に耳を傾け，いろいろな音を見つけることができるとともに，生活騒音の防止について考えることができている。

（作成者：富田 菜々子，　服部 愛）

身の回りの音を見つけよう

年　　　組　　　番　名前（　　　　　　　　　　）

課題 _____

○ 身の回りの音の大きさを測ってみよう

①掃除機の音	②会話の声	③ささやき声
dB	dB	dB
④手を叩く音	⑤ドアを閉める音	⑥
dB	dB	dB

⋯ 音の大きさを測って気づいたことを書こう ⋯⋯⋯⋯⋯⋯⋯⋯⋯

■ 季節の音を見つけてみよう

■ ふり返り

（杉山 真魚）

2 家庭科授業の提案
④中学校：契約を知ろう
　　　　クーリング・オフを使いこなそう

■ クーリング・オフ制度の授業①　調べ学習

> 次週までに，以下の項目を調べてこよう！
> ① 買い物の仕方にはどのような方法がありますか？　思いつかなかったら調べて，できるだけ多く書こう！
> ②「これください」と言えば，絶対に買わないといけないと思う？
> 　　　はいの人→理由（　　　　　　　　　　）　　いいえの人→理由（　　　　　　　　）

■ クーリング・オフ制度の授業②　授業案

活動	累積時間	時間	1. 情報活動	学習活動	留意点／見方・考え方・感じ方
事前活動		―	収集	モノやサービスを買うとき，どんな方法がある？ 買うってどういうこと？　気に入らなければどうする？　調べ学習用紙に書いてくる。	店舗販売，通信販売，訪問販売，電話勧誘販売などのさまざまな形態があることを調べることができるか。
導入	2分	2分		講師の紹介(岐阜市消費生活センター)	
	7分	5分	発信	調べ学習の1. 買い物の仕方と2. 絶対に買わなければならないかを発表する。ほかの生徒は新しい内容をつけ加えて発表する。チェックシートに書き込む。	生徒にとって身近な消費活動である買い物の仕方（販売方法）を板書する。
展開	9分	2分		「契約を知ろう！　クーリング・オフを使いこなそう！」を板書	
	13分	4分	蓄積	講師と教員によるロールプレイ（店舗でスニーカーの購入）	
	16分	3分	蓄積	先の約束はやめられるか，否かについて，キーワードを参考に理由とともに，シートに記入する。	キーワードをどれほど使いこなせているか。
	18分	2分	蓄積	その後，班で交流	班での話し合いはできているか。
	21分	3分	発信	生徒がそれぞれの立場で理由とともに発表する。	
	28分	7分	収集	講師から「契約」の説明（PPを使って） 契約ってどういうこと？ 解除するってどうしたらいいの？ 契約：①法的な約束 　　　②口約束でも成立する 　　　③権利と責任が生じる 　　　④未成年者の契約は取り消せる	情報の収集，蓄積をする。 契約の内容を理解する。 クーリング・オフの内容を理解する。
	30分	2分	発信	説明を聞き，再度生徒に問いかけロールプレイの回答を導き出す	「契約」が理解できたか。
	37分	7分	収集	どんな場合も契約に縛られるのかと問いかけ，それに応える形で，講師から「クーリング・オフ制度」について説明する（PPを使って）。 クーリング・オフ制度について (1)消費者を守る法律 (2)できる場合：訪問販売や電話勧誘販売などの不意打ち性のある場合	「契約」が理解できたか。クーリング・オフが理解できるか。

活動	累積時間	時間	1. 情報活動	学習活動	留意点／見方・考え方・感じ方
				(3)方法 　①契約書を受け取ってから8日以内 　②文書で知らせる (4)できない場合	
	40分	3分	蓄積	契約とクーリング・オフの内容をチェックシートで確認する。	内容を理解しているか。
	42分	2分	発信	答え合わせ（マグネットを貼りながら）	内容の確認
まとめ	46分	4分	蓄積	授業の感想とまとめをチェックシートに書き込む。	まとめと感想が書けるか。 教えてあげる人の名前が書けるか。
				契約は口約束でも契約なので，今後，買い物のときには気をつけたい。また，通販はクーリング・オフが適用されないので，よく考えてから買うようにしたい。	
				家族など3人に来週までに契約とクーリング・オフの説明をしてくること。どのようにしたかを次週発表してもらう。	
	48分	2分	発信	2人程度の生徒が発表する。	情報の発信をする。
	50分	2分	収集	岐阜市消費生活センターの場所の紹介とクーリング・オフのリーフレットの配布し「消費者の責任」について伝える。	岐阜市消費生活センターの場所の理解と資料の使い方

■ クーリング・オフの授業③　ロールプレイの原稿

契約編（店舗で）

T：靴屋の店員（先生が演じる）
A：中学生の消費者（消費生活相談員が演じる）

〈Aは，スニーカーを買おうと思ってショッピングセンターに来ている〉

T：いらっしゃいませ～何かお探しですか？
A：スニーカーを探してるんですけどぉ
T：どんな感じの？
A：ピンクのかわいいのがいいなあ
T：それならぴったりのがあるよ。これなんてどう？
A：わぁ，これかわいい！
T：これねぇ，すっごく人気なんだ。実は，昨日やっと入ってきたんだよ。だから早く買わないと，すぐ売り切れちゃうよ。
A：ええっ！そうなんだ。じゃあ，今日は買うつもりで来たし，これ，もらいます！
　でも，今から洋服も見たいし，スニーカー持って買い物するのも重いし，帰りに取りに来るのでそれまで預かってもらえますか。
T：いいですよ。でも今日中に来てね。
A：はぁ～ぃ。

〈Aが，洋服を買おうとほかのお店をブラブラしていると，〉

A：あっ！このスニーカー，さっきのお店のと一緒だ！しかもこっちのほうが500円も安いし！うん，こっちで買っちゃお。さっきのお店では買うって言ったけど，まだ，お金は払ってないし。まっいいか。
　すみません，このスニーカー，ください!!

〈さて，このAちゃん，さっきのお店でも買うって言ったけど，これっていいの？〉

・先にした約束はやめられるのかなあ。理由も一緒に考えてください。
・そう，口約束でも契約は契約です。守らないといけません！
・ただし，相手が，「やめていいよ」と言えば，やめることができます。

■ クーリング・オフの授業④　チェックシート

契約とクーリング・オフ

♪課題♪

（空欄）

1.　調べ学習の確認をしよう!
☆買い物の仕方

2.　ロールプレイをみて考えよう!
　①どちらかに〇をつけよう。
　「買わなければならない」　　「買わなくてもよい」
　②理由を下のキーワードを参考に考えて書こう!

（空欄）

　　　キーワード:お金の支払, 口約束, 契約書, 返品, クーリング・オフ制度, 自由, 権利, 責任, 損失

3.　消費生活センターからの説明で知らなかったことを書いておこう!

（空欄）

4.　契約とクーリング・オフの確認をしよう!
（1）あてはまる言葉を右の中から探して入れましょう。
　①契約とは＿＿＿＿な＿＿＿＿＿です。
　②口約束でも契約は＿＿＿＿＿。
　③契約が成立すれば＿＿＿＿＿と＿＿＿＿＿が生じます。
　④未成年者の契約は＿＿＿＿＿。

| 約束　権利　責任 |
| 法的　個人的 |
| 成立します　取り消せます |
| 成立しません　取り消せません |

（2）クーリング・オフ制度について, あっているものに〇をしましょう。
　①お店での買い物で使える?　　　　　　　　　　使える　　使えない
　②ネットでは?　　　　　　　　　　　　　　　　使える　　使えない
　③訪問販売では?　　　　　　　　　　　　　　　使える　　使えない
　④契約書を受け取ってから何日間ならできる?　　5日　　8日　　10日
　⑤契約の取り消しは電話とはがき, どちらですべきか?　電話　　はがき
5.　今日の勉強のまとめと感想
6.　教えてあげる人の名前を書こう!

（空欄）

（大藪　千穂）

第3章
資料編

① 小学校の授業づくりの基礎と 指導案の書き方

小学校家庭科の目標

生活の営みに係る見方・考え方を働かせ、衣食住などに関する実践的・体験的な活動を通して、生活をよりよくしようと工夫する資質・能力を次のとおり育成することを目指す。

【視点】
協力・協働、健康・快適・安全、
生活文化の継承・創造、持続可能な社会の構築

家庭科の学び方

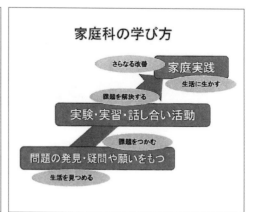

さらなる改善
家庭実践
生活に生かす
課題を解決する
実験・実習・話し合い活動
課題をつかむ
問題の発見・疑問や願いをもつ
生活を見つめる

じゃんけんトーキング

◆隣の人とじゃんけんをして、指の数を合計し、そのテーマで話をする ⇒今日はペア

- ０・・・最近、買って満足 or 失敗したもの？
- ２・・・小中学校でミシンで何をつくった？
- ４・・・調理実習でつくったものは？
- ５・・・わが家の「エコ」なくらしの工夫
- ７・・・今日の朝ごはんは？
- １０・・・こんな災害対策しています！
- ※・・・家族のためにしていること

内容 （学習指導要領より）

A 家族・家庭生活
B 衣食住の生活
C 消費生活・環境

※小学校・中学校・高等学校の内容の系統性の明確化

題材の導入

■必然性のある導入
・生活見つめから疑問をもてるように
・課題解決への意欲
「なぜ。」「どうしたらよいか。」

■ものづくりへの意欲・憧れ
「こんなふうにつくりたい！」
「できるようになりたい！」

授業でどんな力をどのように身に付けさせるのか

「教えること」 何を？

「気づかせること」

「考えさせること」 そのための手立ては？

単位時間の授業では

①出口の子どもの姿をイメージ
　　これができるように・わかるように
　⇒本時のねらい＝評価規準
　　○○を通して，◇◇に気づき，□□が
　　できる，理解することができる。
　⇒課題
　　○○するには，どのようにしたらよいだ
　　ろう。

単位時間の授業では

②何を通して，気づかせるのか
　　考えさせるのか。できるようにするのか。
　　示範・標本観察・実験・実習など

③つまずきの予測と手立ての構築
　　何が困難なのか。
　　動画，写真，見本，拡大模型，隣で

単位時間の授業では

④自己の成長を振り返る場を設定
　する。
　■自己評価「振り返りカード」
　　　　　　「ルーブリック（評価基準）」
　■相互評価　生徒同士で
　■教師評価　短く誉める
　　　　　　　振り返りにコメント記入

準備するとよいもの

■教科書 / 学習プリント
■実物・見本
■動画（デジタル教科書）
■プレゼンテーション（写真・言葉）
■手順カード【個人やペアで活用】
■拡大模型

1時間の流れ

【課題化】
　「今日は○○を」「○○の部分を」
【示範】
　「実物・模型を見せる」「ビデオを見せる」
【試行・実習】
　この時間を十分確保。ペア活動・個別指導
【振り返り】
　「技能の向上」「その理由」「つかんだこつ」

学習指導要領では...

B　衣食住の生活
　（2）調理の基礎
　　ア　次のような知識及び技能を身に付ける
　　　こと。
　　（エ）材料に適したゆで方，いため方を理
　　　　解し，適切にできること。
　【解説】青菜やじゃがいもなどを扱うこと
　　　　「材料に適したゆで方」とは・・・

学習指導要領解説
（指導計画の作成と内容の取扱い）より

（2）イ　ゆでる材料として青菜や
　　　　じゃがいもなどを扱うこと

　　青菜…沸騰後，根菜…水からゆでる

和食の基本となるだしの役割
についても触れること

学習指導要領より

（2）調理の基礎
ア　次のような知識及び技能を身に付
　　けること。

（オ）伝統的な日常食である米飯及び
　　みそ汁の調理の仕方を理解し，
　　適切にできること

【題材指定】米飯・みそ汁

伝統的な食事（配膳）

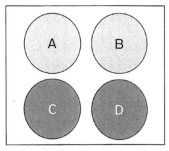

主食 C
（ごはん）

汁物 D

主菜 B

副菜 A

ゆで卵をつくろう

家族の好みにあった「ゆで卵」をつくる
ためには，どのようにしたらよいだろう。

「教えること」…ガスコンロの使い方
　　　　　　　　　なべの扱い方など
「気づかせること」…沸騰の様子
「考えさせること」…火加減，ゆで時間

火加減の調整

27図 ▶ 火力の調節

強火…炎全体が鍋底全体にあたる
中火…炎の先が鍋底とバーナーの中間
弱火…炎の先が鍋底にあたる

水は，どのくらい入れる？

かぶるくらいの水

たっぷりの水

ひたひたの水

違いは？

水は，どのくらい入れる？

水面から食材が出ます　　食材が水にかぶっています

ひたひたの水　　かぶるくらいの水

ゆでたまご　～上手につくるこつ～

技能：「ゆでる」　知識：「たんぱく質の加熱による凝固（中）」

ゆでたまご
～上手につくるこつ～

Mサイズ　　沸騰後
〇分！

常温　諸説あり

りんごの
皮むき　　指導法の工夫

まき尺
ものさし

授業に入る前に・・・

【調理実習】
①材料は... 予算化・配達業者に依頼

②持ち物は... エプロン・マスク・
三角巾・ふきん2枚

③服装は... 三点着用
（前髪入れる）

実習の際の注意事項

◎実習の指導については，次の事項に配慮するも
のとする。

（1）服装を整え，用具の手入れや保管を適切に行
うこと。
（2）事故の防止に留意して，熱源や用具，機械な
どを取り扱うこと。
（3）調理に用いる食品については，生の魚や肉
は扱わないなど，安全・衛生に留意すること。

実習の際の注意事項

【包丁】

保管場所…かぎのかかる場所（準備室等）

置く場所…
（調理台の上）

持ち運びの仕方…トレーに入れて
ふきんを巻いて

手渡し×　台の上に置いて, とってもらう

実習の際の注意事項

【衛生】

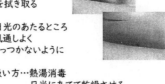

包丁…水を拭き取る

まな板…日光のあたるところ
風通しよく
くっつかないように

ふきんの扱い方…熱湯消毒
日光にあてて乾燥させる

実習の際の注意事項

【食中毒予防】

食材の管理…冷蔵庫

まな板・調理台…アルコールスプレーで消毒

じゃがいもの扱い…未熟なもの（小さいもの）×
日光に当たって青くなった
ものの皮や芽（ソラニン）×

実習の際の注意事項

【ガス】

換気…換気扇, 窓を開ける

元栓…開け閉め

点火確認…しゃがんで確実に見る

オーブン…点火時ガス充満していると危険

ガス管… 劣化（ひび）確認
大きな鍋の使用時底が当たっていないか

実習の際の注意事項

【服装】

そで…ひらひら×
引火しないように

三角巾…前髪が出ない

手…シュシュ等をしない

実習の際の注意事項

【やけど予防】

ゆでた野菜をザルにとる時…鍋を平行に保ち,
手前ではなく,
向こう側へ

熱したフライパンや片手なべをもつ時…
鍋つかみ
ふきんの使用

学習指導要領より

B（5）生活を豊かにするための布を用いた製作
　ア　次のような知識及び技能を身に付けること。

（ア）　製作に必要な材料や手順が分かり，製作計画について理解すること。

（イ）　手縫いやミシン縫いによる目的に応じた縫い方及び用具の安全な取扱いについて理解し，適切にできること。

手縫い

なみ縫い　　本返し縫い　　半返し縫い

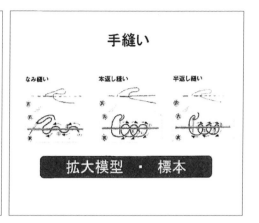

拡大模型　・　標本

裁縫用具の使い方

ものさし

角は「十字」に。

②横でしるしをつける
①めもりにあわせる

まち針（手縫い）　　　　垂直方向に。

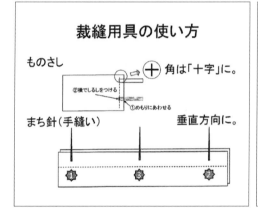

【被服製作】

①材料は… 業者教材（個人購入）

②持ち物は… 裁縫用具

③見本は… 示範で？
　　苦手な場合は？

動画・ゲストティーチャー等

取扱絵表示（新）

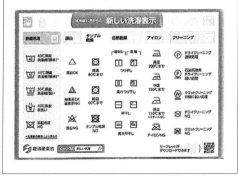

学習指導要領解説より

「B衣食住の生活」においては，「暖かさ，風通し，明るさなど」を「暑さ・寒さ，通風・換気，採光，及び音」と改め，小学校で押さえる基礎的・基本的な内容としてすべての児童に学習させることとしている。

（各務原市立桜丘中学校　横山 真智子）

2 中学校の授業づくりの基礎と指導案の書き方

1　はじめに

■ 生徒の前に立つときに心がけること

　家庭科の授業では，生徒の家庭生活そのものを扱う。

　衣食住の生活にかかわる内容では，科学的な理解を深めるための，実践的・体験的な活動の充実が求められている。例えば，野菜炒めやみそ汁の調理の際に，野菜の切り方や加熱する順番を考えるが，このとき「なぜそうするのか」を考えさせることが重要となる。火の通りにくいものから順に炒めたり，食材に応じて厚さを変えて切ったりすることなどを，実験や実習を通して理解させていくことが大切である。

　一方で，みそ汁に入れる大根の切り方をいちょう切りにするのか，せん切りにするのかなど，正解がないものもある。家庭によって異なっていても，誤りではない。生徒自身や家族の生活を尊重し，それぞれの家庭の文化を互いに交流し認め合うことが，自分らしい生活をつくることにつながっていく。多様な価値観があることを心に留め，生徒とともに家庭科の学びを楽しんでいこうとする心構えをもって生徒の前に立ちたい。

■ 中学校 技術・家庭科（家庭分野）の目標（中学校学習指導要領解説 p.9 より 一部加筆）

①生活の営みに係る見方・考え方を働かせ，②衣食住などに関する実践的・体験的な活動を通して，よりよい生活の実現に向けて，③生活を工夫し創造する資質・能力を次のとおり育成することを目指す。

(1)　家族・家庭の機能について理解を深め，家族・家庭，衣食住，消費や環境などについて，生活の自立に必要な基礎的な理解を図るとともに，それらに係る技能を身に付けるようにする。　知識・技能

(2)　家族・家庭や地域における生活の中から問題を見いだして課題を設定し，解決策を構想し，実践を評価・改善し，考察したことを論理的に表現するなど，これからの生活を展望して課題を解決する力を養う。　思考・判断・表現

(3)　自分と家族，家庭生活と地域との関わりを考え，家族や地域の人々と協働し，よりよい生活の実現に向けて，生活を工夫し創造しようとする実践的な態度を養う。　主体的に学習に取り組む態度

①生活の営みに係る見方・考え方を働かせ

・家族や家庭，衣食住，消費や環境などに係る生活事象を，「協力・協働」「健康・快適・安全」「生活文化の継承・創造」「持続可能な社会の構築」等の視点で捉え，よりよい生活を営むために工夫すること。

・「生活文化の継承・創造」は，中学校においては，「生活文化を継承する大切さに気づくこと」。

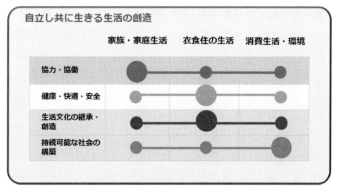

（出典：文部科学省　ワーキンググループ資料1-1より）

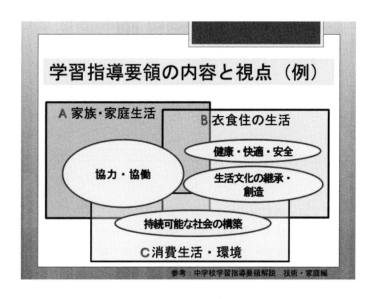

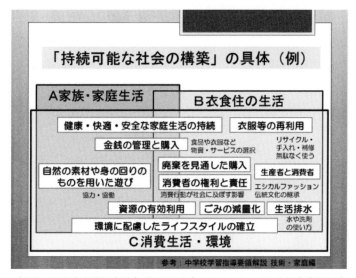

（出典：日本家庭科教育学会 第62回大会 ラウンドテーブル４ 提案資料より）

②衣生活などに関する実践的・体験的な活動を通して

・「Ａ　家族・家庭生活」，「Ｂ　衣食住の生活」，「Ｃ　消費生活・環境」の３つの内容について，理論のみの学習に終わることなく，調理，製作などの実習や観察，調査，実験などの実践的・体験的な活動を通して学習することにより，習得した知識および技能を生徒自らの生活に生かすことを意図している。

③生活を工夫し創造する資質・能力

・「何ができるようになるか」（資質・能力）

・「内容の定着をどう図るか」⇨「生徒にどんな力をつけるのか」考え，授業を構想する。

・単に「何かをつくる」授業 ⇨ 課題解決に向かう学習過程の一つとして「何かをつくる」授業

【家庭科，技術・家庭科（家庭分野）の学習過程の参考例】

生活の課題発見	解決方法の検討と計画		課題解決に向けた実践活動	実践活動の評価・改善		家庭・地域での実践
既習の知識及び技能や生活経験を基に生活を見つめ，生活の中から問題を見いだし，解決すべき課題を設定する	生活に関わる知識及び技能を習得し，解決方法を検討する	解決の見通しをもち，計画を立てる	生活に関わる知識及び技能を活用して，調理・製作等の実習や，調査，交流活動などを行う	実践した結果を評価する	結果を発表し，改善策を検討する	改善策を家庭・地域で実践する

（出典：中学校学習指導要領解説p.63より）

【題材名（例）】非常時に持ち出しやすい袋を開発しよう

・非常時に必要な小物を調べ，製作における課題を設定する。

・大きさ，重さ，取り出しやすさ，衣服の再利用などを考慮して製作計画を立てる。

・製作計画をグループで交流し，仲間の意見を参考に計画を見直し修正する。

・計画に基づいて，材料や製作方法を選択し，製作する。

・計画どおりに製作できたかふり返ったり，発表会などで実践を相互評価したりしながら，改善方法について考える。

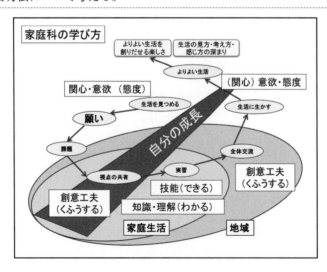

2　指導計画の作成に向けて

■ 単位時間の役割を明確にし，「創意工夫」を段階的に高めていくことができる指導計画

◇単位時間の役割…「生活を見つめる（関心・意欲・態度）」，「わかる・できる（知識・技能）」，「工夫する（創意工夫）」，「生活に生かす（関心・意欲・態度）」

◇「創意工夫」を段階的に高める指導計画…「生活見つめ」から「願い」をもち，その願いを実現するために，「わかる」ことや「できる」ことを増やしていく。そして，その過程で「工夫する」力を高め，「生活に生かす」ことにつなげる。

　つまり，知識や技能は，すべて「生活をよりよくしようと工夫する能力」のために必要となるものであって，知識や技能の習得のみを目指すものではない。単位時間の役割が，「わかる」「できる」の場合，生徒たちにとって，その知識や技能は，願いを実現させるために不可欠なものであると強く意識していることが重要となる。

■ 指導方法の工夫

（1）単位時間のねらいを明確にし，評価規準を具体的にする。

　①ねらいを明確にすると…

　　・本時に何を指導したいのか教師の意図が明確になり，授業が焦点化する。

　　・本時の課題が，生徒にとって必要で意味のある課題となる。

　　・どんな発問をしたらよいか，はっきりする。

　　・つけたい力が明確になり，本時の終末における生徒の姿を具体的にイメージできる。

　　・見届けることが具体的になり，生徒にどのような力がついたのかという評価がはっきりする。

　②授業の役割と単位時間のねらいの明確化

　　・ねらいを明確にすることは，授業の役割に応じて生徒がどのようなことに気づくことが大切か，および到達目標を明確にすることにつながる。

《単位時間のねらいの表記例》

Ⅰ.「　　A　　　することを通して，　　B　　　すること（が大切であること）に気づき，　　C　　　することができる（わかる）。」

Ⅱ.「　　A　　　するためには，　　B　　　すること（が大切であること）に気づき，　　C　　　することができる（わかる）。」

　　　　A　　➡ 本時の課題　「　　A　　するには，どうしたらよいだろう」
　　　　B　　➡ 実践的・体験的な学習活動を通して，よりよい行動の仕方を身につけるための見方や考え方，知識・理解や技能を確かなものにするための見方や考え方，感じ方，こつやポイント
　　　　C　　➡ 授業の終末の姿（めざす姿）

> ①ねらい，課題，評価，終末のまとめがつながっているか。　　　　　　　□
> ②課題を解決するのにふさわしい体験的・実践的な活動を工夫しているか。　□
> ③言語活動が適切に仕組まれているか。　　　　　　　　　　　　　　　　□
> ④評価規準は，具体的か。また，評価規準達成のための具体的な手立ては何か。□
> ⑤個の学習状況や実態に応じたきめ細かな指導を意図しているか。　　　　□
> ⑥最終的に出口でどんな意識や思いを生徒にもたせたいかが，はっきりしているか。□
> ⑦安全への配慮があるか。　　　　　　　　　　　　　　　　　　　　　　□

◆「①ねらい，課題，評価，終末のまとめがつながっているか」にかかわって
・「ねらい：教師の意図」，「課題：生徒が達成したい目標」，「評価：生徒に常にフィードバックされていくもの（指導したことに対する評価）」，「終末のまとめ：生徒が課題を解決できたかどうかの意識」と考えると，ねらいを明確にすることが重要となる。そして，その「ねらい」が生徒の「課題」意識につながり，終末の「まとめ」，「評価」につながる。

◆「②課題を解決するのにふさわしい体験的・実践的な活動を工夫しているか」にかかわって
・家庭科の本質から考えて，問題解決学習として「体験的・実践的な活動が位置付けられている」ことはもちろん，その活動が本当に課題の解決（願いの実現）に迫るように工夫されているか。

◆「③言語活動が適切に仕組まれているか」にかかわって
・言葉や図表，概念などを用いて，自分の課題に基づき，生活をよりよくする方法を考えたり，実習などで体験したことを説明したり，表現したり，話し合ったりするなどの学習活動が意図的に位置づけられているか。
　➡インタビュー，実習，比較実験などからわかったことを図表やグラフ，言葉にまとめ，それを発表し合い活用の仕方を考えることで，身近な生活への理解が深まり，生活をよりよくしようとする意欲や生活で活用する能力が身につく。

◆「④評価規準は，具体的か。また，評価規準達成のための具体的な手立ては何か」にかかわって
・本時の評価規準が身につくために，「具体的な手立て」が用意されているか。また，評価規準を達成しているかどうかを「見極める言葉や姿」が意識されているか。
　※この評価規準がはっきりしていれば，必然的に個別の声かけの内容が決まってくる。

◆「⑤個の学習状況や実態に応じたきめ細かな指導を意図しているか」にかかわって
・基礎的・基本的な内容を身につけさせるための個に応じた細かな指導として，教材・教具を準備したり，グループやペア学習など学習形態などを工夫したりしているか。その際，生徒の活動の様子やプリントなどへの記述から，④の「見極める言葉や姿」により評価し，達成できない生徒にさらに必要な手立てをうとうとしているか（指導と評価の一体化）。
・作業や実習の際などに，「～で困っている生徒に対し，○○を用いて，◇◇できるようにする」など，意図を明確にして机間指導をする。

◆「⑥最終的に出口でどんな意識や思いを生徒にもたせたいかが，はっきりしているか」にかかわって

・最終的な出口の意識や思いをどのように考えているのか。その達成のための指導・評価をしようとしているか。教師のねらいと生徒の終末の意識が一致しており，展開に明記してあるか。

◆「⑦安全への配慮があるか」にかかわって

・安全な道具の扱いや衛生面に配慮しているか。

・調理実習4点セット（エプロン，マスク，三角巾，ふきん2枚），手洗い，こんろ周りの汚れ，シンクや三角コーナーの残菜，包丁の置き方，包丁の渡し方，まな板の片づけ方，縫い針の数確認，まち針をうつ方向……など。

本時のねらい：□□□□□□ するためには（することを通して），□□□□□□ すること（が大切であること）に気づき，□□□□□□ することができる（わかる）。

過程	学習活動	指導・援助・評価
見つめる	○家庭での生活見つめ（調べ学習，インタビューなど），前時の学習などから，生徒の願いを明らかにする。または，前時の課題意識を継続させる。 　　課題…○○するには，どうしたらよいだろう	・意図的な机間指導 ・安全への配慮
つかむ	○ねらいに迫るための実践的・体験的な活動や実感をもたせる学習活動を行う。 ※体験，学び合い，教師の示範等で，見方や考え方，感じ方，および方法やこつをつかむ。	◇評価規準 【知識・技能： 　　　　～理解している 　　　　　～できる】 【思考・判断・表現： 　　　　～工夫している】 【主体的に学習に取り組む態度： 　　　～しようとしている】
追求する	○ねらいに迫るために，図表やグラフなどにまとめ，発表し合い活用の仕方を考える。 　まとめ…本時の学びを生徒の言葉で具体的に記述する 　　教師のねらいと生徒の課題がまとまるところ	◆達成のための手立て 　技能や関心であれば作業の姿，知識では，予想される記述を具体的に想定し，それに応じた手立てを講じる。
生かす	○家庭で実践してみる，調べてみるなど，生活の中で学習したことを生かしていこうとする態度を養うような働きかけを行う。	

（参考文献）

・国立教育政策研究所　教育課程研究センター「評価基準の作成，評価方法等の工夫改善のための参考資料」
・岐阜地区教育課程講習会　技術・家庭科配付資料

（各務原市立桜丘中学校　横山 真智子）

③ 平成29年告示 学習指導要領

| 小学校 | 家庭（抄） |

第2章　家庭科の目標及び内容

第1節　家庭科の目標

　生活の営みに係る見方・考え方を働かせ，衣食住などに関する実践的・体験的な活動を通して，生活をよりよくしようと工夫する資質・能力を次のとおり育成することを目指す。

(1) 家族や家庭，衣食住，消費や環境などについて，日常生活に必要な基礎的な理解を図るとともに，それらに係る技能を身に付けるようにする。

(2) 日常生活の中から問題を見いだして課題を設定し，様々な解決方法を考え，実践を評価・改善し，考えたことを表現するなど，課題を解決する力を養う。

(3) 家庭生活を大切にする心情を育み，家族や地域の人々との関わりを考え，家族の一員として，生活をよりよくしようと工夫する実践的な態度を養う。

第3節　家庭科の内容

A　家族・家庭生活

　次の(1)から(4)までの項目について，課題をもって，家族や地域の人々と協力し，よりよい家庭生活に向けて考え，工夫する活動を通して，次の事項を身に付けることができるよう指導する。

(1) **自分の成長と家族・家庭生活**
　ア　自分の成長を自覚し，家庭生活と家族の大切さや家庭生活が家族の協力によって営まれていることに気付くこと。

(2) **家庭生活と仕事**
　ア　家庭には，家庭生活を支える仕事があり，互いに協力し分担する必要があることや生活時間の有効な使い方について理解すること。
　イ　家庭の仕事の計画を考え，工夫すること。

(3) **家族や地域の人々との関わり**
　ア　次のような知識を身に付けること。
　　(ｱ)　家族との触れ合いや団らんの大切さについて理解すること。
　　(ｲ)　家庭生活は地域の人々との関わりで成り立っていることが分かり，地域の人々との協力が大切であることを理解すること。

(4) **家族・家庭生活についての課題と実践**
　ア　日常生活の中から問題を見いだして課題を設定し，よりよい生活を考え，計画を立てて実践できること。

B　衣食住の生活

　次の(1)から(6)までの項目について，課題をもって，健康・快適・安全で豊かな食生活，衣生活，住生活に向けて考え，工夫する活動を通して，次の事項を身に付けることができるよう指導する。

●食生活
(1) **食事の役割**
　ア　食事の役割が分かり，日常の食事の大切さと食事の仕方について理解すること。

　イ　楽しく食べるために日常の食事の仕方を考え，工夫すること。

(2) **調理の基礎**
　ア　次のような知識及び技能を身に付けること。
　　(ｱ)　調理に必要な材料の分量や手順が分かり，調理計画について理解すること。
　　(ｲ)　調理に必要な用具や食器の安全で衛生的な取扱い及び加熱用調理器具の安全な取扱いについて理解し，適切に使用できること。
　　(ｳ)　材料に応じた洗い方，調理に適した切り方，味の付け方，盛り付け，配膳及び後片付けを理解し，適切にできること。
　　(ｴ)　材料に適したゆで方，いため方を理解し，適切にできること。
　　(ｵ)　伝統的な日常食である米飯及びみそ汁の調理の仕方を理解し，適切にできること。
　イ　おいしく食べるために調理計画を考え，調理の仕方を工夫すること。

(3) **栄養を考えた食事**
　ア　次のような知識を身に付けること。
　　(ｱ)　体に必要な栄養素の種類と主な働きについて理解すること。
　　(ｲ)　調理に必要な用具や食器の安全で衛生的な取扱い及び加熱用調理器具の安全な取扱いについて理解し，適切に使用できること。
　　(ｳ)　献立を構成する要素が分かり，1食分の献立作成の方法について理解すること。
　イ　1食分の献立について栄養のバランスを考え，工夫すること。

●衣生活
(4) **衣服の着用と手入れ**
　ア　次のような知識及び技能を身に付けること。
　　(ｱ)　衣服の主な働きが分かり，季節や状況に応じた日常着の快適な着方について理解すること。
　　(ｲ)　日常着の手入れが必要であることや，ボタンの付け方及び洗濯の仕方を理解し，適切にできること。
　イ　日常着の快適な着方や手入れの仕方を考え，工夫すること。

(5) **生活を豊かにするための布を用いた製作**
　ア　次のような知識及び技能を身に付けること。
　　(ｱ)　製作に必要な材料や手順が分かり，製作計画について理解すること。
　　(ｲ)　手縫いやミシン縫いによる目的に応じた縫い方及び用具の安全な取扱いについて理解し，適切にできること。
　イ　生活を豊かにするために布を用いた物の製作計画を考え，製作を工夫すること。

●住生活
(6) **快適な住まい方**
　ア　次のような知識及び技能を身に付けること。

(ア) 住まいの主な働きが分かり，季節の変化に合わせた生活の大切さや住まい方について理解すること。

(イ) 住まいの整理・整頓や清掃の仕方を理解し，適切にできること。

イ　季節の変化に合わせた住まい方，整理・整頓や清掃の仕方を考え，適切な住まい方を工夫すること。

C　消費生活・環境

次の(1)及び(2)の項目について，課題をもって，持続可能な社会の構築に向けて身近な消費生活と環境を考え，工夫する活動を通して，次の事項を身に付けることができるよう指導する。

(1)　物や金銭の使い方と買物

ア　次のような知識及び技能を身に付けること。

(ア) 買物の仕組みや消費者の役割が分かり，物や金銭の大切さと計画的な使い方について理解すること。

(イ) 身近な物の選び方，買い方を理解し，購入するために必要な情報の収集・整理が適切にできること。

イ　購入に必要な情報を活用し，身近な物の選び方，買い方を考え，工夫すること。

(2)　環境に配慮した生活

ア　自分の生活と身近な環境との関わりや環境に配慮した物の使い方などについて理解すること。

イ　環境に配慮した生活について物の使い方などを考え，工夫すること。

ウ　(2)のイについては，内容の「B　衣食住の生活」との関連を図り，実践的に学習できるようにすること。

中学校　　　　　　　　　　　　　家庭分野の内容

A　家族・家庭生活

次の(1)から(4)までの項目について，課題をもって，家族や地域の人々と協力・協働し，よりよい家庭生活に向けて考え，工夫する活動を通して，次の事項を身に付けることができるよう指導する。

(1)　自分の成長と家族・家庭生活

ア　自分の成長と家族や家庭生活との関わりが分かり，家族・家庭の基本的な機能について理解するとともに，家族や地域の人々と協力・協働して家庭生活を営む必要があることに気付くこと。

(2)　幼児の生活と家族

ア　次のような知識を身に付けること。

(ア) 幼児の発達と生活の特徴が分かり，子供が育つ環境として の家族の役割について理解すること。

(イ) 幼児にとっての遊びの意義や幼児との関わり方について理解すること。

イ　幼児とのよりよい関わり方について考え，工夫すること。

(3)　家族・家庭や地域との関わり

ア　次のような知識を身に付けること。

(ア) 家族の互いの立場や役割が分かり，協力することによって家族関係をよりよくできることについて理解すること。

(イ) 家庭生活は地域との相互の関わりで成り立っていることが分かり，高齢者など地域の人々と協働する必要があることや介護など高齢者との関わり方について理解すること。

イ　家族関係を よりよくする方法及び高齢者など地域の人々と関わり，協働する方法について考え，工夫すること。

(4)　家族・家庭生活についての課題と実践

ア　家族，幼児の生活又は地域の生活の中から問題を見いだして課題を設定し，その解決に向けてよりよい生活を考え，計画を立てて実践できること。

B　衣食住の生活

次の(1)から(7)までの項目について，課題をもって，健康・快適・安全で豊かな食生活，衣生活，住生活に向けて考え，工夫する活動を通して，次の事項を身に付ける

ことができるよう指導する。

(1)　食事の役割と中学生の栄養の特徴

ア　次のような知識を身に付けること。

(ア) 生活の中で食事が果たす役割について理解すること。

(イ) 中学生に必要な栄養の特徴が分かり，健康によい食習慣について理解すること。

イ　健康によい食習慣について考え，工夫すること。

(2)　中学生に必要な栄養を満たす食事

ア　次のような知識を身に付けること。

(ア) 栄養素の種類と働きが分かり，食品の栄養的な特質について理解すること。

(イ) 中学生の1日に必要な食品の種類と概量が分かり，1日分の献立作成の方法について理解すること。

イ　中学生の1日分の献立について考え，工夫すること。

(3)　日常食の調理と地域の食文化

ア　次のような知識及び技能を身に付けること。

(ア) 日常生活と関連付け，用途に応じた食品の選択について理解し，適切にできること。

(イ) 食品や調理用具等の安全と衛生に留意した管理について理解し，適切にできること。

(ウ) 材料に適した加熱調理の仕方について理解し，基礎的な日常食の調理が適切にできること。

(エ) 地域の食文化について理解し，地域の食材を用いた和食の調理が適切にできること。

イ　日常の1食分の調理について，食品の選択や調理の仕方，調理計画を考え，工夫すること。

(4)　衣服の選択と手入れ

ア　次のような知識及び技能を身に付けること。

(ア) 衣服と社会生活との関わりが分かり，目的に応じた着用，個性を生かす着用及び衣服の適切な選択について理解すること 。

(イ) 衣服の計画的な活用の必要性，衣服の材料や状態に応じた日常着の手入れについて理解し，適切にできること。

イ　衣服の選択，材料や状態に応じた日常着の手入れの仕方を考え，工夫すること。

(5) 生活を豊かにするための布を用いた製作
　ア　製作する物に適した材料や縫い方について理解し，用具を安全に取り扱い，製作が適切にできること。
　イ　資源や環境に配慮し，生活を豊かにするために布を用いた物の製作計画を考え，製作を工夫すること。
(6) 住居の機能と安全な住まい方
　ア　次のような知識を身に付けること。
　　(ｱ)　家族の生活と住空間との関わりが分かり，住居の基本的な機能について理解すること。
　　(ｲ)　家庭内の事故の防ぎ方など家族の安全を考えた住空間の整え方について理解すること。
　イ　家族の安全を考えた住空間の整え方について考え，工夫すること。
(7) 衣食住の生活についての課題と実践
　ア　食生活，衣生活，住生活の中から問題を見いだして課題を設定し，その解決に向けてよりよい生活を考え，計画を立てて実践できること。

C　消費生活・環境
　次の(1)から(3)までの項目について，課題をもって，持続可能な社会の構築に向けて考え，工夫する活動を通し

て，次の事項を身に付けることができるよう指導する。
(1) 金銭の管理と購入
　ア　次のような知識及び技能を身に付けること。
　　(ｱ)　購入方法や支払い方法の特徴が分かり，計画的な金銭管理の必要性について理解すること。
　　(ｲ)　売買契約の仕組み，消費者被害の背景とその対応について理解し，物資・サービスの選択に必要な情報の収集・整理が適切にできること。
　イ　物資・サービスの選択に必要な情報を活用して購入について考え，工夫すること。
(2) 消費者の権利と責任
　ア　消費者の基本的な権利と責任，自分や家族の消費生活が環境や社会に及ぼす影響について理解すること。
　イ　身近な消費生活について，自立した消費者としての責任ある消費行動を考え，工夫すること。
(3) 消費生活・環境についての課題と実践
　ア　自分や家族の消費生活の中から問題を見いだして課題を設定し，その解決に向けて環境に配慮した消費生活を考え，計画を立てて実践できること。

高等学校　　家　庭（平成30年告示）

【家庭基礎】

A　人の一生と家族・家庭及び福祉
(1) 生涯の生活設計
　ア　人の一生について自己と他者，社会との関わりから様々な生き方があることを理解するとともに，自立した生活を営むめに必要な情報の収集・整理を行い，生涯を見通して，生活課題に対応し意思決定をしていくことの重要性について理解を深めること。
　イ　生涯を見通した自己の生活について主体的に考え，ライフスタイルと将来の家庭生活及び職業生活について考察し，生活設計を工夫すること。
(2) 青年期の自立と家族・家庭
　ア　生涯発達の視点で青年期の課題を理解するとともに，家族・家庭の機能と家族関係，家族・家庭生活を取り巻く社会環境の変化や課題，家族・家庭と社会との関わりについて理解を深めること。
　イ　家庭や地域のよりよい生活を創造するために，自己の意思決定に基づき，責任をもって行動することや，男女が協力して，家族の一員としての役割を果たし家庭を築くことの重要性について考察すること。
(3) 子供の生活と保育
　ア　乳幼児期の心身の発達と生活，親の役割と保育，子供を取り巻く社会環境，子育て支援について理解するとともに，乳幼児と適切に関わるための基礎的な技能を身に付けること。
　イ　子供を生み育てることの意義について考えるとともに，子供の健やかな発達のために親や家族及び地域や社会の果たす役割の重要性について考察すること。
(4) 高齢期の生活と福祉
　ア　高齢期の心身の特徴，高齢者を取り巻く社会環境，高齢者の尊厳と自立生活の支援や介護について理解

するとともに，生活支援に関する基礎的な技能を身に付けること。
　イ　高齢者の自立生活を支えるために，家族や地域及び社会の果たす役割の重要性について考察すること。
(5) 共生社会と福祉
　ア　生涯を通して家族・家庭の生活を支える福祉や社会的支援について理解すること。
　イ　家庭や地域及び社会の一員としての自覚をもって共に支え合って生活することの重要性について考察すること。

B　衣食住の生活の自立と設計
(1) 食生活と健康
　ア(ｱ)　ライフステージに応じた栄養の特徴や食品の栄養的特質，健康や環境に配慮した食生活について理解し，自己や家族の食生活の計画・管理に必要な技能を身に付けること。
　　(ｲ)　おいしさの構成要素や食品の調理上の性質，食品衛生について理解し，目的に応じた調理に必要な技能を身に付けること。
　イ　食の安全や食品の調理上の性質，食文化の継承を考慮した献立作成や調理計画，健康や環境に配慮した食生活について考察し，自己や家族の食事を工夫すること。
(2) 衣生活と健康
　ア(ｱ)　ライフステージや目的に応じた被服の機能と着装について理解し，健康で快適な衣生活に必要な情報の収集・整理ができること。
　　(ｲ)　被服材料，被服構成及び被服衛生について理解し，被服の計画・管理に必要な技能を身に付けること。

イ　被服の機能性や快適性について考察し，安全で健康や環境に配慮した被服の管理や目的に応じた着装を工夫すること。

(3) 住生活と住環境

ア　ライフステージに応じた住生活の特徴，防災などの安全や環境に配慮した住居の機能について理解し，適切な住居の計画・管理に必要な技能を身に付けること。

イ　住居の機能性や快適性，住居と地域社会との関わりについて考察し，防災などの安全や環境に配慮した住生活や住環境を工夫すること。

C　持続可能な消費生活・環境

(1) 生活における経済の計画

ア　家計の構造や生活における経済と社会との関わり，家計管理について理解すること。

イ　生涯を見通した生活における経済の管理や計画の重要性について，ライフステージや社会保障制度などと関連付けて考察すること。

(2) 消費行動と意思決定

ア　消費者の権利と責任を自覚して行動できるよう消費生活の現状と課題，消費行動における意思決定や契約の重要性，消費者保護の仕組みについて理解するとともに，生活情報を適切に収集・整理できること。

イ　自立した消費者として，生活情報を活用し，適切な意思決定に基づいて行動することや責任ある消費について考察し，工夫すること。

(3) 持続可能なライフスタイルと環境

ア　生活と環境との関わりや持続可能な消費について理解するとともに，持続可能な社会へ参画することの意義について理解すること。

イ　持続可能な社会を目指して主体的に行動できるよう，安全で安心な生活と消費について考察し，ライフスタイルを工夫すること。

D　ホームプロジェクトと学校家庭クラブ活動

ア　ホームプロジェクト及び学校家庭クラブ活動の意義と実施方法について理解すること。

イ　自己の家庭生活や地域の生活と関連付けて生活上の課題を設定し，解決方法を考え，計画を立てて実践すること。

【家庭総合】

A　人の一生と家族・家庭及び福祉

(1) 生涯の生活設計

ア(ア)　人の一生について，自己と他者，社会との関わりから様々な生き方があることを理解するとともに，自立した生活を営むために，生涯を見通して，生活課題に対応し意思決定をしていくことの重要性について理解を深めること。

(イ)　生活の営みに必要な金銭，生活時間などの生活資源について理解し，情報の収集・整理が適切にできること。

イ　生涯を見通した自己の生活について主体的に考え，ライフスタイルと将来の家庭生活及び職業生活について考察するとともに，生活資源を活用して生活設計を工夫すること。

(2) 青年期の自立と家族・家庭及び社会

ア(ア)　生涯発達の視点から各ライフステージの特徴と課題について理解するとともに，青年期の課題である自立や男女の平等と協力，意思決定の重要性について理解を深めること。

(イ)　家族・家庭の機能と家族関係，家族・家庭と法律，家庭生活と福祉などについて理解するとともに，家族・家庭の意義，家族・家庭と社会との関わり，家族・家庭を取り巻く社会環境の変化や課題について理解を深めること。

イ　家庭や地域のよりよい生活を創造するために，自己の意思決定に基づき，責任をもって行動することや，男女が協力して，家族の一員としての役割を果たし家庭を築くことの重要性について考察すること。

(3) 子供との関わりと保育・福祉

ア(ア)　乳幼児期の心身の発達と生活，子供の遊びと文化，親の役割と保育，子育て支援について理解を深め，子供の発達に応じて適切に関わるための技能を身に付けること。

(イ)　子供を取り巻く社会環境の変化や課題及び子供の福祉について理解を深めること。

イ　子供を生み育てることの意義や，保育の重要性について考え，子供の健やかな発達を支えるために親や家族及び地域や社会の果たす役割の重要性を考察するとともに，子供との適切な関わり方を工夫すること。

(4) 高齢者との関わりと福祉

ア(ア)　高齢期の心身の特徴，高齢者の尊厳と自立生活の支援や介護について理解を深め，高齢者の心身の状況に応じて適切に関わるための生活支援に関する技能を身に付けること。

(イ)　高齢者を取り巻く社会環境の変化や課題及び高齢者福祉について理解を深めること。

イ　高齢者の自立生活を支えるために，家族や地域及び社会の果たす役割の重要性について考察し，高齢者の心身の状況に応じた適切な支援の方法や関わり方を工夫すること。

(5) 共生社会と福祉

ア(ア)　生涯を通して家族・家庭の生活を支える福祉や社会的支援について理解すること。

(イ)　家庭と地域との関わりについて理解するとともに，高齢者や障害のある人々など様々な人々が共に支え合って生きることの意義について理解を深めること。

イ　家庭や地域及び社会の一員としての自覚をもって共に支え合って生活することの重要性について考察し，様々な人々との関わり方を工夫すること。

B　衣食住の生活の科学と文化

(1) 食生活の科学と文化

ア(ア)　食生活を取り巻く課題，食の安全と衛生，日本と世界の食文化など，食と人との関わりについて理解すること。

(イ)　ライフステージの特徴や課題に着目し，栄養の

特徴，食品の栄養的特質，健康や環境に配慮した食生活について理解するとともに，自己と家族の食生活の計画・管理に必要な技能を身に付けること。
- (ウ) おいしさの構成要素や食品の調理上の性質，食品衛生について科学的に理解し，目的に応じた調理に必要な技能を身に付けること。
- イ　主体的に食生活を営むことができるよう健康及び環境に配慮した自己と家族の食事，日本の食文化の継承・創造について考察し，工夫すること。
(2) 衣生活の科学と文化
- ア(ア) 衣生活を取り巻く課題，日本と世界の衣文化など，被服と人との関わりについて理解を深めること。
- (イ) ライフステージの特徴や課題に着目し，身体特性と被服の機能及び着装について理解するとともに，健康と安全，環境に配慮した自己と家族の衣生活の計画・管理に必要な情報の収集・整理ができること。
- (ウ) 被服材料，被服構成，被服製作，被服衛生及び被服管理について科学的に理解し，衣生活の自立に必要な技能を身に付けること。
- イ　主体的に衣生活を営むことができるよう目的や個性に応じた健康で快適，機能的な着装や日本の衣文化の継承・創造について考察し，工夫すること。
(3) 住生活の科学と文化
- ア(ア) 住生活を取り巻く課題，日本と世界の住文化など，住まいと人との関わりについて理解を深めること。
- (イ) ライフステージの特徴や課題に着目し，住生活の特徴，防災などの安全や環境に配慮した住居の機能について科学的に理解し，住生活の計画・管理に必要な技能を身に付けること。
- (ウ) 家族の生活やライフスタイルに応じた持続可能な住居の計画について理解し，快適で安全な住空間を計画するために必要な情報を収集・整理できること。
- イ　主体的に住生活を営むことができるようライフステージと住環境に応じた住居の計画，防災などの安全や環境に配慮した住生活とまちづくり，日本の住

文化の継承・創造について考察し，工夫すること。

C　持続可能な消費生活・環境
(1) 生活における経済の計画
- ア(ア) 家計の構造について理解するとともに生活における経済と社会との関わりについて理解を深めること。
- (イ) 生涯を見通した生活における経済の管理や計画，リスク管理の考え方について理解を深め，情報の収集・整理が適切にできること。
- イ　生涯を見通した生活における経済の管理や計画の重要性について，ライフステージごとの課題や社会保障制度などと関連付けて考察し，工夫すること。
(2) 消費行動と意思決定
- ア(ア) 消費生活の現状と課題，消費行動における意思決定や責任ある消費の重要性について理解を深めるとともに，生活情報の収集・整理が適切にできること。
- (イ) 消費者の権利と責任を自覚して行動できるよう，消費者問題や消費者の自立と支援などについて理解するとともに，契約の重要性や消費者保護の仕組みについて理解を深めること。
- イ　自立した消費者として，生活情報を活用し，適切な意思決定に基づいて行動できるよう考察し，責任ある消費について工夫すること。
(3) 持続可能なライフスタイルと環境
- ア　生活と環境との関わりや持続可能な消費について理解するとともに，持続可能な社会へ参画することの意義について理解を深めること。
- イ　持続可能な社会を目指して主体的に行動できるよう，安全で安心な生活と消費及び生活文化について考察し，ライフスタイルを工夫すること。

D　ホームプロジェクトと学校家庭クラブ活動
- ア　ホームプロジェクト及び学校家庭クラブ活動の意義と実施方法について理解すること。
- イ　自己の家庭生活や地域の生活と関連付けて生活上の課題を設定し，解決方法を考え，計画を立てて実践すること。

おわりに

●家庭科は，生活を扱う教科である。生活には，調理のような理系の内容から消費などの社会科学的内容，そして保育や家族といった心を扱う内容までが含まれており，なかなか幅広い。このため，家庭科も教える内容が広く多いが，得手不得手はあっても，すべてに関心をもっていなければならない。しかし得意な分野は，教える内容に深みが増し，いろいろなアイデアも浮かび，楽しく教えられるが，苦手な分野は，どうしても教科書の表面をなぞるだけに終わり，児童の関心や理解も進まなくなってしまいがちである。そんなとき，本書を読み，アイデアの幅を広げ，苦手意識を克服してもらえれば嬉しい。まずは苦手分野を好きになることから始めよう。そして本書を足がかりとして，より自由に指導案を考え，生活を，家庭科を楽しんでほしい。新しい情報，自由度の高い授業，そして遊びの要素がある楽しい授業。授業には3F（Freshness, Fun, Freedom）が大事だと教えてくれた，家政教育講座で長年教鞭をとられた杉原利治先生の考えを若い学生とともに受け継いでいければ嬉しい。
（大藪 千穂）

●家庭科教育にはほかの教科教育にはない特質が多数あります。なかでも，家族について考える契機を与える「家族教育」は大きな特質でしょう。しかし，「家族教育」には「正解」がありません。教えるためには，他者の多様な価値観とそのライフスタイルを認めつつ，自分自身の生き方を根底から問い直す必要性に迫られます。だからこそ奥深いのです。ぜひ，家庭科における「家族教育」に取り組んでいただければと願っています。（今村 光章）

●栄養素とその働きを知らなくても，また調理ができなくても，栄養バランスなどを改善することは可能です。現代人の多くは，三大栄養素を十分に摂取しているため，近海魚（n-3系脂肪酸）と国産野菜（食物繊維等）を積極的に摂取するだけで，栄養バランスはほぼ整い，畜肉由来の飽和脂肪酸の弊害は解消され，更に食料自給率が向上します。本書では理解を深めるために数値化しました。
（久保 和弘）

●本書では紙幅の都合もあり，住生活に関する写真や図面を掲載することができませんでした。インテリア関連雑誌，住宅関連書籍，官公庁発行の資料，インターネットなどを通じてビジュアル情報を補ってもらえれば幸いです。家庭科教育において，人間の暮らしを構成する身近な物と環境について，日進月歩「変わるもの」と古くから「変わらないもの」，双方への意識を促す指導がなされることを願っています。
（杉山 真魚）

●計画を立てるから片づけまでの工程を意味する調理は，子どもにとって身近な学問のひとつです。本人・家族が健康で充実した食生活を営なむためにも，表面的な知識を教えるのではなく，科学的知識に基づいて，目的に応じた食事を用意することができるのかを解決できる知識と技能を指導してほしいと思います。
（柴田 奈緒美）

●家庭科の特徴のひとつは，生活を見つめる目を育て，生活を創造する力を育成することにあります。小学校家庭科においても自分の生活改善に実践的に取り組む楽しさを伝えてください。さらに，家庭科で学ぶ理論的な根拠と生活での実践を中・高等学校へと発展させ，生涯にわたり生かせる学びが家庭科の特徴でもあることをふまえ，確かな知識と技術を子どもたちに楽しく指導する方法を考えながら取り組んでいってください。（夫馬 佳代子）

■執筆者一覧（執筆順）

今村　光章（岐阜大学教育学部家政教育講座）：第1章 第1節・3節
夫馬佳代子（　　　〃　　　　）：第1章 第2節・6節，第2章 第2節②
久保　和弘（　　　〃　　　　）：第1章 第4節
柴田奈緒美（　　　〃　　　　）：第1章 第5節，第2章 第2節①
杉山　真魚（　　　〃　　　　）：第1章 第7節，第2章 第2節③
大藪　千穂（　　　〃　　　　）：第1章 第8節，第2章 第2節④
古田　哲也（下呂市立下呂小学校）：第2章 第1節①
小井戸あや乃（岐阜市立長良小学校）：第2章 第1節②
田中　菜月（岐阜市立長良西小学校）：第2章 第1節③
細江　利佳（下呂市立萩原小学校）：第2章 第1節④
水野　愛華（岐阜市立青山中学校）：第2章 第1節⑤
孝森　夢加（岐阜市立長良東小学校）：第2章 第1節⑥
金森　夕貴（岐阜大学教育学部附属中学校）：第2章 第1節⑦
田中　菜帆（岐阜大学教育学部附属小学校）：第2章 第1節⑧
安永　百香（岐阜市立加納中学校）：第2章 第1節⑨
横山真智子（各務原市立桜丘中学校）：第2章 第1節⑩・⑪，第3章 第1節・2節

■編著者一覧

夫馬佳代子（岐阜大学教育学部教授　家庭科教育　被服教育）
大藪　千穂（岐阜大学教育学部教授　家庭管理）
今村　光章（岐阜大学教育学部教授　保育学）
久保　和弘（岐阜大学教育学部准教授　栄養学）
杉山　真魚（岐阜大学教育学部准教授　住居学）
柴田奈緒美（岐阜大学教育学部助教　調理学　食品科学）

改訂版
平成29年告示学習指導要領対応版

家庭科教育 入門

2020 年 3 月 31 日　第 1 刷発行

編著者　●　岐阜大学教育学部家政教育講座
発行者　●　大熊隆晴
発行所　●　開隆堂出版株式会社
　　　　　　〒 113-8608　東京都文京区向丘 1-13-1
　　　　　　TEL 03-5684-6116（編集）
　　　　　　http://www.kairyudo.co.jp/
印刷所　●　壮光舎印刷株式会社
発売元　●　開隆館出版販売株式会社
　　　　　　〒 113-8608　東京都文京区向丘 1-13-1
　　　　　　TEL 03-5684-6118
　　　　　　振替 00100-5-55345

ISBN978-4-304-02172-5